HYPNOSE

Karl F. Stadler

HYPNOSE

Was ist möglich?

Selbsthilfemethoden und
Heilbehandlungen

Seehamer Verlag

Copyright der deutschen Ausgabe
© by Ariston Verlag, Kreuzlingen,
genehmigte Lizenzausgabe 1999
für Seehamer Verlag GmbH, Weyarn
Umschlaggestaltung: Bine Cordes, Weyarn
Printed in Austria
ISBN- 3-929626-96-9

»Wer heilt, hat recht!«

Inhaltsverzeichnis

8

Mit Willensanstrengung erreicht man nichts · Wichtig sind innere Bereitschaft und Vertrauen

Kirchers »wunderbares Experiment« · Nicht alle Tiere sind hypnotisierbar

Hypnose ist keine Zauberei · Der Hypnotisierte ist nicht ausgeliefert · Hypnose zur Unterhaltung ist abzulehnen · Hypnose ist ein Zustand vollkommener Entspannung · Hypnose und andere Methoden · Wir sind, was wir denken · Unser Denken bleibt nicht ohne Folgen · Der Glaube »versetzt tatsächlich Berge« · In Hypnose werden schlummernde Kräfte aktiviert

Anwendung seit Menschengedenken · Marksteine in neuerer Zeit · Hypnose ist vielseitig anwendbar · Der Gedanke als Heilmittel · Beispiele und Experimente · Alle Organe sind beeinflußbar · Meist genügt eine leichtere oder mittlere Hypnose · Ruhigstellung als Heileffekt vorab · Gegen Schmerzen, Schlaflosigkeit und Depression · Gegen Sexualstörungen, Hautkrankheiten und Neurosen · Zur Steigerung von Selbstvertrauen und Leistung · Zur Bekämpfung von Suchtkrankheiten · Zur Geburtshilfe · Gegen Prüfungsangst und Lampenfieber · Zur Aufdeckung von Konflikten · Hypnodiagnose durch Rückführung · Heilung durch Bewußtmachung · Hypnose und Parapsychologie · Gegen Aberglauben und Minderwertigkeitsgefühle

Vorwissenschaftliche Fixationstechniken · Magnete und Streichungen · Die mesmerschen Striche · Heilkrisen ·

*Neuentdeckte Fixationstechnik · Verbalsuggestionen ·
Placeboexperimente · Künstlich herbeigeführte Hysterie ·
Coués Gesetze wirksamer Autosuggestion · Pawlows
Punkt-Reflex-Gesetz · Wetterstrands Ansteckungsprin-
zip · Handauflegung und Zeremonien · Trommeln,
Kräuter und Beschwörungen · Mystische Verzückung ·
Schreckstarre*

*Die Fixationsmethode · Die Faszinationsmethode · Die
Farbkontrastmethode · Die Farbsukzedan-Kontrastme-
thode · Die Blitzhypnose · Die Zählmethode · Die Narkohypnose · Die Wachhypnose · Die indirekte Hypnose ·
Die Beispielhypnose · Die Gruppenhypnose · Die Massenhypnose · Der indische Seiltrick als Beispiel · Die Posthypnose · Beispiele von Posthypnose · Zudeckende und aufdeckende Methoden · Das Erleben katathymer Bilder ·
Das Bildstreifendenken · Hypnoanalyse durch Regression · Ein Experiment · Die Hypnokatharsis · Der Unterschied zwischen Hypnoanalyse und Hypnokatharsis ·
Altersregression · Rückführung in vorgeburtliche Zeit ·
Rückführung in frühere Leben · Ein Beispiel · Versetzung
in die Zukunft · Das einführende Gespräch · Ein Sinnbild
für Heilung · Vertiefung der Hypnose durch Suggestionen · Mitarbeit des Patienten*

*Grundeinteilung unseres Nervensystems · Das vegetative
Nervensystem im besonderen · Sympathikus und Vagus ·
Die Zentralstellen im Zwischenhirn · Tonusveränderun-
gen · Krankhafte Tonuserhöhung · Vegetative Dystonie · Das Wechselspiel der vegetativen Funktionen · Die
Entwicklung des vegetativen Nervensystems · Die Abhängigkeit von psychischen Faktoren · Umschaltung des
vegetativen Systems durch Hypnosetherapie*

12

Herzjagen oder Angina pectoris · Sogar Herzinfarkt ·
Herzneurosen · Der Fall einer Herzneurose · Der Vater
starb früh an Herzinfarkt · Die überbesorgte Mutter starb
an Herzversagen · Quälende Eifersucht und Angst · Die
Heilbehandlung

vegetativen Nervensystems wird reguliert · Liebeskummer · Beruflicher Ärger · Familiäre Sorgen · Sorgen um die kranke Frau

Depressionen · Der Einfluß von Umwelt und Erziehung · Andere Faktoren · Immer ist auch Angst im Spiel · Harmlos am Anfang, Selbstmordgefahr am Ende · Zerhackter Schlaf als körperliches Symptom · Vegetative Depression · Die Heilbehandlung ist schwierig · Typische Beispiele · Die Vorgangsweise des Hypnosetherapeuten · Angst als Urinstinkt · Krankhafte Angst · Körperliche Angstsymptome · Angst ist chemisch feststellbar · Ängste bzw. Phobien · Angstneurosen nehmen zu · Schuldgefühle · Angstsuggestionen · Die Befreiung durch Hypnosetherapie

Impotenz · Sexualstörungen sind meist psychisch bedingt · Die Vorgänge im Körper des Mannes · Die Vorgänge im Körper der Frau · Frigidität · Hemmungen · Sex und Erotik · Geben und Nehmen · Der Einfluß der Erziehung · Eine offenere Einstellung tut not · Selbstbefriedigung · Ein Fall sexuellen Fehlverhaltens · Im Kindesalter angelegte Störungen · Das erste Erlebnis · Vorzeitiger Samenerguß · Vaginismus · Heilung durch Hypnosetherapie · Homosexualität · Starke Mutterbindung · Eine Klarstellung · Umerziehung nur bei Mitarbeit · Kriterien glücklicher Sexualität · Eifersucht · Glücklichsein fällt niemandem in den Schoß

Eine Definition · Mangelndes Selbstvertrauen · Minderwertigkeitskomplexe · Mit harmlosem Erröten kann es anfangen · Andere Beispiele · Hemmungen können zu seelischen und körperlichen Krankheiten führen · Hypnosetherapie hilft gründlich und relativ schnell · Stottern · Klonisches und tonisches Stottern · Oft ist falsche Erziehung schuld · Das stotternde Kind empfindet die Schule

14

oft als feindlich · Besondere Empfindsamkeit gegenüber
bestimmten Streßsituationen · Die unbewußt ablaufenden Vorgänge · Bewußtheit verstärkt die Störung · Häufiger bei Knaben · Die gegenteilige Wirkung des Willens ·
Übertriebene Selbstbeobachtung · Sprechangst · In den
meisten Fällen vermag Hypnosetherapie zu helfen

Hypnose ist ein binomer Umschaltvorgang · Aktive Mit-
arbeit des Patienten · Seelisch-körperliche Ruhigstellung ·
Direkte Ansprache des Unterbewußtseins · Der Gedanke
als Heilmittel · Die seelisch-körperlichen Wechselwirkun-
gen · Der Wirkungskreis der Hypnose · Erfolge bei
Kranken und Gesunden · Die Rolle der Einbildung ·
Glauben und Vertrauen · Aufdeckung der verborgenen
Ursachen

Hypnosetherapie ist Ganzheitstherapie · Kontraindikationen · Mobilisierung der Abwehrkräfte · Sehr wichtig
ist die Einstellung des Patienten · Wie groß sind die
Risiken? · Die Fachleute sind sich einig · Nicht jeder
Hypnotiseur ist ein guter Therapeut · Schauermärchen ·
Die Klarstellung · Alles läßt sich verantwortungslos einsetzen · Dauer der Hypnosetherapie · Ein Hypnosetherapeut ist kein Wunderheiler · Therapeut und Patient sind
Partner · Entspannung meist schon nach der ersten
Sitzung · Gezielte Suggestionen je nach Leiden · Erfolg in
der Mehrheit aller Fälle

Vorwort

Wir leben in einer Zeit großer technischer Entwicklungen und Umwälzungen. Auf fast allen Gebieten ist unser Leben bequemer und besser geworden; es hat, wie man heute sagt, mehr Qualität. Da man aber für alles im Leben bezahlen muß, bezahlt man natürlich auch für den Fortschritt, für die Bequemlichkeit. Wir zahlen dafür mit der Beeinträchtigung unserer Umwelt und unserer Gesundheit. Unsere Vorfahren mußten zwar wesentlich härter und mehr körperlich arbeiten, waren aber seelisch viele weniger anfällig als wir heute. Nur wenige Menschen leisten heutzutage noch schwere körperliche Arbeit, und prompt hat die dadurch sowie die durch Auto und Fernsehen verursachte Bewegungsarmut zu Zivilisationskrankheiten eigener Art geführt. Noch schwerer wiegt aber die Tatsache, daß die meisten von uns seelisch krank sind.

Der Preis der Bequemlichkeit

Diese vielgepriesene Zeit des technischen Fortschritts, die für uns so vieles vereinfacht hat, setzt uns einem ständigen Streß, einer ungesunden Hektik aus und behindert weitgehend tiefgehende zwischenmenschliche Beziehungen. Wir haben keine Zeit mehr füreinander. Die Atmosphäre um einen jeden von uns ist kühler geworden, unpersönlich. Beinahe täglich lesen wir in den Zeitungen von Menschen, die an der grausamen Hektik und Fühllosigkeit unserer Zeit scheitern oder gar zerbrechen. Die Rate der Selbstmorde und Selbstmordversuche steigt laufend an, und selbst Heranwachsende suchen erschreckend häufig einen Ausweg aus den ihnen

Streß und Lebensangst

unlösbar scheinenden Problemen im Freitod. Depressionen und Lebensangst bedrängen uns. Sie verschonen nur wenige. Die Wartezimmer unserer Ärzte sind überfüllt von hilfesuchenden Menschen. Trotz der unbestreitbar riesigen Fortschritte, die die Medizin in den letzten Jahrzehnten gemacht hat, sind die Menschen nicht gesünder geworden. Hört man den Leuten in den Wartezimmern zu, so sind sie oft schon beim zweiten, dritten oder vierten Arzt mit denselben Beschwerden, immer mit neuer Hoffnung, immer bald wieder enttäuscht und resignierend.

Seelische Hilfe tut
not

Die meisten Kranken brauchen nicht Pillen, Tabletten oder Spritzen, sondern seelische Hilfe. Es gilt heutzutage als erwiesen, daß rund sechzig Prozent aller Krankheiten ihre Ursache im psychischen, also im seelischen Bereich haben, auch wenn sie sich physisch, d. h. in körperlichen Symptomen äußern. Selbst das beste Medikament vermag nicht zu heilen, wenn der Körper infolge seelischer Konflikte erkrankt ist, weil es ja nur Symptome beseitigt, aber nicht die Ursache des Leidens behebt. Die Krankheitssymptome werden immer wieder auftreten, des »Pudels Kern« bleibt leider nur allzu oft unerkannt.

Ein Mangel der
Schulmedizin

Das liegt einerseits daran, daß es einem Arzt von heute infolge Arbeitsüberlastung einfach unmöglich ist, sich einem Patienten so zu widmen, daß er in Ruhe auf dessen Sorgen, Ängste und Konflikte eingehen könnte, was vielen Kranken ja so sehr am Herzen läge. Andererseits liegt es aber auch an der Einseitigkeit der von unseren Universitäten gebotenen schulmedizinischen Ausbildung, die es noch immer versäumt, jedem Medizinstudenten die Aneignung des notwendigsten psychologischen Fachwissens zur Pflicht zu machen. Es fehlt unseren Ärzten daher sowohl an Zeit als auch ganz einfach an Spezialwissen, um den psychischen Problemen ihrer Patienten gewachsen zu sein.

Behandlung
der Symptome statt
Ursachen

Selbstverständlich wird ein guter Arzt das Vorhandensein eines psychischen Konfliktes erkennen, wenn sich dieser schon verhältnismäßig deutlich manifestiert. Meist verschreibt er dann, oft auch auf Ersuchen des Patienten, Psychopharmaka, also Beruhigungs- oder Anregungsmittel. Diese verschaffen zwar vorübergehend Linderung, decken aber die Ursachen des Konfliktes nur zu und können das Übel nicht an der Wurzel fassen. Schlimmstenfalls führen sie sogar zur Süchtigkeit des Patienten; er glaubt, ohne sie nicht mehr existieren zu können; er wird abhängig von ihnen.

Ab und zu kommt es natürlich auch vor, daß der Arzt den Patienten richtigerweise zum Psychotherapeuten schickt. Das hat allerdings auch einen Haken. Ganz abgesehen davon, daß dem Psychotherapeuten oder dem Psychoanalytiker nach der Fehlansicht vieler noch immer das Odium eines »Irrenarztes« anhängt, sind die Wartezeiten bis zum Beginn einer derartigen Behandlung oft unzumutbar lang. Außerdem ist eine klassische Psychoanalyse sehr langwierig; sie kann sich über Jahre hinziehen. Das wird manchen Kranken von dieser seinerzeit von Sigmund Freud entwickelten und heute weithin bekannten Heilbehandlung abschrecken. Angesichts dieser Tatsachen bietet sich als ideale Hilfe die Hypnosetherapie an.

Hypnosetherapie als ideale Hilfe

Die Hypnose ist bekannt, seit es denkende Menschen gibt. Sie wurde angewandt zur Heilung von Kranken ebenso wie zur Belustigung und Unterhaltung des Volkes. Leider geriet die Hypnose als Heilmethode, deren sich schon die alten Griechen bedient hatten, lange Zeit weitgehend in Vergessenheit, und ihre Verwendung als Jahrmarktgaudium brachte sie gründlich in Verruf. In neuerer Zeit wurde sie – wieder im Kommen begriffen – durch den Siegeszug der Psychoanalyse abermals zurückgedrängt.

Eine uralte Heilmethode

Die moderne Medizin greift auf so manchen Gebieten heute wieder auf altbekannte Heilmethoden und langbewährte Heilmittel zurück. So hat sie auch die Hypnose von neuem entdeckt, die in stetig zunehmendem Maße zur Heilung von Krankheiten und zur Linderung von Schmerzen eingesetzt wird. Der therapeutische Wert der Hypnose ist heute kaum noch umstritten. Leider jedoch beherrschen nur wenige Ärzte die zur Anwendung der Hypnose notwendigen Techniken, obwohl deren Erlernung keine besonderen Schwierigkeiten bietet. Dies gilt für die Techniken sowohl der Fremdhypnose (Heterohypnose) als auch der Selbsthypnose (Autohypnose).

Ich möchte hier versuchen, Ihnen in leichtverständlicher Art und Weise möglichst alles Interessante über all das, was in Hypnose möglich ist, zu berichten.

1. Was ist Hypnose?

Bevor wir uns näher mit dem Werdegang der Hypnose beschäftigen, möchte ich versuchen, Ihnen zu erklären, was Hypnose eigentlich ist.

Noch immer spuken ja in den Köpfen vieler unserer Mitmenschen die abenteuerlichsten Vorstellungen über den Vorgang und den Zustand der Hypnose. Da denken manche an Magie und Zauberei, andere an Unterjochung durch den Hypnotiseur im Zustand der Bewußtlosigkeit und an Albernheiten wie die Fernsehshows des Martin St. James, in denen Menschen ihrer Würde beraubt wurden, um ein sensationslüsternes Publikum aus Schadenfreude lachen zu machen. Man denkt aber vielleicht auch immer noch, die Hypnose sei eine gefährliche Sache, bei der man seiner Persönlichkeit verlustig gehe und womöglich zu Verbrechen angestiftet werden könne, wie es Schauerromane seit Jahrhunderten immer wieder genüßlich behaupten. Ich meine hier beispielsweise George du Mauriers vielgelesenen Reißer *Trilby*, in dem behauptet wird, ein Mensch könne in Hypnose zum Mörder gemacht werden. Das ist absoluter Unsinn. Wir kommen später noch darauf zurück.

Fehlvorstellungen

Was also ist Hypnose wirklich?

Sie ist ein dem Schlaf verwandter Zustand, ein »halbes Bewußtsein« zwischen Wachen und Schlaf, künstlich herbeigeführt. Die Körperfunktionen sind herabgesetzt: der Herz-

Ein besonderer Zustand

schlag sinkt von normal sechzig bis achtzig auf etwa vierzig
Schläge pro Minute, der Sauerstoffverbrauch geht zurück, und
der Blutdruck wird gesenkt. Die geistigen Funktionen jedoch
werden aktiviert, und die Suggestibilität ist stark gesteigert,
d. h. der Hypnotisierte ist in besonders hohem Maße empfänglich für Suggestionen. Den Hypnosezustand nennt man auch
Trance; sie ist labil und schwankend und kann, je nach der
psychotherapeutischen Situation, in jeder Sitzung ein wenig
anders sein. Überhaupt erlebt jeder Mensch die Hypnose etwas
anders. Ihr Verlauf hängt weitgehend davon ab, was sich der
Hypnotisierte unter Hypnose vorstellt.

Der Bereich der   Unser Gehirn sendet in jedem Augenblick Wellen aus, die in
Alphawellen   Hertz (Schwingungen in der Sekunde) als Maßeinheit gemessen werden. Hirnströme in Frequenzen unter acht Hertz, die
als Theta- und Deltawellen bezeichnet werden, treten während
des natürlichen Schlafs auf. Hirnströme in Frequenzen über
dreizehn Hertz werden als Betawellen bezeichnet und signali-
sieren, daß unser Gehirn in voller Aktion ist. Zwischen den
genannten Frequenzen, von acht bis zwölf Hertz, nun liegt der
Alphabereich. Wir schlafen weder, noch sind wir wach – wir
sind im Zustand der Hypnose. Das Elektroenzephalogramm,
das ist die Kurve der elektrisch aufgezeichneten Hirnströme
– vergleichbar dem Elektrokardiogramm, bei dem die Herztätigkeit gemessen wird –, zeigt ein Bild, das von der Hirnstrom-
kurve eines Schlafenden deutlich abweicht.

Der Rapport   Die Hypnose ist also kein Schlaf wie unser Nachtschlaf. In
der Gehirnrinde bleiben sogenannte »Wachpunkte«, die dafür
sorgen, daß der »Rapport« zwischen dem Patienten und dem
Therapeuten immer erhalten bleibt. »Rapport« bedeutet, daß
eine Verbindung zwischen diesen beiden Personen besteht.
Der Hypnotisierte hört den Arzt sprechen. Und das ist – wie
wir noch sehen werden – bei der Therapie von größter
Wichtigkeit. Die Hypnose weist eine gewisse Ähnlichkeit mit
dem Schlaf einer Mutter auf, die ja auch aufgrund des
geringsten Geräusches ihres Kindes erwacht, während sonst
nichts ihren tiefen Schlaf stören kann.

Zu allen Zeiten unterschied man verschiedene Tiefengrade *Tiefengrade*
des hypnotischen Zustandes. So benannte zum Beispiel der
Pariser Arzt A. A. Liébeault, einer der Forscherpioniere auf
dem Gebiet der Hypnose und der Suggestionslehre und,
zusammen mit H. Bernheim, Mitbegründer der Schule von
Nancy, sechs Tiefengrade. Andere Wissenschaftler teilten die
Tiefe der Trance in fünf wiederum in sich aufgeteilte Stufen ein.
Für uns genügt hier die Einteilung in drei Tiefengrade, die
schon den Sumerern vor rund fünftausend Jahren bekannt war
und heute noch genauso richtig erscheint wie damals. Diese
Einteilung sieht folgendermaßen aus:

1. *Leichte Hypnose:* Leichter Entspannungszustand, Bewußt- *Die drei wichtigsten*
   sein noch voll aktiv. Einfache Suggestionen werden ange-
   nommen.

2. *Mittlere Hypnose:* Tiefer Entspannungszustand, Bewußtsein kaum noch aktiv. Alle nicht der Persönlichkeit
   widersprechenden Suggestionen werden angenommen.

3. *Tiefe Hypnose:* Absolute Entspannung, Bewußtsein völlig
   ausgeschaltet. Auch unlogische Suggestionen werden ausgeführt, sofern sie nicht persönlichkeitsfremd sind. Nach-
   her keine Erinnerung an das Geschehene.

Diese Tiefengrade sind natürlich nicht scharf gegeneinander
abgegrenzt, sondern gehen fließend ineinander über. Ihre
Übergänge sind oft nur schwer erkennbar.

Kennzeichnend für den hypnotischen Zustand ist eine *Die große*
wundervolle Ruhe und Entspannung aller Nerven und Mus- *Entspannung*
keln, kurz des ganzen Körpers, die wesentlich ausgeprägter als
im Normalschlaf ist. Man atmet ruhig und gleichmäßig und
fühlt sich außerordentlich wohl. Starke Erregung wird beruhigt und abgebaut.

Ein weiteres wichtiges Charakteristikum ist die Einengung *Herabgesetztes*
und Verringerung der Bewußtseinslage, d. h. der Intellekt eines *Bewußtsein*
Menschen, sein »Wachbewußtsein«, ist weitgehend ausgeschaltet (je nach Tiefe der Hypnose). Das ermöglicht es dem
Therapeuten, unmittelbar das Unterbewußtsein des Patienten

anzusprechen. Was das bedeutet, wird uns erst klar, wenn wir uns einmal die Bedeutung und die Funktion unseres Unterbewußtseins vor Augen halten.

2. Das »Wunder« Unterbewußtsein

Die meisten Menschen »verschwenden« normalerweise keinen Gedanken an ihr Unterbewußtsein. Das ist – wie Sie noch sehen werden – sehr bedauerlich, denn das Unterbewußtsein ist nun wirklich etwas ebenso Abenteuerliches wie Wunderbares. Der Dichter Jean Paul (1763 – 1825) sagte schon: »Das Unbewußte im Menschen ist das größte Reich.« Was ist nun also das Unterbewußtsein, das materiell nicht faßbar ist, was soll man sich darunter vorstellen?

Es ist gewissermaßen unsere Steuerungszentrale, und zwar nicht nur im seelisch-geistigen, sondern auch im körperlichen Bereich, ja es ist sogar schöpferisch tätig! *Eine Steuerungszentrale*

Da lebt in unseren Gewässern ein Kleinstlebewesen, das sich sofort regeneriert, wenn es getötet wird; schneidet man den kleinen Polypen in zwei Teile, so ist er nicht tot, sondern aus beiden Teilen entsteht je ein neuer Polyp, aber nicht etwa unkontrolliert und als formlose Masse, sondern genau so, wie er aussehen muß. Es muß irgendeinen Plan, irgendeine Kraft geben, die das bewirkt. Die gleiche Kraft ist – vereinfacht gesagt – unser Unterbewußtsein. Unser ganzes seelisches und körperliches Geschehen folgt Gesetzmäßigkeiten. Wie ein steuerndes Prinzip die Regeneration des kleinen Polypen besorgt, genauso besorgt unser Unterbewußtsein als steuerndes Prinzip Teilung und Wachstum unserer Zellen; es ist für die Funktionen unserer Körperorgane und die Ausschüttung von Drüsensekreten ebenso verantwortlich wie für unser Seelenleben. Der Hypnosearzt Prof. Dr. Alfred Brauchle spricht in diesem Zusammenhang vom »Organisch-Unbewußten«, der Hypnosetherapeut Karl Schmitz vom »Gesetz der unbewußten Vorstellung«.

*Das Unterbewußt-
sein arbeitet
schöpferisch*

Dieses Unterbewußtsein arbeitet ständig in uns – für den Körper wie für die Seele. Freude und Trauer, Kummer und Überschwang, Mißmut, Gleichgültigkeit und Aggression, unsere Stimmungen, Haltungen, unser Handeln, alles hat seinen Ursprung im Unterbewußtsein. In ihm lebt alles Vergessene weiter und beeinflußt von dort aus unsere Anschauungen und Meinungen. Und es erweist sich oft genug als stärker als das Bewußte. Das hatte schon der große Philosoph Immanuel Kant (1724–1804) erkannt. Er berief sich auf die »Vorstellungen, die uns nicht bewußt sind«, und erachtete »das Feld dieser dunklen Vorstellungen im Menschen als unermeßlich« im Vergleich zum Bereich des Bewußten.

*Es reagiert auf bild-
hafte Vorstellungen*

Nicht zufällig ist hier von »Vorstellungen« die Rede. Unser Unterbewußtsein arbeitet nämlich nicht mit Worten, sondern mit Vorstellungen, mit Bildern. Es reagiert auf Worte nur, wenn sie bildliche Gestalt annehmen, wenn sie zu einer bildhaften Vorstellung werden, und es läßt sich vom bloßen Willen nicht beeinflussen. Auf starkes Wollen reagiert das Unterbewußtsein meist sogar mit dem Gegenteil. Sicher haben Sie schon die Situation erlebt, daß Sie sich im Bett, den Schlaf erwartend, der nicht kommen wollte, sagten: »Jetzt will ich aber schlafen.« Gerade das hatte dann zur Folge, daß Sie eben nicht schlafen konnten.

Sigmund Freud, der Begründer der Psychoanalyse, hat das Unterbewußtsein in den Mittelpunkt der wissenschaftlichen Erörterung gestellt, und der Neurologe Oskar Vogt (1870–1959) hat anhand von tausenden Experimenten bewiesen, daß die Vorstellungen des Unbewußten selbst schöpferisch sind und auf unseren Organismus verändernd einwirken können.

Das Unterbewußtsein arbeitet ständig und ohne Unterlaß für uns. Selbst nachts, wenn wir schlafen, verarbeitet es in

Träumen, was uns tagsüber stark beschäftigt hat oder was uns von innen her bedrängt. Und wenn Sie sich Ihre Träume vergegenwärtigen, werden Sie merken, daß es stets Bilder sind, die Sie träumen. Das beweist ganz klar die schon erwähnte Tatsache, daß das Unbewußte mit bildhaften Vorstellungen arbeitet: in solchen spricht es sich aus, und auf solche reagiert es.

Unser Unterbewußtsein nimmt willig alles an, was wir ihm eingeben. Nur einen Fehler hat es: es kann zwischen Gut und Böse wie auch zwischen Nützlich und Schädlich nicht unterscheiden. Prägen wir ihm Vorstellungen von Krankheit und Mißerfolgen ein, wird es entsprechend reagieren; ob wir ihm positive oder negative Vorstellungen eingeben, immer wird es diese unverzüglich zu verwirklichen streben. Wir müssen darum immer bestrebt sein, negative Vorstellungen zu vermeiden oder sie sofort durch positive Bilder zu ersetzen. Dieses Wunderwerk Unterbewußtsein ist nun in hypnoidem Zustand besonders gut anzusprechen, und zwar durch Suggestionen. Seine ständige Bestrebung, suggestive Befehle auszuführen, macht es möglich, etwaige Fehlsteuerungen oder Fehlhaltungen, die zu seelischen und körperlichen Erkrankungen führen, zu korrigieren und das Unterbewußtsein »umzuprogrammieren«.

Die Programmierung des Unterbewußtseins

Dabei ist es nicht wichtig, welchen hypnotischen Tiefengrad ein Patient erreicht. Abgesehen davon, daß nur etwa zehn bis siebzehn Prozent aller Menschen in eine ganz tiefe Hypnose zu gelangen vermögen, ist für die normale Heilbehandlung eine leichte bis mittlere Hypnosetiefe absolut ausreichend, ja sogar wünschenswerter, da ja der Rapport zwischen Arzt und Patienten erhalten bleiben soll. Wichtig ist nur, die störende Gedankenwelt weitgehend auszuschalten; dann kommen die hilfreichen Suggestionen ausgezeichnet an.

3. Was sind Suggestionen?

Suggestionen sind seelisch-geistige Beeinflussungen. Diese führen zu unbewußten Bewirkungen. Die Bezeichnung kommt vom lateinischen *suggere*, d.h. einreden, einflüstern, beeinflussend veranlassen. In der Therapie kommt nur der zuletzt erwähnte Aspekt in Frage. Wir werden allerdings auch unter dem erstgenannten Aspekt, dem Einreden, oft genug beeinflußt; doch davon später.

Seelisch-geistige Beeinflussungen

Suggestionen bilden den Kern jeder Hypnose. Sie sind an das Unterbewußtsein gerichtet und sollen im Zuge der Heilbehandlung den Menschen in seelischer wie auch in körperlicher Hinsicht wieder ins Gleichgewicht bringen.

Nun kann man natürlich nicht erwarten, daß man jemandem x-beliebige Suggestionen geben könne in der Hoffnung, das Unterbewußtsein werde sie schon verwirklichen. Auch auf diesem Gebiet gibt es Gesetzmäßigkeiten, die nicht außer acht gelassen werden dürfen.

Wie spielen sich Suggestionen ab? Im Unterbewußtsein – es kann das eigene oder jenes eines anderen Menschen sein – werden bestimmte bildhafte Vorstellungen erzeugt. Damit sind Gefühle, Gedanken, Haltungen ebenso zu beeinflussen wie organische Funktionen. Suggestionen müssen möglichst eindeutig, möglichst eindringlich und möglichst mit affektivem, d.h. gefühlsbetontem Inhalt gekoppelt gegeben werden, denn Suggestionen sprechen auch die Gefühlszentren an, die

Vollzug im Unterbewußtsein

im Zwischenhirn liegen. Sie wirken daher wesentlich besser, wenn sie sich weitgehend an das Gefühl richten. Man hat festgestellt, daß nur an Willen und Intellekt gerichtete Suggestionen viel weniger angenommen werden. Mit eiskalter Logik wird nichts erreicht.

Persönlichkeits-
fremde Suggestionen
werden abgelehnt

Auch der Inhalt ist natürlich äußerst wichtig. Ganz abgesehen davon, daß er selbstverständlich dem Leiden des Patienten angepaßt sein muß, darf er niemals seiner Persönlichkeit widersprechen; sonst wird die Suggestion nicht angenommen, der Auftrag nicht ausgeführt. Es bleibt nämlich in der Hypnose immer eine gewisse Kritikfähigkeit erhalten, aufgrund deren der Hypnotisierte persönlichkeitsfremde Suggestionen ablehnt. Dadurch erklärt sich einfach und einleuchtend die Tatsache, daß es absolut unmöglich ist, einen Menschen in Hypnose zu einem Verbrechen zu veranlassen, außer, dieser Mensch wäre auch wachbewußt fähig, eben dieses Verbrechen zu begehen und hätte dessen Ausführung, zumindest unbewußt, schon erwogen.

Ein Experiment

Dies wurde in einem aufschlußreichen Experiment erhellt. Man hat in einer Sitzung einer Versuchsperson in Hypnose den Befehl gegeben, nach dem Erwachen ein großes Messer zu nehmen und einen ebenfalls Anwesenden zu erstechen. Die betreffende Person nahm auch tatsächlich das Messer zur Hand und ging auf das Opfer zu. Auf halbem Wege jedoch blieb sie mit allen Anzeichen des Entsetzens im Gesicht stehen, ließ das Messer fallen, wandte sich ab und schlug – einem Zusammenbruch nahe – schluchzend die Hände vors Gesicht. Bis in neuerlicher Hypnose der Befehl aufgehoben wurde, befand sich die Versuchsperson in argen Angstzuständen, denn sie hatte einerseits den posthypnotischen Befehl zu töten, konnte es andererseits aber nicht, da zu töten ihrer moralischen Auffassung und ihrer Persönlichkeit absolut widersprach.

Voraussetzungen für
das Wirksamwerden
von Suggestionen

Dieses Experiment zeigt auch ein weiteres Charakteristikum auf: Suggestionen dürfen sich niemals widersprechen, weil sonst das Unterbewußtsein in Konflikte gerät, welchen der gegensätzlichen Befehle es ausführen soll.

Eine weitere Voraussetzung für die suggestive Wirkung von Worten ist, daß sie möglichst bildhaft und plastisch gegeben werden; der Angesprochene muß sich eine bildhafte Vorstellung vom Gesagten machen können, denn unser Unterbewußtsein spricht ja auf Bilder und Vorstellungen an. Auch muß er gefühls- und verstandesmäßig von der Realität und Echtheit der Suggestion überzeugt sein.

Noch zwei weitere Komponenten sind für das Wirksamwerden von Suggestionen sehr wichtig.

Erstens müssen Suggestionen oft wiederholt werden: je öfter und eindringlicher, desto williger nimmt sie das Unterbewußtsein an. Diese Gesetzmäßigkeit hatte bereits der französische Apotheker Emile Coué (1857–1926) erkannt und sich regelmäßiger Wiederholungen bedient, was viel zu seinen großen Erfolgen beitrug.

Wichtig sind Wiederholung und Glaube

Zweitens muß der Patient an die Wirksamkeit der Suggestionen glauben; der Glaube ist ein äußerst wichtiger Faktor. (Übrigens gilt dies nicht nur bei Suggestionen, auch der Arzt ist, wenn er Erfolg haben will, in hohem Maße auf den Glauben des Patienten an Arzt und Arznei angewiesen.)

Das größte Hindernis für ein Wirksamwerden von Suggestionen sind Zweifel. Damit hängt die Tatsache zusammen, daß Suggestionen gerade in Hypnose besonders gut ankommen. In diesem Zustand ist ja der nüchterne Intellekt, der Zweifel anmelden oder dagegensteuern könnte, weitgehend ausgeschaltet.

Zweifel sind abträglich

Bei Beachtung all dieser Gesetzmäßigkeiten – und ein guter Hypnosetherapeut wird dies selbstverständlich aufs sorgfältigste tun – ist durch Suggestionen viel zu erreichen und deren hilfreiche Wirkung gar nicht hoch genug einzuschätzen.

4. Hypnose im Wandel der Zeiten

Die Hypnose kannte man – wenn auch unter anderen Namen – schon im Altertum. Wir besitzen aus dieser Zeit allerdings kaum schriftliche Dokumente. Es gab deren sicher viel, aber mit beschämender Regelmäßigkeit wurde bei kriegerischen Auseinandersetzungen alles zerstört, verbrannt und zerschlagen, was über das feindliche Volk Zeugnis hätte ablegen können. Die frühen Christen standen da den »Heiden« aller Schattierungen in nichts nach; im Gegenteil: in falsch verstandenem Glaubenseifer wurde, wo es nur ging, alles vermeintlich heidnische Wissens- und Kulturgut ausgetilgt. Dennoch sind einige wenige schriftliche Zeugnisse über die Anwendung der Hypnose schon im Altertum erhalten geblieben.

Das wohl früheste Zeugnis stammt aus Mesopotamien, dem sogenannten Zweistromland zwischen Euphrat und Tigris. Dort lebten im vierten vorchristlichen Jahrtausend die Sumerer, das älteste uns heute bekannte Kulturvolk. Aus Keilschriften, die man bei Ausgrabungen fand, geht hervor, daß dort Priesterärzte an der Priesterschule von Erech Krankheiten mit Hilfe der Hypnose heilten. Sie unterschieden bereits dieselben drei Tiefengrade der Hypnose, die wir noch heute als maßgebend anerkennen, nämlich die leichte, die mittlere und die tiefe Hypnose. *Sumer*

Auch die älteste Sanskriturkunde der Inder, das *Manus-Gesetzbuch*, beschreibt schon die Anwendung von Hypnose zum *Indien*

Zweck der Heilung. Dort unterschied man zwischen Wach-
schlaf, Traumschlaf und Wonneschlaf.

Ägypten   Aus Altägypten zeugt der sogenannte *Papyrus Ebers*, ein
Schriftdokument aus der Zeit um 1550 v. Chr., von Hypnose-
anwendungen. Auch dort waren die Priester gleichzeitig Ärzte.
Sie verordneten den Kranken einen heilenden Schlaf im Tempel
und ließen sie zur Einleitung der Hypnose auf glänzende
Metallscheiben blicken. Sie beherrschten die Technik wirksamer Suggestionen. Sogar Zähne wurden damals schon
schmerzlos in Hypnose gezogen.

Griechenland   Der Tempelschlaf wurde auch im alten Griechenland
praktiziert. Man glaubte dort, daß während dieses Schlafes die
Götter ihren Willen kundtaten. Berühmte Stätten, an denen der
Heilschlaf praktiziert wurde, waren beispielsweise das Askle-
pios-Heiligtum zu Epidauros (am Saronischen Golf) oder die
Ärzteschulen auf der Dodekanes-Insel Kos, wo bekanntlich
vor zweieinhalbtausend Jahren Hippokrates wirkte, der »Vater der modernen Medizin«.

Rom   Den Römern war die suggestive Kraft der Hypnose ebenfalls
bekannt. Weitgehend wurde sie dort – wie übrigens auch in
Persien – von Magiern praktiziert. Kurt Tepperwein erzählt in
seinem Buch *Die hohe Schule der Hypnose* ein amüsantes
Beispiel, wie nämlich zwei Römer sich in aller Öffentlichkeit
einen Wettstreit »auf magische Künste« liefern wollten. Der
eine trat im Verlauf dieses Wettstreits nahe an den Gegner
heran, sah ihm mehrere Minuten durchdringend in die Augen
und rief schließlich laut: »Seht, nun zieht sich sein Leib wie ein
Geldbeutel zusammen!«, und der Gegner fühlte tatsächlich
blitzartig den Schmerz und gab sich als der Unterlegene
geschlagen.

Altamerika   Auch aus einem ganz anderen Teil der Welt, aus Amerika,
wurden frühzeitig Anwendungen ähnlicher Methoden berichtet. Beispielsweise waren bei den Azteken sogenannte »Ein-
schläferer« am Werk, die mit dem Arm eines Toten auf die
Schwelle eines Hauses klopften, worauf das ganze Haus in
Starre verfiel. Es ist allerdings nicht bekannt, ob diese

Zeremonie zu Heilzwecken oder zu Dämonenbeschwörungen benutzt wurde. Immerhin kannte man dort bereits die Zusammenhänge zwischen Krankheiten und seelischen Konflikten. So waren zum Beispiel Infektionskrankheiten von Gott geschickt; die vom Teufel gesandten Krankheiten aber entsprangen bösen Gefühlen wie Neid, Haß und Mißgunst.

Betrachten wir schließlich die Überlieferungen der Assyrer und der Hebräer, so stoßen wir auch bei diesen Hochkulturen auf zahllose magische Heilungen und wunderbare Begebenheiten; wir hören von großen Sehern, von der Vertreibung böser Geister und böser Dämonen; es wimmelt von Magischem und Wunderbarem, das heutzutage unter parapsychologischen Aspekten zu interpretieren ist. *Im Zeichen der Magie*

Der Tempelschlaf fand noch bis zur Mitte des sechsten nachchristlichen Jahrhunderts Anwendung; er wurde jedoch zunehmend durch die Rituale der christlichen Priester verdrängt, die nun Wunderheilungen mittels kirchlicher Zeremonien herbeiführten. Überhaupt kannte die Kirche im Mittelalter ganz offiziell Seelenheilmethoden.

Natürlich versuchte man zu allen Zeiten zu erforschen, was diese »Wunderheilungen« bewirkte. Ein Schrittmacher solcher Forschung war Theophrastus Bombastus von Hohenheim (1493–1541), der große deutsche Arzt und Naturforscher, der uns allen unter dem Namen Paracelsus bekannt ist. Er kannte bereits die Praktiken von Mönchen in Kärnten, die sich durch das Blicken auf Metallscheiben einschläferten, und er war auch gut vertraut mit den hypnotischen Techniken arabischer Ärzte. *Paracelsus' »innerer Arzt«*

Er sprach von »krankem und gesundem Magnetismus« in jedem Menschen, nannte ihn »mineralischen Magnetismus« und sagte über diese »magnetischen« Phänomene: »Nehmt die Einbildung und das Vertrauen weg, und ihr werdet gar nichts erhalten. Der Gegenstand eures Glaubens mag wahr sein oder imaginär, ihr werdet dasselbe Resultat erzielen.« Paracelsus glaubte auch, daß einigen Menschen ein »besonders wohltätiges Fluidum« innewohne, und hatte offenkundigerweise bereits die immensen Kräfte des Unterbewußtseins voll erkannt, indem er meinte, das entscheidende wirksame Prinzip der Heilung sei der »innere Arzt«.

Andere Forscher glaubten an göttliche Kräfte, an denen ein paar auserwählte Menschen partizipieren könnten. Dieser Glaube ist übrigens bis heute noch nicht ganz ausgestorben – was sicher manchem Scharlatan nicht ungelegen kommt.

Im Bann der Kirche   Im Mittelalter wurde dann durch die Kirche die Magie und alles Vergleichbare, das man heute in die Kategorien des Paranormalen einordnen würde – und dazu gehörte natürlich auch die Hypnose –, mit Härte und Strenge verfolgt und ausgerottet; obwohl sie sich selbst solcher »magischer« Praktiken zur Beeinflussung der Gläubigen bediente. Man denke nur an die »Wunderheilungen« durch Handauflegen, an den Exorzismus, an Amulette, Wallfahrten usw. Wer jedoch im Verdacht stand, Hypnose auszuüben oder etwas von derlei Dingen zu verstehen, wurde von der Inquisition erbarmungslos verfolgt und als Teufelsanbeter verbrannt. Dadurch geriet die Hypnose nicht nur in Verruf, sondern auch in Vergessenheit; die Folgen reichten noch weiter: Die Verfolgung und Verdammung alles dessen, was wir heute als Fähigkeiten und Kräfte der Psyche erkannt haben, hinterließen in den Menschen einen tiefeingeprägten Eindruck, der sich über Generationen bis in unsere Zeit gewissermaßen vererbte. In ihm wurzelt die Tatsache, daß wir bis heute nur das Bewußte, das rationale Denken, gelten lassen und ein tiefes Mißtrauen gegen alles nicht Greifbare, nicht Materielle hegen. Wie bloß klug, wie engstirnig und intolerant sind wir doch dadurch geworden! Wieviel Farbe, Intensität und Tiefgang sind aus unserem Leben dadurch verschwunden! Erst in letzter Zeit versucht man, irrationalen psychischen oder, wenn man lieber will: parapsychischen Phänomenen auf die Spur zu kommen und damit das zu begreifen, was schon vor etwa vierhundert Jahren Shakespeare seinen Hamlet sagen läßt: »Es gibt mehr Ding im Himmel und auf Erden, als eure Schulweisheit sich träumt!«

Freilich, die Ewiggestrigen sterben nicht aus: Auch heute noch gibt es religiöse Fanatiker, die Hypnose als Teufelswerk ansehen, und schulwissenschaftliche Eiferer, die Hypnose noch immer als Magie abtun und nicht als Wissenschaft anerkennen. Der Grund ist Unkenntnis.

Die jüngere Geschichte der Hypnose beginnt zweifellos mit dem schwäbischen Arzt Franz Anton Mesmer. Er wurde 1734 in Iznang am Bodensee geboren und starb 1815 in Meersburg. Ihm gebührt das Verdienst, die Hypnose – oder das, was von ihr übriggeblieben war – vom Jahrmarkt weggeholt zu haben, wo sie jahrhundertelang als Volksbelustigung ein unwürdiges Dasein gefristet hatte. Sie war infolge Zauberglaubens seitens des Publikums und Schwindeleien seitens so mancher Scharlatane verfälscht und mißbraucht worden. Mesmer war der erste, der die psychotherapeutischen Möglichkeiten der Hypnose ernsthaft untersuchte. Er wurde damit zum Bahnbrecher für die moderne Heilhypnose. *Franz Anton Mesmer*

Mesmer hatte in Wien Medizin studiert und wurde dort durch zwei Jesuitenpatres auf diese Heilmethode aufmerksam. Der eine war Maximilian Hell aus Ungarn (1720–1792). Er heilte Kranke mit Hilfe von Magneten. Sie hatten meist die Form der erkrankten Organe und wurden an den betreffenden Körperstellen befestigt. Seine Heilungserfolge waren bemerkenswert. *Maximilian Hell*

Der andere war der Tiroler Geistliche Johann Joseph Gaßner (1727–1779), Bischofsrat in Regensburg. Er trieb jenen Besessenen, die »an den Geist glaubten und den Teufel im Körper hatten«, den Dämon aus. Aber – und darauf kommt es an – er heilte mit seinen Methoden zahlreiche Kranke. Mesmer hatte dessen Exorzismen genau studiert, und nachdem er sich näher mit der Materie befaßt und reichlich experimentiert hatte, kam er zu dem Schluß, daß weder himmlischer Magnetismus, wie ihn Gaßner mit Strichen über den Körper der Kranken zu übertragen meinte, noch handfester materieller Magnetismus von Magneteisen nötig seien, um zu heilen. Der menschliche Körper selbst enthalte ein »magnetisches Fluidum«. (Das stimmte in etwa mit den Erkenntnissen des Paracelsus überein.) Er war der Ansicht, alle Menschen seien in *Johann Joseph Gaßner*

Mesmers magnetisches Fluidum

das magnetische Kraftfeld der Erde eingeschlossen, aus dem sie ständig neue Kraft bezögen. Die Gesunden seien bestens aufgeladen mit Energie, die Kranken hingegen litten an einem Energiemangel; folglich müsse der Energiestarke dem Energieschwachen von seinem Vorrat abgeben – eine Methode, die auch heute noch in Indien in magischen Sitzungen praktiziert wird.

Tierischer
Magnetismus

So also hatte Mesmer die Verwendung des Magneteisens im Jahre 1776 aufgegeben und verkündete seine Lehre, nach der ein wohltuendes magnetisches Fluidum von einem Menschen auf den anderen übertragen werden könne. Diese Übertragung vollzog er mit Hilfe von Strichen, die er von oben nach unten über den Kranken ausführte, den berühmten »mesmerschen Strichen«, mit denen er sein magnetisches Fluidum übertrug. Er nannte diesen belebten Magnetismus im Gegensatz zu dem unbelebten, materiellen Magnetismus »Magnetismus animalis« – tierischen Magnetismus –, und er hatte damit aufsehenerregende Erfolge.

Mesmers Glanz
und Elend

Natürlich wurde er infolge seiner unorthodoxen Methoden, die überdies noch erfolgreich waren, von seiten der Kollegen stark angefeindet. So kam dann sein Weggang von Wien nach Paris fast einer Flucht gleich. Auch in Paris konnte er jedoch sensationelle Heilerfolge verzeichnen, und das brachte ihm bald hochgestellte Persönlichkeiten als Patienten ein. Mitglieder des Hofes nahmen seine Hilfe in Anspruch, ja sogar Marie-Antoinette, die Königin von Frankreich, interessierte sich für ihn und seine Heilungen.

Mesmer arbeitete in Paris nicht nur mit seinen Strichen, sondern auch mit magnetisiertem Wasser in großen Eichenholzkübeln, dessen magnetisches Fluidum über Stahlstäbe auf die um den Kübel herumsitzenden Patienten übertragen wurde und bei diesen sogenannte »Heilkrisen« auslöste, die sich zunächst in hysterischen konvulsivischen Zuckungen äußerten.

Ich muß hier einschalten, daß man oft ebenso leichthin wie abfällig sagen hört: »Der (oder die) ist ja bloß hysterisch.« Das ist gedankenlos und falsch, denn Hysterie ist eine Krankheit und hysterische Krankheitsäußerungen sind ernst zu nehmen. Sie sind zwar das Werk von Einbildungen, jedoch völlig unbewußt und können in unvorstellbarem Maße auch den Körper beeinflussen. Sogar so nachteilige Symptome wie Erblindungen, Krämpfe und Lähmungserscheinungen können Hysterie zur Ursache haben.

Mesmer heilte nun mit solchen künstlich erzeugten hysterischen Krisen und hatte auch damit große Erfolge. Doch auch bei diesem Schrittmacher moderner Heilmethoden – wie bei so vielen anderen Pionieren und Neuerern – gerieten »Hosianna« und »Kreuzigt ihn!« aneinander. Auch Mesmer begegnete begeisterter Zustimmung und heftigster Ablehnung. Der Anfeindungen war kein Ende. Seine Gegner hielten die Sache für reine Scharlatanerie, und um endlich Klarheit zu schaffen, wurde schließlich eine Kommission aus berühmten Ärzten und Wissenschaftlern der Zeit gebildet mit dem Auftrag, Mesmers Heilmethoden zu untersuchen. Die Kommission kam zu dem Ergebnis, daß seine Methoden als unwissenschaftlich zurückzuweisen seien und keinerlei Beweise für ein magnetisches Fluidum hätten gefunden werden können. Die Kommissionsmitglieder schrieben die Heilungen – die sie notgedrungen anerkennen mußten – bloßer Einbildung zu und bestätigten damit unbewußt die Wichtigkeit des psychologischen Faktors bei jeder Heilung.

Mesmer ließ sich jedoch weder durch die Anfeindungen noch durch das Ergebnis der Untersuchungskommission beirren, zumal seine Methode immer mehr Anhänger und Popularität fand. Er war auf seine Lehre vom tierischen Magnetismus so sehr festgelegt, daß er keiner anderen Anregung oder Forschung mehr zugänglich war und es nur mit Mißfallen registrierte, als ein Schüler von ihm nachwies, daß es möglich sei, die gleichen Heilungserfolge durch bloße Einschläferung des Patienten und suggestive Beeinflussung zu erreichen. Die wichtige Entdeckung des künstlichen Somnambulismus durch Maxime de Puységur wurde weder von *Maxime de Puységur* Mesmer noch von den Mitgliedern der Untersuchungskom-

mission zur Kenntnis genommen und war damit zunächst
erledigt.

An sich war ja dieses achtzehnte Jahrhundert – das
Jahrhundert der Aufklärung – eines der abergläubischsten
überhaupt. Kaum je waren so viele vielschillernde Persönlichkeiten wie damals in aller Munde, die die Damen und Herren
der Nobelgesellschaft mit allerlei Zauberspektakeln unterhiel-
ten und auch anderweitig in Atem hielten. Es gab geheime und
magische Zirkel, obskure Gesellschaften und Geheimbünde in
Menge, und Wundertäter hatten ein weites Feld. Und schließlich wurde die letzte Hexe erst 1782 verbrannt! So muß es nicht
weiter Wunder nehmen, daß Mesmer bei allen Verdiensten und
allen ernsthaften Bemühungen selbst doch auch eine recht
abenteuerliche Persönlichkeit war, die – er agierte regelmäßig
in lilaseidenem Mantel – ebenfalls einiges von einem Schaustel-
ler jener Zeit an sich hatte. Das ist wohl auch, unter vielen
anderen, ein Grund, warum Mesmer so zahlreiche unerbitt-
liche Gegner hatte.

Nach seinem Tod kämpften seine Schüler eifrig weiter für
seine Methoden, die sie zum Teil auch erfolgreich fortentwik-
kelten. Im ganzen ist der Mesmerismus im neunzehnten
Jahrhundert trotz aller Widerstände der Schulwissenschaft
ungeheuer populär und sehr weiten Kreisen bekannt gewesen.
Es wurden sogar Kliniken für Behandlungen nach Mesmer
eröffnet.

Hier sollten ganz kurz auch die Freimaurer erwähnt werden,
die im siebzehnten und achtzehnten Jahrhundert bekanntlich
großen Zulauf hatten. Sie sind zwar für die Geschichte und die
Entwicklung der Hypnose ohne Bedeutung, bedienten sich
aber bei ihren Riten auch der Methoden und Phänomene, von
denen hier die Rede ist. Nach Mesmer kamen übrigens die
Schauhypnotiseure und Magnetiseure wieder sehr in Mode.

Einen Schritt weiter als Mesmer ging der portugiesische
Abbé Faria (1755–1819), der, aus Goa stammend, 1814 nach
Paris kam. Er hatte in Indien die Phänomene des Yoga studiert
und sich dort mit hypnotischen Erscheinungen befaßt. Er

erkannte als erster die Bedeutung des rein psychischen Mechanismus der Hypnose und hypnotischer Heilung und hatte festgestellt, daß für den Hypnoseschlaf kein Fluidum vonnöten ist, sondern daß vielmehr Suggestionen ausschlaggebend sind. Darauf baut unsere moderne Suggestionslehre auf. Mitunter versetzte Faria Patienten durch einen einfachen Befehl blitzartig in Hypnose.

In Manchester in England lebte und praktizierte der *James Braid* Bergwerksarzt und Augenchirurg Dr. James Braid (1795–1860), er wurde durch einen damals berühmten Magnetiseur auf die Hypnose aufmerksam. Auch mit den Methoden Mesmers beschäftigte er sich. Obwohl er anerkennen mußte, daß die mesmerschen Phänomene tatsächlich auftraten, lehnte er die Theorie vom tierischen Magnetismus ab. Aufgrund der Erfahrungen aus seiner Praxis als Augenarzt wußte er, daß die Fixierung eines glänzenden Gegenstandes das Gefühl starker Müdigkeit hervorruft. Er untermauerte seine Erfahrungen durch Experimente innerhalb der eigenen Familie und seines Freundeskreises und nannte den künstlich erzeugten Schlaf »Hypnose« – nach dem altgriechischen Wort für Schlaf *hypnos*. Braid darf als der Entdecker der von allem okkulten Beiwerk befreiten modernen Heilhypnose gelten.

Der Pariser Arzt Auguste Ambroise Liébeault (1823–1904) *Auguste Ambroise* prüfte Braids Erkenntnisse und fand sie bestätigt. Hatte Abbé *Liébeault* Faria die Wichtigkeit der Suggestionen erkannt, so war Liébeault der erste, der sie gezielt zu Heilungszwecken einsetzte, und zwar in der Klinik in Nancy. Liébeault arbeitete dort zusammen mit Professor Hypolyte M. Bernheim *Hypolyte M. Bern-* (1843–1919), der unabhängig von den anderen festgestellt *heim* hatte, daß die Heilwirkung immer über die Einbildungskraft gehe, angeregt durch Verbalsuggestionen.

Liébeault und Bernheim waren die Begründer der sogenannten »Schule von Nancy«. Diese ging von der Hypnose als einem normalen Phänomen aus und stand damit in scharfem Gegensatz zur sogenannten »Pariser Schule« des Professors *Jean Martin Charcot* Jean Martin Charcot (1825–1893), die darin einen pathologischen Zustand, nämlich eine künstlich erzeugte Hysterie, sah. Die unterschiedliche Auffassung ist wohl darauf zurückzuführen, daß Bernheim und Liébeault mit Gesunden experimentierten, Charcot hingegen Geisteskranke behandelte. Die Gegnerschaft beruhte außerdem noch auf der Tatsache, daß Charcot weiterhin dem materiellen Magnetismus, also der Lehre von der Magnetwirkung der Metalle auf den Menschen anhing.

Sieger in diesem Wissenschaftsstreit, der immer wieder irgendwo aufflammte, blieb schließlich die Schule von Nancy.

Sigmund Freud   Sigmund Freud (1856–1939), der ebenso wié Braid durch eine öffentliche Vorführung von der Wirksamkeit hypnotischer Phänomene überzeugt worden war, orientierte sich in Frankreich bei beiden Schulen. Er neigte wohl eher Charcot zu, obwohl er auch als Schüler der Schule von Nancy gilt. Auch Freud wandte ab Dezember 1887 Hypnose an, gab sie aber nach einiger Zeit wieder auf, hauptsächlich wegen der unterschiedlichen Hypnotisierbarkeit der Patienten und dem von Freud überschätzten Phänomen des Rapports zwischen Patient und Arzt. Er verschrieb sich später ganz der Psychoanalyse, deren erste Erkenntnisse er jedoch mit Hilfe der Hypnose gewonnen hatte. Er sagte einmal darüber: »Man kann die Bedeutung des Hypnotismus für die Entstehungsgeschichte der Psychoanalyse nicht überschätzen. In theoretischer wie therapeutischer Hinsicht verwaltet die Psychoanalyse ein Erbe, das sie vom Hypnotismus übernommen hat.«

Emile Coué   Ein Schüler der Schule von Nancy war auch der Apotheker Emile Coué (1857–1926), den man als Begründer der Lehre von der Autosuggestion bezeichnen kann. Er hatte erkannt, daß nicht der Wille die bedeutsamste Eigenschaft in uns ist, sondern die Einbildungskraft, die Fähigkeit, uns etwas glauben zu machen. Kämpft der Wille gegen die Einbildungskraft, siegt immer die Einbildung. Coués Lehre basiert auf zwei Gesetzen, die heute noch die gleiche Gültigkeit besitzen wie zu seiner Zeit: »Nicht der Wille ist die Antriebskraft unseres Handelns, sondern die Vorstellung« und »Jeder Gedanke ist bestrebt, sich zu verwirklichen«.

Darüber hinaus erkannte Coué die außerordentliche Wirksamkeit der Wiederholung von Suggestionen. So mußten seine Patienten immer und immer wieder den Satz sprechen: »Es geht mir von Tag zu Tag und in jeder Hinsicht immer besser und besser.« Seine Erfolge waren bemerkenswert.

Zu dieser Zeit stand in Frankreich die Hypnose in Mißkredit. So wurde Coués Methode sehr populär und blieb es auch eine ganze Zeit lang, dann wurde sie vergessen – zu Unrecht.

In Rußland experimentierte der Forscher Iwan Petrowitsch Pawlow (1849–1936) mit Tieren und stellte dabei fest, daß ein ständig sich wiederholender, monotoner Reiz zu starker Müdigkeit führt, vor allem wenn er in einem dunklen, stillen Raum einwirkt, in dem kein anderer, stärkerer Reiz dagegen wirken kann. Solch ein »punktförmiger« Reiz kann zum Beispiel das Tropfen eines Wasserhahns sein oder das Ticken einer Uhr. Durch weitere Experimente kam er später zu der Erkenntnis, daß das Wort den gleichen Effekt haben kann wie sinnliche Reize. Die Suggestion ist also beim Menschen ein ebenso realer Reiz wie jeder andere.

Iwan Petrowitsch Pawlow

Es tat sich nun überall etwas. In Stockholm entdeckte der praktische Arzt Dr. Otto Wetterstrand die »seelische Ansteckung«, d.h. die Tatsache, daß Hypnose gewissermaßen ansteckend ist wie beispielsweise auch Gähnen oder Lachen. In Ausnutzung dieser Erkenntnis behandelte er jeweils ungefähr vierzig Personen in Massenhypnose. Auch hatte er kleine Behandlungshäuser, in denen er Süchtige heilte, die er zum Teil in wochenlanger Tiefenhypnose hielt. – Wie man sagt, mit ausgezeichnetem Erfolg!

Otto Wetterstrand

Nach diesem – man kann fast sagen – »goldenen Zeitalter« der Hypnose kam eine Periode des Abstiegs: sie geriet weitgehend in Vergessenheit. In Frankreich wurde sie bereits seit Mitte der achtziger Jahre des vorigen Jahrhunderts völlig abgelehnt und bisweilen sogar als Schwindel bezeichnet. Spätestens nach dem Ersten Weltkrieg kam – zumindestens im übrigen Europa – ein neues Interesse daran auf.

Richtig ernst genommen wird die Hypnose allerdings erst in
den letzten Jahrzehnten. In Großbritannien wurde sie 1955
rehabilitiert, und 1958 nahm sie die American Medical
Association in die medizinische Therapeutik auf. In beiden
Ländern, sowie auch in der Sowjetunion, wird sie in großem
Umfang zur Heilung angewendet.

Auch aus Frankreich kommen Berichte über den erfolgrei-
chen Einsatz der Hypnose zur Heilung an Kliniken. Sie wird
angewandt, wenn sich bei einem Patienten alle anderen
psychotherapeutischen Heilmethoden, die an sich dringend
angezeigt wären, als erfolglos erwiesen haben, sei es, weil nicht
an die Ursache der Krankheit zu kommen war, sei es, weil die
Patienten an allen anderen Heilmöglichkeiten zweifelten und
resigniert hatten, obwohl sie unter einem starken Leidensdruck
standen. Dieser letzte Ausweg über die Hypnose führt dann
auch sehr oft tatsächlich zu dem gewünschten Erfolg.

Johannes Heinrich   Ein weiterer Meilenstein auf diesem langen Weg ist das
Schultz   »autogene Training«, das Johannes Heinrich Schultz entwik-
kelte. Es wurzelt in der Hypnose und stellt eine Methode der
Selbstbeeinflussung dar. Dabei handelt es sich um eine
konzentrative Selbstentspannung, die durch verschiedene
Übungen (daher die Bezeichnung Training) erreicht wird. Das
autogene Training ist eine nicht zu unterschätzende Hilfe für
den streßgeplagten Menschen unserer Zeit. Es versetzt ihn in
die Lage, innere Ruhe, Gelassenheit, Konzentration und
Leistungssteigerung, ja möglicherweise sogar die Beeinflussung verschiedener Krankheiten zu erlangen, und ist durchaus
zu empfehlen.

Für weiteste Verbreitung der Hypnose sorgte in unserer Zeit
Leslie M. LeCron. Dieser amerikanische Hypnosefachmann
lehrte in seinen Kursen Tausenden von Ärzten und Psychologen die Techniken der medizinischen Hypnose. Mit seinen
Werken, insbesondere *Selbsthypnose* und *Fremdhypnose,*
Selbsthypnose, machte er Hunderttausende von Lesern mit
einfachen, aber wirksamen Hypnosemethoden vertraut. Mit
seinen Büchern hat er wesentlich zum Abbau landläufiger
Vorurteile gegen die Hypnose beigetragen.

Wirksame Techniken der Selbstbeeinflussung hat in neuester Zeit auch Kurt Tepperwein entwickelt, die er in seinem Werk *Geistheilung durch sich selbst* ausführlich beschreibt. Seine Methode beruht auf der kombinierten Wirkung von Bildvorstellung und Autosuggestion. Vom gleichen Autor stammt übrigens auch das bereits erwähnte Werk *Die hohe Schule der Hypnose.*

Kurt Tepperwein

5. Trancepraktiken der Naturvölker

Was bei uns lange heiß umkämpft war und schließlich mit wissenschaftlicher Akribie erforscht wurde, dessen bedienen sich die Naturvölker schon seit Urzeiten. Man begegnet bei allen Völkern der Erde Praktiken, die entsprechend dem Stand der jeweiligen Kulturepoche unterschiedlich sind und mit den verschiedensten Namen bezeichnet werden und doch immer dasselbe sind: Hypnosezustand und Suggestion.

Uralte rituelle Erfahrungen

Meist haben solche Praktiken der Naturvölker einen religiösen Anstrich oder doch Hintergrund und sind für uns auch nur von dem jeweiligen religiösen Gesichtspunkt aus zu verstehen und wissenschaftlich kaum erfaßbar. Regelmäßig werden sie im Zuge großer Festlichkeiten nach genau vorgeschriebenem rituellem Zeremoniell entfaltet.

Da gibt es zum Beispiel in Venezuela einen Kult, der einem legendären Indianermädchen gilt. Die Anhänger dieses Kults pilgern an den Wochenenden in die heiligen Berge und feiern dort ihre alten schauerlichen Feste. Ein magischer Kreis wird gezeichnet, dumpfe Trommeln ertönen, Kerzen werden entzündet und aromatische Kräuter verbrannt. Ein großer Scheiterhaufen gibt gespenstisch zuckendes Licht. Der »Banco«, der geistige Anführer der Wallfahrergruppe, fällt in Trance. Er bespritzt die Anwesenden mit Rum und Parfüm, bläst ihnen Zigarrenrauch ins Gesicht und spricht mit den »Geistern«. Unvermittelt fallen auch andere in Trance. Sie atmen schwer

Trancekulte in Venezuela

und röchelnd, ihre Körper fallen in Zuckungen. Einige sprechen ebenfalls mit den »Geistern«, andere verfallen in Katalepsie, d. h. ihre Körper werden vollkommen steif und unbeweglich. (Es ist dies dasselbe Phänomen, mit dem Bühnenhypnotiseure uns verblüffen, wenn sie ihre Assistentin, bloß an Kopf und Füßen auf zwei Stühlen abgestützt, frei und waagerecht wie eine Brücke in der Luft erstarren lassen.) Wilde Schreie werden ausgestoßen. Acht- bis zehnjährige Mädchen tanzen auf glühenden Holzstücken, die prasselnd auseinanderstieben. Die Mädchen haben an ihren zarten Füßen keinerlei Anzeichen von Verbrennungen! Auch der Banco tanzt wild. Er schneidet sich mehrmals in den Unterarm und schmiert das stark fließende Blut auf die angebetete Statue und seinen Medien als Kreuz auf die Stirn. Er sticht sich große Nadeln durch Arme und Ohren und heftet die Zunge mit einer Nadel am Mund fest. Kranke werden unter sorgfältig eingehaltenem Ritual geheilt; immer wieder werden Rum und Parfüm verspritzt, Unmengen von Zigarren werden geraucht. Wenn die Trommeln verstummen, schwindet die Trance, und das Fest endet in den frühen Morgenstunden in der völligen Erschöpfung der Teilnehmer.

Trancetänze auf Bali   Aus dem fernöstlichen Raum berichtet Dr. Sigrid Lechner-Knecht von ganz ähnlichen Riten und Praktiken.

Ungewöhnlich viele Tempelfeste gibt es auf der Südsee-Insel Bali. Sie sind durchwegs ungeheuer bunt und prunkvoll und scheinen ständig wechselnden Göttern zu gelten. Tatsächlich gibt es aber gar nicht so viele Götter, sondern nur einen, der sich immer als anderer Gott manifestiert. Während einige Frauen eine Hymne singen, tanzen Mädchen mit geschlossenen Augen, bis sie in Trance fallen, um das Opferfeuer. Sie haben nie Unterricht im Tanzen gehabt, doch ihre Tänze wirken vollendet. In wachbewußtem Zustand wäre jahrelange, intensive Übung notwendig, daß sie so tanzen könnten. Die Sängerinnen streuen Blumen auf die tanzenden Mädchen. Solange noch Musik tönt, haben diese noch Wahrnehmungen; hört die Musik jedoch auf, fallen sie in Volltrance und sinken zu Boden. Aus dieser Tieftrance holt sie dann der Tempelpriester wieder zurück. Er kniet neben ihnen, betet und besprengt sie mit heiligem Wasser. Diese Trancetänze haben religiösen Charakter. Die Leute glauben, daß ein göttlicher Geist von den Tänzerinnen Besitz ergreift und sie zu Bewegungen befähigt, deren sie normalerweise niemals fähig wären.

Die Trance gilt auf Bali als erhöhter Bewußtseinszustand und ist somit eine – positive – Form von Besessenheit: die Besessenheit von einem Gott. Das hat in den Augen der Eingeborenen ebensowenig mit Geisteskrankheit zu tun wie die Besessenheit von bösen Geistern.

Es gibt auf Bali auch Laienspiele, bei denen alle Mitwirkenden symbolische Masken tragen. Während des Spiels identifizieren sie sich stark mit den Masken und verfallen häufig in Trance. Oft liegt diesen Maskenspielen gar keine Handlung zugrunde, es werden einfach Gefühlszustände, emotionell geladene Situationen dargestellt. Die Masken sind mit Zauberkraft aufgeladen. Je älter eine Maske ist, desto mehr Zauberkraft hat sie. Neu hergestellte Masken werden erst getestet. Erweist es sich, daß sie Zauberkraft haben, werden sie im Zuge eines großen Festes geweiht, bei dem wiederum viele Festteilnehmer in Trance fallen. Wenn der Weihrauch aufsteigt und die Gebete ertönen und die ekstatischen Schreie der Maskenträger sich in der Masse der Menschen fortpflanzen, dann ist der Gott eingefahren, und der ganze Tempelhof wird zur Tranceszenerie. Alle starren mit verzerrten Gesichtern ins Leere, brechen zusammen, machen seltsame Verrenkungen. Unerklärliche Heilungen finden statt. Immer wieder ertönen wilde Schreie. Eine gespenstische Prozession formiert sich. Anmutige Mädchen werden zu Furien, Fanatiker stechen sich mit ihrem Dolch in den Körper und demonstrieren das Wunder der Unverwundbarkeit. Hat die Prozession den Tempelhof umrundet, versinken alle ins Gebet und kehren in den Wachzustand zurück.

Maskenspiele auf Bali

Ähnliche magisch-religiöse Kultfeiern, bei denen die Gläubigen in Trance fallen und gute Geister beschworen, böse ausgetrieben und Kranke geheilt werden, kennen wir von

Wudukult auf Haiti

manchen Negerkulturen Afrikas. Berühmt ist dafür auch der
Wudukult, der unter der Negerbevölkerung auf Haiti weit
verbreitet ist.

Trancebotschaften   Doch bleiben wir in der Südsee. Auf der Insel Sumatra gibt es
auf Sumatra   besonders viele Auslandchinesen. Sie glauben an Geister, vor
allem an Totengeister. Regelmäßig unterhalten sie sich mit den
Geistern ihrer Verstorbenen, und zwar mit Hilfe einer
Wünschelrute. Diese wird von zwei in Trance versunkenen
Männern der Familie geführt und gibt Antworten auf Fragen,
die an den Verstorbenen gerichtet werden. Die Geister geben
auch Ratschläge und machen unaufgefordert Mitteilungen,
beispielsweise über gerade abwesende Mitglieder der Familie.

Solches Orakelschreiben wird natürlich von unbewußten
psychischen Kräften gesteuert. Das Bewußtdenken der in
Trance befindlichen Männer ist weitgehend ausgeschaltet.

Tranceheilungen in   In Nepal gibt es sogar Gesetze zur Handhabung und
Nepal   Anwendung von magischen Praktiken und ein Verbot der
schwarzen Magie.

Die dort in unwegsamen Gegenden wohnenden Bergvölker
haben noch so gut wie keinen Kontakt mit der übrigen Welt.
Bestimmte Krankheiten gelten bei ihnen als Besessenheit von
bösen Geistern, die gebannt werden müssen. Wenn der Jhakri,
der Zauberer des Dorfes, eine Kranke heilen will, versetzt er
sich in Trance. Wacholderharz und -nadeln werden verbrannt,
wobei die verdampfenden ätherischen Öle einen herben Duft
verbreiten. Dazu kommt wirbelndes Trommeln, abwechselnd
leise und wild dröhnend. Ist der Trommelrhythmus am Anfang
der Zeremonie noch sehr kompliziert, wird er einförmig und
bohrend, sobald der Jhakri unvermittelt in Trance gefallen ist.
Er prägt sich dem Unterbewußtsein ein. Der Zauberer verfällt
in konvulsivische Zuckungen, er atmet pfeifend. In einer
unverständlichen Sprache spricht er mit den Göttern. Während
der ganzen Zeremonie ist die Patientin gar nicht anwesend.
Erstaunlich schnell kommt der Zauberer aus der Trance
zurück. Die Patientin ist geheilt. Nach der Heilung herrscht
beim fast vollzählig anwesenden Dorfpublikum eine gehobene
und gelöste Stimmung.

Auch die Trance in den Himalajaländern kann nur vor dem religiösen Hintergrund gesehen und im Zusammenhang mit dem starken Glauben an göttliche Wesen, Geister und Dämonen verstanden werden.

Mit fast denselben Mitteln, fast denselben Riten und Zeremonien nehmen, wie gesagt, auch die afrikanischen Medizinmänner ihre Heilungen vor, werden auch dort Geister beschworen und ausgetrieben und Feste gefeiert im Zeichen von Masken und Trommeln, der Verbrennung von Kräutern und des Versprengens von Wasser sowie im Zeichen von mit Pfeil und Messer schmerzfrei selbstzugefügten Wunden.

Ähnliche Rituale in Afrika

All diese uns so erstaunlich und unvorstellbar vorkommenden Phänomene finden ihre Erklärung im Hypnotismus.

6. Suggestionen im täglichen Leben

Heutzutage ist aufgrund der weit vorgetriebenen Forschung einwandfrei festgestellt und wissenschaftlich nachgewiesen, daß den Phänomenen der Hypnose und Suggestion nichts Mysteriöses anhaftet und daß es sich dabei um ganz alltägliche Vorgänge des Lebens handelt. So unterliegt unser ganzes Leben von Geburt an, ja schon vor der Geburt, mehr oder weniger starken suggestiven Einflüssen.

Alltägliche Vorgänge des Lebens

Schon Adam und Eva im Paradies lieferten ein Beispiel. Das Werk der Schlange, die Eva immer und immer wieder anstachelte, und Evas Verführungskunst, die den armen Adam schließlich dazu brachte, den verhängnisvollen Apfel zu pflücken, waren ja nichts anderes als Suggestionen – »geschickte« Suggestionen!

Doch beschränken wir uns auf die Gegenwart und unser eigenes Leben.

Vor der Geburt, noch im Mutterleib, prägen sich dem Embryo bereits Gefühle, Sorgen und Ängste, die Freude und das Erschrecken der Mutter ein und beeinflussen wesentlich sein späteres Leben. Denn: Das Unterbewußtsein vergißt nichts! Nach der Geburt setzt dann die Erziehung ein, und das ist ein äußerst wichtiger Faktor. Die Erziehung des Kindes sollte überlegt und sehr sorgfältig gehandhabt werden, weil nämlich Kinder außerordentlich empfänglich für gute wie für schlechte Einflüsse sind.

Vorgeburtliche Eindrücke und Erziehung

Beide Faktoren, die unbewußte vorgeburtliche Beeinflussung und die Erziehung, insbesondere jene im frühen Kindesalter, tragen sehr wesentlich zum Aufbau und zur Ausprägung unserer Persönlichkeit bei. Ererbte Persönlichkeitsmerkmale treten im Vergleich zu den erworbenen an Wichtigkeit zurück. Das ist schon daraus ersichtlich, daß Adoptivkinder, deren Herkunft entweder ziemlich im dunkeln lag oder deren Eltern heruntergekommen waren, aufgrund vorbildlicher Erziehung ohne weiteres tadellose Menschen werden können, wie sich dies in zahllosen Fällen erwiesen hat.

Unsere Vorstellungen prägen unsere Persönlichkeit

Allerdings tragen wir zur Ausformung unserer Persönlichkeit zu einem wesentlichen Teil selbst bei, wenn dies auch weitgehend unbewußt vor sich geht. Unser Leben, unser Denken und Handeln werden – wie wir schon gesehen haben – nicht so sehr durch unseren Willen geprägt, sondern vielmehr von unseren Vorstellungen. Nur wenn unser Wollen sich bildlich dem Unbewußten verständlich machen kann, wird es von ihm verwirklicht. Unser Unterbewußtsein handelt ja nur aufgrund bildlicher Vorstellungen und Gedanken, die ihm eingeprägt werden. Für diese jedoch wird es rastlos schöpferisch tätig.

Das Verhängnis negativer Suggestionen

Deshalb sollten wir es uns zur Gewohnheit machen, niemals negativen Worten oder Gedanken Raum zu geben. Sie sollten sofort durch das positive Gegenteil ersetzt werden. Auch Versagen und Mißerfolg sind – leider – erlernbare Reaktionen. Die ewigen Versager sind das oft von eigenen Gnaden und aus eigener Schuld, weil sie von ihrem Versagen fest überzeugt sind und nichts unternehmen, um von dieser verhängnisvollen Lebenseinstellung loszukommen. Gerade negative Gedankeninhalte verwirklichen sich jedoch mit unheimlicher Präzision. Es ist eine völlig unnötige und schädliche Selbstbegrenzung, sich immer wieder zu sagen: »Das schaffe ich nicht«, denn dann schafft man es wirklich nicht.

Wenn – dann – Suggestionen

In dieser Richtung liegen auch die berühmten Wenn-dann-Suggestionen. Man sagt beispielsweise: »Wenn ich diese lange Strecke mit dem Bus fahre, wird mir bestimmt wieder schlecht«, und genau so wird es geschehen; denn da man diese

Vorstellung mit der festen Überzeugung, daß sie sich erfüllen wird, vor sich hinsagt, wird sie vom Unterbewußtsein prompt verwirklicht. Sagt man statt dessen mit derselben festen Überzeugung: »Mir wird nicht schlecht, das weiß ich mit Sicherheit«, dann wird einem bestimmt nicht schlecht.

Daraus wird klar, daß wir unser Unterbewußtsein nicht mit abträglichen Vorstellungen und Gedanken »füttern« dürfen und mit ihm vorsichtig umgehen müssen.

Sicher kennen auch Sie Fälle, da Leute so lange von irgendwelchen Krankheiten redeten oder Angst vor ihnen hatten, bis sie die Krankheit wirklich bekamen.

Manche Menschen werden allein schon davon krank, daß sie zu hingebungsvoll medizinische Bücher lesen und dann alle möglichen Krankheitsanzeichen bei sich selbst entdecken. Sie sind so fest davon überzeugt, diese Krankheit zu haben, daß ihr Unterbewußtsein alles tut, um diese Überzeugung zu realisieren. Aus diesem Grunde sollte eigentlich jeder mit Strafe bedroht werden, der in ärztlichen Wartezimmern blumig und in allen Einzelheiten von seinen und seiner Bekannten Krankheiten berichtet und die anderen damit nicht nur zu ähnlichen Schilderungen veranlaßt, sondern – schlimmer – ihnen auch noch die Anregung gibt, ähnliche Symptome an sich selbst zu entdecken. Man braucht nicht oft in einem Wartezimmer gesessen zu haben, um Zeuge solcher Gespräche geworden zu sein. Daß man von derlei Worten durchaus beeinflußt wird, steht außer Zweifel. Denken Sie nur an die Tatsache, daß es oft schon genügt, zu jemandem zu sagen: »Sie werden ja rot«, um die oder den Angesprochenen wirklich erröten zu machen.

Negative Eigen- und Fremdsuggestionen

Allein der ständige Umgang mit negativ denkenden Menschen – die stets vom schlechten Ausgang einer jeden Sache überzeugt sind – kann bereits krankmachen. Ich habe in meiner eigenen Praxis nicht nur einmal erlebt, daß Menschen durch den dauernden nahen Umgang mit stets zweifelnden und nörgelnden, nicht lebensfrohen Menschen nicht nur selbst auch mißmutig und verzagt, sondern regelrecht krank geworden sind. Sie litten schließlich unter schweren Depressionen,

Negatives Denken führt zu Depression und Krankheit

und oft wichen ihre seelischen Leiden sogar auf Organe aus, so daß sie zusätzlich noch körperlich krank wurden. Solche negativ denkende Menschen suggerieren ihren Mitmenschen – häufig den Angehörigen – Mißerfolge und lähmen deren Antriebskraft, deren Fähigkeiten, deren Lebensfreude. Kinder werden durch negativ eingestellte Eltern unweigerlich zu Neurotikern erzogen.

Unser seelisches Gleichgewicht funktioniert ja nicht immer. Jedermann hat seine schlechten Stunden. In diesen Phasen gedrückter Stimmungslage sind wir dann besonders anfällig für negative Suggestionen, seien es Fremd- oder seien es Eigensuggestionen; wir sind dann geradezu prädisponiert, die Opfer schlechter Behandlung, eigenen Mißerfolges und Versagens, körperlicher Störungen und Krankheiten zu werden. In solchen Stimmungstiefs müssen wir uns ganz besonders gegen schädliche Einflüsse abschirmen.

Werbesuggestionen   Aber das ist beileibe nicht alles, was tagtäglich an Suggestionen auf uns einstürmt. Ständig gegenwärtig ist zum Beispiel die Werbung. In dieser Branche hat man schon sehr frühzeitig die Möglichkeiten geschickter Suggestionen erkannt und diese ebenso ausgiebig wie hemmungslos angewandt und – dem dient ja die Werbung – in bare Münze umgewandelt. Auf diesem Gebiet findet das Wort Suggestion im ursprünglichen lateinischen Sinn von »suggere« Anwendung: jemandem etwas einzureden, ohne daß er es merkt. Denn so harmlos unsere Werbung in Presse, Funk und Fernsehen auch erscheinen mag, sie ist mit wissenschaftlicher Raffinesse ausgeklügelt. Längst arbeitet man nicht mehr mit so deutlichen und groben Werbemethoden, die sich der Befehlsform bedienen wie »Trink Coca Cola« oder »Eßt mehr Obst« – obwohl diese Methode auch ihr wissenschaftliches Vorbild hat, praktiziert schon durch Abbé Faria, der seine Patienten oft mit dem Befehl »Dormez« (Schlafen Sie)! in Blitzhypnose versetzte.

Positive Inhalte und   Heutzutage zäumt man die Werbung populär- oder pseudo-
Wiederholung   wissenschaftlich auf oder man koppelt die Produkte mit rein positiven Inhalten wie etwa ewiger Jugend, Gesundheit bis ins Alter, unbändiger Freude am Leben usw. Farbenprächtige

Plakate an den Litfaßsäulen und ganzseitige Anzeigen in
Buntdruck ergänzen die Palette – und das alles in ständiger
Wiederholung! Man kann sich dem ebensowenig entziehen wie
den verlockend ausgebreiteten Waren im Angebot des Super-
marktes, wo uns noch leise Musik aus dem Hintergrund
berieselt – eine Methode, deren sich schon Mesmer bediente; er
ließ in seinen abgedunkelten Behandlungsräumen leise Musik
ertönen.

Oder denken Sie an den Vertreter an der Wohnungstür, der
sein Produkt anpreist. Was sagt er? Er spricht natürlich nur von
positiven Eigenschaften. Sein Positivismus und seine Beharr-
lichkeit sind bemerkenswert.

Es gibt viele Menschen, die fest davon überzeugt sind, gegen
diese Art der Beeinflussung immun zu sein. Beim Vertreter an
der Tür mag das noch angehen; aber wenn diese Leute dann
ihre nächste heftige Grippe bekommen, greifen sie in ihrer von
der Nase triefenden Verzweiflung doch als letztem Strohhalm
zu dem in den vergangenen Wochen ständig warm angepriese-
nen »absolut wirksamen, wissenschaftlich erprobten« neuen
Gegenmittel, das auch noch »ruhigen Schlaf garantiert«. Nein,
es muß klar sein: Wir alle sind durch Werbung beeinflußbar.

Der große Einfluß der Werbung

Wie sehr man von suggestiv eingeprägten Werturteilen
genarrt werden kann, bewies einmal der amerikanische Schrift-
steller Mark Twain seinen Freunden. Er war dafür bekannt,
stets die schlechtesten Zigarren der Welt im Haus zu haben.
Einmal nun kaufte er nicht seine gewohnten, sondern ganz
teure, wirklich erstklassige Zigarren, entfernte aber die Bauch-
binden, die sie als solche erkenntlich gemacht hätten. Dann
mischte er sie unter seine üblichen, schlechten Zigarren und bot
die Kiste seinen Gästen an. Alle nahmen natürlich eine Zigarre,
das gebot die Höflichkeit, aber alle warfen sie nach ein paar
Zügen mehr oder weniger heimlich wieder fort; denn alle
waren sicher, die erwartete minderwertige Sorte angeraucht zu
haben, die es immer bei Mark Twain zu geben pflegte.

Große Persönlichkeiten »leben« nicht zuletzt von ihrer
suggestiven Ausstrahlung. Menschen, die das hatten, haben

Suggestive Ausstrahlung

dies zu allen Zeiten zu nutzen verstanden. Als Beispiele können
die heilige Johanna wie auch Napoleon gelten. Beiden folgten
ihre Soldaten bedingungslos und ohne zu fragen in ihre
Schlachten und in den Tod. Ein anderes Beispiel ist der
Dominikanerpater Girolamo Savonarola im Florenz des fünf-
zehnten Jahrhunderts mit seinen berühmten Bußpredigten.
Die Menschen verfielen massenweise in Büßerwahnsinn und
streuten sich Asche aufs Haupt, wenn er – angetan mit dem
schwarz-weißen Ordenskleid, das Kreuz anklagend in der
hocherhobenen Rechten – sein »Misericordia!« in die erregte
Menge rief. Oder man denke an Rasputin, der kraft seiner
starken Persönlichkeit nicht nur den Zarewitsch heilte, sondern auch – über die Zarin – großen Einfluß auf die russische
Politik gewann.

Auch unsere jüngste Geschichte bietet hierfür jede Menge
Beispiele. Um nur das markanteste zu nennen: Adolf Hitler
selbst. Oder Joseph Goebbels, sein Propagandaminister, der
mit seinen geschickt aufgesetzten und raffiniert dargebotenen
demagogischen Reden fast ein ganzes Volk hypnotisierte und
dieses zu einem völlig unverständlichen Ja zum totalen Krieg
hinriß. Diese unverständlichen Reaktionen sind auf ganz
bewußt eingesetzte Suggestivwirkungen zurückzuführen.

Die Parteien unserer heutigen Demokratien nutzen in den
Wahlkämpfen in nicht geringerem Maße die suggestive Strahl-
kraft großer Persönlichkeiten.

Massenhypnotische
Phänomene
In den meisten der hier angeführten Beispiele kann man von
Massenhypnose sprechen, d. h. es wurden Menschenmassen
hypnotisiert. Das ist beispielsweise auch der Fall bei Popkon-
zerten, wo entrückte Teenager reihenweise in Ohnmacht fallen
oder die Einrichtung demolieren, bei großen Sportveranstal-
tungen oder bei großen Theatererfolgen. Der immer existente
skeptische oder abwartende Teil des Publikums wird von der
Begeisterung der anderen mitgerissen. Diese Gesetzmäßigkeit
nutzte man im Theaterleben so aus, daß bei wichtigen
Aufführungen die Stimmung durch bezahlte Claqueure (Bei-
fallklatscher) »angeheizt« und somit das Stück zum Erfolg
gesteuert wurde.

In den Bereich der Massenhypnose gehört sogar die alltägliche Situation, daß an irgendeiner Straßenecke eine Gruppe von Neugierigen steht, zu der sich immer mehr Menschen gesellen, gleichgültig, ob es sich um einen Händler, einen Unfall oder einen Straßensänger handelt. Oft muß nicht einmal mehr etwas zu sehen oder zu hören sein, die Leute bleiben trotzdem stehen. Wie ist das zu erklären?

Eine große Menschenmenge besteht immer zum größten Teil aus psychisch passiven Naturen, die sich – im Gegensatz zu den psychisch aktiven Typen – leicht begeistern lassen. Sobald dann eine Anzahl der Versammelten in Begeisterung gerät, tritt die von Otto Wetterstrand entdeckte »seelische Ansteckung« in Kraft: die langsamer reagierenden oder indifferenten Menschen werden mitgerissen. *Seelische Ansteckung*

Ein ganz ähnliches Prinzip wirkt bei Volksrednern: Zuerst hört man aufmerksam zu, dann folgt bald eine gewisse Ermüdung. In diesem Moment sind – in einem leicht hypnoiden Zustand – der Wirkung von Suggestionen Tür und Tor geöffnet, da das Gehörte nicht mehr mit kritischer Distanz betrachtet und gewertet wird. Ein geschickter Volksredner wird diese Situation nutzen, und dann stecken die Begeisterten die anderen immer mehr an, die dadurch ebenfalls in den Bann des Redners geraten. So erklärt sich auch, daß sich immer wieder genügend Menschen finden, die an den mit stereotyper Regelmäßigkeit prophezeiten Weltuntergang glauben.

Eine Abart dieses Phänomens der Massenhypnose ist ganz gewiß auch jede Selbstmordwelle. Ein Beispiel hierfür war jene, die auf die Veröffentlichung von Goethes *Die Leiden des jungen Werther* folgte.

In einem Experiment zu solchen massenhypnotischen Erscheinungen wurden vor einem Fußballspiel sowohl den Spielern als auch engagierten Fans aus dem Finger Blutproben entnommen und die Werte gemessen. Nach dem Spiel wurden die Messungen aufgrund erneut entnommener Blutproben wiederholt. Dabei wurden bei den Spielern deutliche Veränderungen im Blutbild festgestellt, ausgelöst durch die körperliche *Ein Experiment*

Anstrengung und Erschöpfung. Das Überraschende an dem
Experiment jedoch war die Tatsache, daß bei den Zuschauern
vergleichbare Veränderungen registriert wurden; noch dazu
stellte sich heraus, daß die Normalwerte bei diesen viel später
wieder erreicht wurden als bei den direkt Beteiligten, den
Spielern.

Suggestive und
massenhypnotische
Elemente in allen
Religionen

Die Religionen aller Richtungen und Zeiten bedienten und
bedienen sich noch wirksamer suggestiver Elemente. Dazu
gehören beispielsweise ständig sich wiederholende Gebete
(Rosenkranz) ebenso wie monotone Gesänge und Litaneien
oder auch, wobei die Wirkung anders angelegt ist, farbenprächtige und prunkvolle Riten. Ein besonders charakteristi-
sches Beispiel hierfür gibt Manfred Hausmann in seinem
Roman *Kleine Liebe zu Amerika,* in dem er den Gottesdienst in
einer Negerkirche schildert, in dessen Verlauf die gesamte
– natürlich durch solche Riten besonders ansprechbare – Ge-
meinde der Gläubigen in Trance fiel.

Auch die bereits geschilderten Tempelfeste auf Bali, die
religiösen Feste in Venezuela, bei den Himalajavölkern und
den Negerstämmen in Afrika und Südamerika gehören hierher.
Zahlreiche andere Beispiele ließen sich weiter anführen. So
ziehen sich bei den religiösen Feiern in Indien Menschen
Drähte durchs Fleisch und hängen unglaublich schwere Lasten
daran, die sie in oft stundenlangen Prozessionen tragen.
Besonders erstaunlich mutet uns der Brauch des Feuergehens
an, der bei vielen Völkern üblich und übrigens ebenfalls
religiösen Ursprungs ist. Es werden Steine so lange erhitzt, bis
sie weißglühend sind, und über diese weißglühenden Steine
gehen oft meterweit die in Trance befindlichen Entrückten,
ohne sich Verbrennungen oder sonstige Verletzungen zuzuzie-
hen. Hierauf spielt wohl auch die »Feuer- und Wasserprobe« in
Mozarts Oper *Die Zauberflöte* an, wo die beiden Liebenden
durch Feuer und Wasser unversehrt gehen müssen, um
göttliche Einsichten und Weihen zu erlangen. Das wiederum
sind auch Freimaurerriten. (Mozart war ja selbst Mitglied einer
Freimaurerloge. Deshalb erscheint es nicht verwunderlich, daß
in seiner *Zauberflöte* manches Freimaurerische anklingt – zu-

mal Emanuel Schikaneder, der Textdichter und Gründer des Theaters an der Wien, wo die *Zauberflöte* uraufgeführt wurde, ebenfalls Freimaurer war.)

Wir sehen anhand all dieser Beispiele, wie weit gespannt – vom Alltagsleben bis hin zu geschichtlich und kulturell bedeutenden Tatsachen – das Feld der Nutzung und Wirkung suggestiver und hypnotischer Faktoren ist.

7. Wer ist hypnotisierbar?

Obwohl einwandfrei erwiesen ist, daß sowohl Hypnosezustände als auch Suggestionen ganz normale Vorgänge im menschlichen Leben sind, die sich lediglich außerhalb des bewußten Denkablaufs abspielen, sind die Menschen individuell unterschiedlich hypnotisierbar. Das war für Sigmund Freud einer der Gründe, die Hypnose wieder aufzugeben. Es ist zwar jeder Mensch suggestibel, d.h. er spricht auf Suggestionen an, aber nicht jeder ist voll hypnotisierbar. Einer echten Tiefenhypnose sind sogar weniger als zwanzig Prozent aller Menschen fähig.

Suggestibilität und Hypnotisierbarkeit

Man kann in dieser Hinsicht zwei Grundtypen unterscheiden. Den weit überwiegenden Teil bilden die sogenannten psychopassiven Menschen. Diese sind mehr intuitiv und impulsiv veranlagt und eher Gefühls- und Instinktmenschen. Den kleineren Teil bilden die Psychoaktiven. Sie sind in der Regel hochintelligent, häufig intellektuell ausgerichtet und sehr kritisch und beobachten alles sehr genau. Psychopassive Menschen sind hyperhypnophil, d.h. sehr leicht zu hypnotisieren. Bei ihnen genügt es, das Gefühl anzusprechen. Rationale, trockene Argumente kommen bei ihnen kaum an. Hingegen müssen psychoaktive Menschen zuerst genau und mit Logik über alles aufgeklärt werden. Sie sind nur schwer und auf andere Weise zu beeinflussen als psychopassive Menschen.

Psychopassive Menschen sind leicht zu hypnotisieren

Es muß einmal mit der weitverbreiteten Ansicht aufgeräumt werden, nur willensschwache und geistig labile Personen seien

Nur schwer hypnotisierbare Personen

hypnotisierbar. Das ist ein fundamentaler Irrtum. Jeder körperlich und geistig normale Mensch ist grundsätzlich – seine Einwilligung vorausgesetzt – zu hypnotisieren. Es ist auch eine Fehlansicht zu meinen, es sei ein positives Zeichen, nur schwer oder überhaupt nicht hypnotisierbar zu sein; im Gegenteil: das ist eher als bedenklich denn günstig zu werten. Geistesschwache sind überhaupt nicht hypnotisierbar, da ihnen die Konzentrationsfähigkeit fehlt. Primitive, einfältige Menschen bereiten jedem Hypnotiseur große Schwierigkeiten. Es klingt zwar paradox, aber es ist eine Tatsache, daß besonders kritische und hochintelligente Personen genauso schwer wie einfältige zu hypnotisieren sind. Das liegt allerdings nicht an ihrer Intelligenz; vielmehr beobachten sie sich zu bewußt und zu kritisch und können daher bei der Einleitung der Hypnose nicht abschalten. Auch fehlt es ihnen oft an der inneren Bereitschaft. Wenn ein Patient der Hypnose grundsätzlich ablehnend gegenübersteht, ist es überhaupt unmöglich, ihn zu hypnotisieren.

Bei schwer Hypnotisierbaren wurde oft festgestellt, daß es ihnen an Phantasie mangelt. Auch sind sie sehr häufig narzißtisch (Narzißmus – nach dem griechischen Jüngling Narziß – Selbstverliebtheit) und haben einen sehr unstabilen Kontakt mit der Wirklichkeit. Dagegen hat der gut Hypnotisierbare in der Regel einen guten Kontakt zur Wirklichkeit und ist der Gesellschaft weitgehend angepaßt.

Kinder und alte Menschen

Auch Kinder sind nur selten gut zu hypnotisieren, da ein gewisses Niveau des Denkvermögens vorausgesetzt werden muß. Man kann zwar kein generelles Alter nennen, von dem ab ein Kind hypnotisierbar ist, da ja jedes Kind verschieden intelligent und reif ist; aber man kann sagen, daß ein Erfolg in der Regel etwa ab neun bis zehn Jahren zu erwarten ist.

Bei alten Menschen oder solchen, die unter einer starken Verkalkung der Hirngefäße leiden, ist kaum zu einer Hypnose zu kommen.

Mit Willensanstrengung erreicht man nichts

Nun gibt es auch Patienten, die sich vornehmen: »Ich will jetzt hypnotisiert werden, komme was da wolle«, aber damit kommt man überhaupt nicht zum Ziel. Durch forciertes

Wollen erreicht man eher das Gegenteil. Ich erinnere Sie noch einmal an die schon erwähnte Situation: Man möchte schlafen, aber es geht nicht. Sagt man sich nun: »Ich will jetzt schlafen«, so erreicht man damit nur, daß sich der Schlaf garantiert nicht einstellt. Bei allen unbewußten Vorgängen, sei es nun Hypnose, Fremd- oder Autosuggestion, sei es autogenes Training oder Meditation, erreicht man mit erzwungener Willensanstrengung stets nur das Gegenteil dessen, was man wollte. Die Verlagerung der Bereitschaft zur Hypnose in die Willenssphäre wirkt sich mit Sicherheit störend aus, ebenso wie starke Anspannung und Beobachtung des eigenen Körpers hemmend sind. Nicht angespanntes Wollen hilft uns weiter, sondern vielmehr entspanntes Wünschen. Nie sollte man gespannt darauf warten, daß etwas geschieht und was geschieht, und niemals sollte man kritisch alle Vorgänge beobachten wollen.

Günstige Voraussetzungen sind innere Bereitschaft und eine starke und tiefe Vertrauensbindung gegenüber dem Arzt, die oft durchaus einer affektiven Bindung gleichkommen kann. Wenn das Vertrauen im Verhältnis zwischen Patient und Arzt ja an sich bei jeder Therapie eine wesentliche Rolle spielt, so ist es bei einer Heilbehandlung in Hypnose von allergrößter Wichtigkeit. Diese Erfahrung haben alle Ärzte und Fachleute gemacht, die sich je mit der Materie befaßt haben.

Wichtig sind innere Bereitschaft und Vertrauen

8. Hypnose bei Tieren

Natürlich hat man auch sehr frühzeitig schon hypnotische Experimente mit Tieren unternommen. Berühmt ist der Versuch des Jesuitenpaters Athanasius Kircher (1601 – 1680), der in seinem »wunderbaren Experiment« – so geschehen zu Rom – ein Huhn »verzauberte«. Er band dem Tier die Flügel zusammen und legte es mit einem schnellen Ruck in einer unbequemen Lage auf den Boden. Außerdem zog er vom Schnabel des Tieres weg einen Strich. Als er das Huhn dann nach einiger Zeit losließ, blieb es noch eine ganze Weile reglos liegen.

Kirchers »wunderbares Experiment«

Dieser Versuch ist von verschiedenen Seiten noch oft wiederholt worden – immer mit dem gleichen Erfolg.

Tiere sprechen unterschiedlich gut auf Hypnose an. Hühner sind, wie wir eben sahen, gut hypnotisierbar, Hund und Katze erweisen sich als sehr widerspenstig. In vielen Fällen wird man bei Tieren allerdings kaum von einer echten Hypnose sprechen können; oft handelt es sich eher um bloße Schreckstarre.

Nicht alle Tiere sind hypnotisierbar

Doch Schlangenbeschwörer und Löwenbändiger gehören jedenfalls in dieses Kapitel wohl ebenso wie Menschen, die die Fähigkeit haben, bösartige oder wildgewordene Pferde unter Kontrolle zu bringen und zu zähmen.

Es gibt auch Beispiele von Tieren, die sich gegenseitig zu hypnotisieren scheinen, wie zum Beispiel die Schlange, die durch ihren starren Blick das Kaninchen an der Flucht hindert. Und es gibt sogar ein Tier, das sich gewissermaßen selbst hypnotisert. Es ist eine Spinnenart, die in eine Art Hypnose verfällt, wenn sie von einem hellen Lichtstrahl getroffen wird.

9. Erkenntnisse

Spätestens seit dem neunzehnten Jahrhundert steht nun wissenschaftlich fest, daß Hypnose weder Zauberei noch Scharlatanerie ist, und doch spuken in den abergläubischen Köpfen einer kleinen Zahl von Ewiggestrigen noch immer die alten Geschichten vom bösen Blick und ähnliche Horrorvorstellungen herum.

Hypnose ist keine Zauberei

Im Altertum und im Mittelalter bis weit hinein in die Neuzeit glaubte man allgemein an böse Geister und Dämonen; die Gebildeten machten da keine Ausnahme. Der böse Blick war gefürchtet, und überall wurden magische Handlungen und Schutzzeichen dagegengesetzt. Die alten Ägypter zum Beispiel hatten ein Amulett »Utchat«, das die Augen des göttlichen Horusfalken versinnbildlichte und wohl vor solchem Übel schützen sollte. In südlichen Ländern, wo der Aberglaube vom bösen Blick auch heute noch sehr lebendig ist, werden ebenfalls Amulette und Talismane dagegen getragen.

Auch das Ammenmärchen, daß ein Hypnotisierter machtlos der Gewalt des Hypnotiseurs ausgeliefert sei, ist auch heute noch nicht völlig verstummt. Es ist natürlich blanker Unsinn. Das Verhältnis zwischen dem Patienten und dem Therapeuten hat nicht die geringste Ähnlichkeit mit dem gängigen Bild vom Kaninchen und der Schlange. Ein Hypnotiseur verfügt über keinerlei magische Kraft. Es handelt sich bei der Hypnosetherapie vielmehr um einen Kräfteaustausch. Niemals kann ein

Der Hypnotisierte ist nicht ausgeliefert

unter Hypnose stehender Patient zu etwas gezwungen werden, was er nicht will, was er im Wachzustand nicht tun würde – schon gar nicht zu einem Kapitalverbrechen! Es wurde, im Gegenteil, einwandfrei nachgewiesen, daß ein Hypnotisierter um so stärker Widerstand leistet, je mehr ein Befehl des Hypnotiseurs seiner Persönlichkeit und seinen Moralvorstellungen zuwiderläuft. Es kann immer nur latent Vorhandenes geweckt werden.

Hypnose zur Unterhaltung ist abzulehnen

Sensationsgeschichten und Zauberpraktiken haben mit moderner Heilhypnose ebensowenig zu tun wie die Fernsehspektakel des Martin St. James, der die Menschen dazu veranlaßte, sich albern und kindisch aufzuführen – zum billigen Jux der Zuschauer (wobei noch die Frage offenbleibt, wie viele nur simuliert haben). Solche Gauklertricks auf Unterhaltungsbühnen sind aufs schärfste zu verurteilen. Sie machen nicht nur die mehr oder weniger freiwilligen Opfer würdelos, sie schaden auch in unvorstellbarem Ausmaß dem Ruf der Hypnose, die – wie wir ja nun bereits wissen – anderen, wertvolleren Zwecken dient als billiger Unterhaltung und lächerlichen Gesellschaftsspielen.

Sigmund Freud hat seine ersten psychoanalytischen Erkenntnisse mit Hilfe der Hypnose gewonnen. Er bezeichnete die Beziehung zwischen Hypnotiseur und Hypnotisiertem als eine psychotherapeutische. Er sprach von dieser Beziehung als von einer »Übertragung« (was noch auf Mesmer hinweist) und meinte, diese Übertragung gleiche einem starken, wirksamen Fluidum. Die intensive Beschäftigung damit gab für Sigmund Freud letzten Endes den Anstoß, seine Entdeckung zu machen: die Psychoanalyse. In der Erweiterung dieses Verfahrens der unmittelbaren Übertragung wurzeln die meisten modernen Verfahren der Psychotherapie.

Hypnose ist ein Zustand vollkommener Entspannung

Die Hypnose ist ein wunderbarer Ruhezustand, in dem Körper und Seele vollkommen entspannt sind. Zahlreiche Forscher haben in endlosen Versuchsreihen bewiesen, daß Hypnose – ebenso wie Meditation – eine weit größere Entspannung bewirkt als normaler Tiefschlaf. Hypnose hat auch (obwohl das manche meinen) nicht das geringste mit

Narkose zu tun; denn gerade die wichtigste Komponente der Hypnose – der Rapport, die Verbindung zwischen Patient und Therapeut – fehlt in der Narkose völlig. Es wird daher auch niemand, da es sich ja nicht um eine Narkose handelt, in Hypnose etwa irgendwelche Jugendsünden ausplaudern, wie manche befürchten.

Auch die immer wieder auftauchende Frage, ob man denn in jedem Fall aus der Hypnose wieder erwache, ist mit einem einwandfreien und uneingeschränkten Ja zu beantworten. Selbst wenn – was eigentlich kaum vorkommen kann – der Hypnotiseur plötzlich aus irgendeinem Grund nicht mehr anwesend wäre (etwa infolge plötzlicher Erkrankung), würde nichts Schlimmes geschehen. Die Hypnose geht nach einiger Zeit in ganz normalen Schlaf über, aus dem man auch ganz normal wieder erwacht.

Wirksame Methoden, um in den so überaus erholsamen Ruhezustand der vollkommenen körperlichen und seelisch-geistigen Entspannung zu kommen, gibt es mehrere. Es sind dies Gebet, Meditation, Training, Suggestionen und eben Hypnose, wobei die hypnotischen Erscheinungen sehr oft die Folge von Suggestionen sind. Man kann sich in diesen Zustand auch durch Selbsthypnose (Autohypnose) versetzen, so wie man sich Autosuggestionen geben kann, aber diese wird niemals die Wirksamkeit der Fremdhypnose (Heterohypnose) haben, denn in dem Augenblick, in dem man sich selbst hypnotisiert, ist man zu stark mit der Beobachtung der Wirkung und mit den Suggestionen beschäftigt, um in den gewünschten, tief entspannten und unkritischen Zustand gelangen zu können bzw. in diesem zu verharren.

Hypnose und andere Methoden

Autosuggestion allerdings betreiben wir alle unbewußt ständig, nämlich durch unsere Gedanken. Sie erinnern sich an das Gesetz, das Emile Coué entdeckt und formuliert hat: Jeder Gedanke, den ein Mensch denkt, hat das Bestreben, sich zu verwirklichen.

Wir sind, was wir denken

Man kann mit Recht sagen, der Mensch sei nicht nur für sein Äußeres und sein materielles Leben verantwortlich, sondern auch für seinen Seelenzustand und sein Innenleben. Es ist tatsächlich so, daß der Mensch das Produkt seiner Gedanken ist. Schon in der Bibel steht: »So wie der Mensch in seinem Herzen denkt, so ist er auch.« Ein sehr wahres Wort!

Unser Denken bleibt   Wir alle sind mit positiven und negativen Eigenschaften,
nicht ohne Folgen   Zügen und Tendenzen ausgestattet; diese sind aber nur zum Teil auf Anlage und Erziehung zurückzuführen. Einen großen Teil unserer Persönlichkeit bestimmen wir selbst, denn wir sind, was wir denken. Durch laufend negatives Denken können wir in unserer Seele und unserem Körper unglaublich viel Unglück anrichten, durch positives ebensoviel aufbauen. Es ist deshalb immer wichtig, jeden negativen Gedanken ganz bewußt sofort durch einen positiven zu ersetzen. Das ständige Sichergehen in negativem Denken kann verheerende Wirkungen haben, kann im schlimmsten Fall zu Psychoneurosen, Nervenleiden und sogar zu körperlichen Krankheiten führen. Es kommt keineswegs selten vor, daß jemand eine körperliche Krankheit, mit der er sich ausdauernd und angstvoll beschäftigt, eines Tages wirklich bekommt.

In weniger schlimmen Fällen sind die Folgen negativen Denkens kleine oder größere Mißerfolge, berufliches Versagen, Unlust, Traurigkeit, kurzum ein großer Teil dessen, was uns die Freude am Leben verleidet. Das Unterbewußtsein reagiert ja in der Hauptsache auf Bilder und bildliche Vorstellungen. Ein negativer Gedanke wird zur Idee, zur bildhaften Vorstellung und prägt sich unserem Unterbewußtsein ein, das ihn sofort zu verwirklichen versucht.

Der Glaube   Selbstverständlich gilt dieses Gesetz genauso für das positive
»versetzt tatsächlich   Denken. Damit sind die unglaublichen Erfolge mancher
Berge«   »Glückspilze« und – auf ganz natürliche Weise – die Wunderheilungen in Wallfahrtsorten zu erklären. Die sichere und feste Überzeugung, geheilt zu werden, und der ebenso feste Glaube an das Wunder bewirken die Heilung.

Der Glaube woran auch immer ist, wie schon erwähnt, eine der maßgebenden Komponenten in unserem Leben überhaupt. Schließlich ist es ja auch von ausschlaggebender Bedeutung, an

sich selbst zu glauben. Unzählige Forscher, Erfinder und
Künstler haben sich von noch so großen Mißerfolgen oder von
der völligen Verkennung seitens ihrer Umwelt nicht beirren
lassen. Sie glaubten fest an sich selbst und ihre Arbeit, und der
Erfolg, der sich schließlich einstellte, gab ihnen recht und zog
von selbst auch die Anerkennung nach sich.

Bei der Heilkraft von Hypnose und Suggestionen spielt
naturgemäß der Glaube eine überaus wichtige Rolle. Ist schon
der Schulmediziner bis zu einem gewissen Grad – einem
ziemlich hohen Grad – auf den Glauben des Patienten an seine
Kunst und an die Wirksamkeit der von ihm verordneten
Medikamente angewiesen, in desto höherem Maß ist es der
Hypnosetherapeut.

Er hat weder einen magischen Blick noch magnetische
Kräfte in den Händen, er aktiviert »nur« die immensen,
schlummernden seelisch-geistigen und körperlichen Kräfte
seines Patienten. Und an die Verwirklichung der Suggestionen,
an die Fähigkeit des Therapeuten, diese seine brachliegenden
Kräfte wecken zu können, und an die gute Absicht des
Therapeuten, helfen zu wollen, muß der Patient glauben
– bedingungslos glauben. Gegenteiligenfalls kann die Hypnosetherapie nicht zum Erfolg führen.

*In Hypnose werden
schlummernde
Kräfte aktiviert*

Und das gilt natürlich auch für die Wirksamkeit jeglicher
Suggestion, ob sich nun jemand Suggestionen wachbewußt
oder in einem Zustand herabgesetzten Bewußtseins (in Autohypnose) eingibt: entscheidend für die Verwirklichung des
angestrebten Wunsches ist der Glaube an die Wirksamkeit der
eingegebenen Suggestionen.

10. Hypnose in der Medizin

Zur Heilung von Krankheiten wird die Hypnose seit Menschengedenken angewendet. Priesterärzte in Ägypten, Sumer und Indien, in Assyrien, Judäa und Griechenland, Wunderheiler aller Religionen und Medizinmänner aller Naturvölker wandten sie an. Auch der russische Wundermönch Rasputin bediente sich bei der Heilung des Zarewitsch von der Bluterkrankheit seiner hypnotischen Fähigkeiten. Er sah dem Kind starr in die Augen und ließ außerdem eine goldene Uhr als Pendel vor ihm schwingen.

Anwendung seit Menschengedenken

John Elliotson verwandte etwa Mitte des neunzehnten Jahrhunderts die Hypnose bereits zur Diagnosestellung. Auch Operationen wurden schon frühzeitig in Hypnose des Patienten ausgeführt. Ich erwähnte schon, daß man bereits im Ägypten der Pharaonen Zähne auf diese Weise zog.

Marksteine in neuerer Zeit

Dann war da zum Beispiel der Chirurg James Esdaile aus Montrose (1808–1859). Er praktizierte zwischen 1843 und 1846 in Indien und war wohl der erste, der schwierige Operationen an Hypnotisierten ausführte. Er operierte unter anderem bösartige Geschwülste und nahm auch Amputationen vor. Die postoperative Sterblichkeitsziffer unter seinen Patienten war ausnehmend niedrig.

Die Vorteile, die die Hypnose bei solchen schweren Eingriffen bietet, liegen klar auf der Hand: Hypnose ist unschädlich im Gegensatz zu den üblichen Narkosemitteln wie

Chloroform und Äther, die bei Betäubung durch Hypnose
überhaupt nicht oder nur in viel geringeren Mengen benutzt
werden. Auch wurden nach Operationen unter Hypnose eine
viel schnellere Heilung und wesentlich weniger Nachschmer-
zen als bei Verwendung herkömmlicher Betäubungsmittel
beobachtet.

Hypnose ist vielseitig   Die Hypnose ist keine Heiltherapie, die sich nur mit seelisch
anwendbar   abnormen Patienten befaßt und nur bei solchen angewandt
werden kann. Sie bietet, im Gegenteil, besonders viele allgemeine Behandlungsmöglichkeiten und kann mit wenigen
Ausnahmen bei allen seelisch-geistigen und körperlichen
Erkrankungen angewandt werden. Bei der Behandlung wird
der Patient weder unterjocht noch soll ihm etwas aufgezwun-
gen werden. Der Arzt versucht einfach, die negativen krankmachenden Inhalte im Unterbewußtsein des Patienten durch
positive heilende zu ersetzen. Dabei ist er auf die aktive
Mitarbeit des Patienten angewiesen. Während der kranke
Mensch beim Allgemeinmediziner relativ passiv seine Medizin
einnimmt und ansonsten nur auf deren Wirkung wartet, ist er
bei der Hypnosebehandlung gezwungen, aktiv mitzuarbeiten,
möglicherweise auch durch positive Autosuggestionen zwischen den einzelnen Sitzungen. Dadurch gewinnt er den
Eindruck, selbst für seine Heilung mit tätig zu sein, und erfreut
merkt er die Fortschritte, wodurch wiederum positives Denken und bereitwillige Mitarbeit gefördert werden.

Der Gedanke als   Der Gedanke wird hier gewissermaßen als Heilmittel
Heilmittel   eingesetzt. Er muß allerdings nicht – wie bei Tabletten und
Spritzen – ins Blut oder in den Magen, sondern ins Unterbe-
wußtsein eindringen. Der Therapeut versucht nicht, seinem
Patienten etwas einzureden, noch bildet sich dieser etwaige
Phänomene nur ein. Suggestive Symptome oder beispielsweise
Schmerzfreiheit sind objektiv meßbar. Der schmerzlindernde
Effekt der Hypnose ist klinisch und experimentell nachgewie-
sen. Ebenso einwandfrei bewiesen wurde durch unzählige
Experimente auch die Tatsache, daß praktisch alle Organe
durch Suggestionen beeinflußbar sind. Lassen Sie mich einige
diesbezügliche Experimente kurz andeuten.

Suggeriert man zum Beispiel einer Versuchsperson, sie trinke, so führt das zwangsläufig zu vermehrter Harnausscheidung, und zwar hat der Harn dann genau die Zusammensetzung, als wäre das suggerierte Getränk wirklich getrunken worden.

Der ungarische Arzt und Hypnosetherapeut Dr. Völgyesi versetzte Patienten, die wegen einer Geschwüruntersuchung eine Sonde im Magen hatten, anschließend in Hypnose (ohne die Sonde zu entfernen); suggerierte er ihnen nun eine Mahlzeit, so wurde sofort der genau auf die Speisen – die suggerierten Speisen – abgestimmte Verdauungssaft abgesondert. Suggerierte er eine andere Speise, änderte sich auch sofort der Magensaft entsprechend. Auf eine Bemerkung eines anwesenden Arztes, die darauf hindeutete, daß der Patient ja gar nichts aß, stellte der Magen seine Tätigkeit auf der Stelle ein, um sie bei der nächsten Speisensuggestion jedoch unverzüglich wieder aufzunehmen.

Oft durchgeführt wurde auch folgendes Experiment: Einer Versuchsperson wurde ein Geldstück auf Handrücken oder Unterarm gelegt mit der Suggestion, dieses sei glühend heiß. Die Folge war eine Brandblase. Dasselbe wurde auch mit einer Briefmarke oder einfach einem Stück Papier gemacht und funktionierte ebenso. Es stellten sich, je nach Suggestion, eine Brandblase oder eine juckende Hautrötung oder ähnliche Symptome ein.

Suggeriert man einer Person in Hypnose Gefahrensituationen, so wird sie umgehend darauf reagieren, sei es durch Fluchtversuch oder sei es durch starkes Herzklopfen. Auf suggerierte Kälte wird sie mit Gänsehaut, auf Hitze mit Schweißausbruch reagieren. Sogar Schmerzen treten nach entsprechender Suggestion in voller Stärke auf, als wären sie körperlich bedingt.

Auch positive und negative Sinnestäuschungen lassen sich durch hypnotische Suggestionen erzeugen. Die Versuchsperson sieht beispielsweise einen im Zimmer stehenden Tisch nicht mehr und wird sich daran stoßen, oder sie sieht umgekehrt einen Tisch, wo gar keiner ist, und wird ihm ausweichen.

Man hat zum Beispiel einer Frau, die einen Apfel aß, in Hypnose suggeriert, es sei eine Zwiebel, und sofort begannen die Tränen zu fließen. Umgekehrt ließ sich eine Zwiebel völlig ohne Tränenvergießen essen, wenn man suggerierte, es sei ein Apfel. Dieses Experiment klappt allerdings nur, wenn die betreffende Person keinen Widerwillen gegen die suggerierte Frucht hat.

Aus den Ergebnissen dieser Forschungen und Experimente geht unmißverständlich hervor, daß praktisch alle Organe durch Suggestionen beeinflußbar sind. Da ja nun alle Suggestionen in Hypnose ungleich viel stärker wirksam sind, machen diese Beeinflussungsmöglichkeiten die Hypnose zu einem echten Breitbandtherapeutikum, das vom rein seelisch-geistigen bis zum rein körperlichen Bereich einsetzbar ist.

Zwar gibt es noch immer öffentliche Vorführungen von Hypnose. Doch das alles ist, wie gesagt, mehr oder weniger unterhaltsamer Unfug. Der wichtigste Aspekt der Hypnose ist heute ihre Anwendung zur Heilung von Krankheiten und zur Beseitigung oder wenigstens Linderung von Schmerzen. Bei Fachleuten gilt die moderne Heilhypnose als die Methode mit der effektiv größten Wirkung. Ihr kommt international eine wichtige Funktion bei der Heilung von Krankheiten zu.

Meist genügt eine leichtere oder mittlere Hypnose

Die Tiefe der Hypnose hat übrigens auf die Heilung von Krankheiten, welcher Art auch immer, keinen Einfluß. In den allermeisten Fällen genügt bereits eine leichte oder mittlere Hypnose zur Befolgung aller Suggestionen. Eine echte Tiefenhypnose ist ja sowieso nur in den wenigsten Fällen zu erreichen und wäre oft gar nicht sinnvoll, da ja der Patient mit dem Arzt in Verbindung bleiben muß und auf diese Art an seiner Heilung mitarbeiten sollte.

Wichtig ist vor allem – und das kann gar nicht oft genug betont werden – das Vertrauen des Patienten zu seinem Therapeuten. Deshalb ist ein einleitendes Gespräch zur Herstellung dieser Vertrauensbasis unbedingt notwendig.

Ein guter Hypnosetherapeut wird nicht nur sein Handwerk verstehen, sondern auch sorgfältig damit umgehen. Er wird ein hohes Maß an Verantwortungsbewußtsein besitzen, denn in Hypnose eingegebene Suggestionen können tief in die körperlichen und seelischen Vorgänge eingreifen. Man kann damit Krankheiten im Keim ersticken oder auf natürliche Weise und ohne medikamentöse Nebenwirkungen heilen.

Eine der Grundwirkungen der Hypnose ist die körperlich-seelische Ruhigstellung, ein Umschaltungsvorgang, der von bestimmten Nerven des Zentralnervensystems gesteuert wird. Diese Ruhigstellung allein hat bereits einen Heileffekt, der dann aber durch Suggestionen gezielt gelenkt wird.

Ruhigstellung als Heileffekt vorab

Atmung und Pulsfrequenz können in Hypnose beeinflußt werden, Schmerzen gelindert oder beseitigt, so zum Beispiel die so quälenden Migräneschmerzen, die sogenannten Phantomschmerzen, die an einem amputierten Körperglied auftreten, oder auch Kopfschmerzen nach Unfällen.

Gegen Schmerzen, Schlaflosigkeit und Depression

In Hypnose kann man Schlaflosigkeit beseitigen und Depressionen heilen. Man kann die Steuerung aller Organe beeinflussen, wie wir aus den angeführten Experimenten ersahen.

Alle durch seelische Fehlsteuerung entstandenen Krankheiten, seien sie physischer oder seien sie psychischer Art, finden Heilung. Da, wie gesagt, alle Organe ansprechbar sind, können natürlich auch Sexualstörungen beseitigt werden, zumal diese ja oft rein psychischen Ursprungs sind.

Gegen Sexualstörungen, Hautkrankheiten und Neurosen

In einem Genesungszentrum in Kanada hat man die Hypnose sogar mit Erfolg zur Nachbehandlung des Herzinfarktes eingesetzt. Den Rekonvaleszenten wurde ein Lauftraining suggeriert, und sie waren fit, als hätten sie Sport getrieben. Sie konnten es mit jedem Gesunden aufnehmen.

Besonders gut zu beeinflussen sind Hautkrankheiten wie Ekzeme und Allergien.

Selbstverständlich gehört in das Aufgabengebiet der Hypnose auch die Beseitigung von Ängsten und Neurosen.

Zur Steigerung von Selbstvertrauen und Leistung

Man kann einem Menschen durch Hypnosebehandlung Sicherheit und Selbstvertrauen geben, seine logische Denkfähigkeit steigern und helfen, seinen Willen und seine Persönlichkeit zu entwickeln. Krankhafte und krampfhafte Hemmungen und Unsicherheiten können ebenso beseitigt werden wie Schreib- und Redestörungen (Stottern) usw.

Die Hypnose kann ein Weg zur Selbstverwirklichung sein, kann verborgene oder verschüttete Fähigkeiten ans Licht bringen, beispielsweise künstlerischer Art, was besonders bei Depressiven äußerst wichtig ist. Natürlich kann die Hypnose keine völlig neuen Kenntnisse vermitteln, aber sie kann zur Ausnützung der vorhandenen geistigen Kapazitäten führen, die oft unvorstellbar groß sind. Fremdsprachen können in einem Bruchteil der Zeit, die normalerweise nötig wäre, erlernt werden.

Auch einzelne Eigenschaften können gezielt verändert werden. Das ist in der Medizin manchmal nötig, um einen Menschen gewissermaßen vor sich selbst zu bewahren.

Selbst eine Steigerung der Muskelkraft ist möglich, ja sogar Lähmungen und Geschwüre widerstehen oft nicht der Wirkung richtig eingesetzter Hypnosetherapie.

Zur Bekämpfung von Suchtkrankheiten

Ein wichtiges Feld ist auch die Bekämpfung von Süchten, sei es nun die relativ leicht in den Griff zu bekommende Nikotinsucht oder seien es die gefährlicheren Suchtkrankheiten wie Alkohol-, Tabletten- und Rauschgiftsucht.

Und natürlich kann man diese Therapie auch vorbeugend einsetzen.

Zur Geburtshilfe

Als ein weiteres wichtiges Kapitel ist auch noch die Geburtshilfe zu nennen. Hier kann die Hypnose eine besonders wertvolle Hilfe sein. Sie macht die Geburt schmerzfrei, ohne ihren natürlichen Ablauf zu stören, wie das Narkosemittel tun; sie hilft der Mutter, sich zu entspannen, und hat keinerlei schädliche Nebenwirkungen, weder für die Mutter noch für das Kind.

Zur Lösung ganz bestimmter Probleme kann man auch die Posthypnose anwenden. Posthypnose bedeutet wörtlich einfach Nachhypnose. Dem Patienten wird dabei in Hypnose der Befehl gegeben, nach dem Erwachen oder zu einer bestimmten Zeit dies oder jenes zu tun.

Leidet ein junger Mensch zum Beispiel unter entsetzlicher Prüfungsangst, so wird man ihm in Hypnose suggerieren, er werde zum Zeitpunkt der Prüfung überhaupt keine Angst verspüren und seiner selbst absolut sicher sein. Auf diese Art wird er ohne Angst zur Prüfung gehen und zweifellos ein um vieles besseres Ergebnis erzielen, als er es, von lähmender Angst erfüllt, zustandegebracht hätte. Oder nehmen wir einen Schauspieler oder Sänger, der vor einer wichtigen Premiere Lampenfieber hat und unter der Zwangsvorstellung leidet, er werde im entscheidenden Moment den Text vergessen haben. Durch posthypnotische Suggestionen kann man ihm für den fraglichen Abend Ruhe und Sicherheit geben, und er wird Erfolg haben.

Gegen Prüfungsangst und Lampenfieber

Als aufdeckendes Verfahren kann die Hypnose Konfliktsituationen aufzeigen, die sonst nur durch zeitraubende Psychoanalyse erschlossen werden könnten.

Zur Aufdeckung von Konflikten

Als ein solches aufdeckendes Verfahren ist eine besonders interessante Möglichkeit der Hypnose zu nennen: die sogenannte »Regression«, das heißt Rückführung. Es handelt sich hier um eine Methode, die in den meisten Fällen das gleiche Ergebnis bringt wie eine Psychoanalyse, nur wesentlich schneller.

Wir erfahren schon vor unserer Geburt und in wesentlich erhöhtem Maße von der Geburt an laufend Sinneseindrücke. Zum großen Teil vergessen wir diese Erlebnisse, das heißt, sie sind unserem Bewußtsein entzogen. Das ist an sich sehr praktisch, da wir sonst in unserem Bewußtsein viel zuviel speichern müßten. Nach Bedarf können wir ja mehr oder weniger von diesen gespeicherten Eindrücken wieder hervorholen, also uns erinnern. Nun gibt es aber noch eine andere Art, Sinneseindrücke oder überhaupt Erlebnisse zu verarbeiten, als sie einfach auf Abruf zu speichern. Die Persönlichkeit verbannt bestimmte Vorgänge, an die sie sich nicht erinnern will, in ganz besonders tiefliegende Schichten unserer Psyche, ins Unbewußte, wo sie vom Bewußtsein nicht so ohne weiteres wieder hervorzuholen sind, zumal das Bewußte das ja auch gar nicht will. Diese Art der Verarbeitung nannte Sigmund Freud »Verdrängung«. Uns ist nur ein geringer Teil der seelischen Geschehnisse bewußt, die Wirkung der im Unbewußten ablaufenden Vorgänge ist viel größer, als wir es empfinden. So arbeiten nun, völlig ohne unser Wissen, die verdrängten Eindrücke in unserem Unbewußten, und da wir sie nicht wahrhaben und normal verarbeiten wollen, führt das in den meisten Fällen zu Fehlverhalten und Neurosen.

Nun ist es oft so, daß ein Mensch mit ganz bestimmten Krankheitssymptomen zum Therapeuten kommt, der sich der Sache annimmt und durch Hypnose und entsprechende Suggestionen durchaus in der Lage ist, diese Symptome zu beseitigen. Ist jedoch die wahre Ursache der Krankheit nicht einwandfrei ersichtlich geworden, so findet in einem solchen Fall einfach eine Symptomverschiebung statt, das heißt, statt der verschwundenen Symptome beispielsweise im Magen äußert sich nun die unerkannte seelische Konfliktsituation durch Krankheitsanzeichen beispielsweise im Herzen.

Hypnodiagnose   Nun merkt der Therapeut, daß die Ursache nicht behoben
durch Rückführung   werden konnte, und nun wird er zu der äußerst hilfreichen Methode der Aufdeckung greifen, um dem Übel auf die Spur zu kommen. Er macht eine Hypnodiagnose. Dabei wird das unermeßliche Gedächtnis des Unterbewußtseins angezapft. Der Patient wird in der Hypnose immer weiter in frühere Jahre »zurückgeführt«, bis er sich an das Ereignis erinnern kann, das die Krankheit ausgelöst haben könnte. Es kann sich dabei ebensogut um einen Unfallschock handeln wie auch um ein frühkindliches Erlebnis, etwa das »Mitansehenmüssen« einer schlimmen oder unverständlichen Situation, einen Todesfall im engen Familienkreis oder auch scheinbar so unwichtige Dinge wie ungerechte Prügelstrafe oder Liebesentzug.

Was auch immer es war, der Therapeut kennt nun die eigentliche Ursache des Leidens und kann sie grundlegend behandeln.

Oft genügt allein schon die Erinnerung an ein im Unterbewußtsein weiterschwelendes unglückliches Erlebnis, um die Heilung zu bewirken; oft ist es aber auch nötig, den Patienten die Situation mehrmals in Hypnose erleben zu lassen, bis er sie endgültig verarbeitet hat. Man nennt diesen Vorgang Hypnokatharsis. Katharsis bedeutet Reinigung, geistig-seelische Läuterung durch Bewußtmachen. Für eine solche partielle Altersregression bedarf es keiner Tiefenhypnose, es genügt ein leichter Hypnosezustand.

Heilung durch Bewußtmachung

Welche erstaunlichen Ergebnisse mit einer solchen Rückführung in frühere Jahre zu erzielen sind, darauf werden wir später noch zu sprechen kommen. Ebenso besteht im Hypnosezustand die Möglichkeit, daß Menschen nicht nur in eine ganz bestimmte Phase ihrer Kindheit zurückgeführt werden, sondern daß sie sich an Wahrnehmungen bzw. Gefühle erinnern können, die sich ihnen bereits im Mutterleib eingeprägt haben.

Auch mit parapsychischen Phänomenen beschäftigt sich in zunehmenden Maße die moderne Wissenschaft. So kann heute als erwiesen gelten, daß im Hypnosezustand die Fähigkeit der außersinnlichen Wahrnehmung (ASW) - Telepathie und Hellsehen - besonders leicht zu wecken und zu aktivieren ist. Prof. Dr. Milan Rýzl, einer der führenden Forscherpioniere der Parapsychologie und zugleich ein hervorragender Hypnosefachmann, hat diese Tatsache im Zuge strengkontrollierter Experimente nachgewiesen.

Hypnose und Parapsychologie

Nach allem, was wir heute über die Möglichkeiten der Heilhypnose und deren Ungefährlichkeit wissen, ist es bedauerlich, daß noch immer relativ viele Menschen von Ressentiments ihr gegenüber nicht frei sind. Man kann sich dies einzig und allein aus der Unwissenheit über das Wesen und die Wirkungsweise der Hypnose erklären. Nicht selten wird die Hypnose noch immer mit Okkultismus und magischen

Gegen Aberglauben und Minderwertigkeitsgefühle

Praktiken auf eine Stufe gestellt. Solche Ansichten wurzeln in einem dem Magischen verhafteten Denken, wie es für Kinder und die Naturvölker typisch ist. Im Laufe des Reifungsprozesses wird es normalerweise überwunden. Menschen, die solche Relikte magischen Denkens nicht überwinden können, müßten nun die dem Magischen verhaftete Denkweise und moderne Denkart koordinieren. Da das jedoch kaum gelingt, geraten sie in die Sackgasse der Ambivalenz, und dieses Nebeneinander zweier widersprüchlicher Gefühle führt unweigerlich zu Fehlhaltungen und psychischen Störungen. So haben solche Personen oft eine Neigung, sich ständig selbst zu analysieren; sie sind mimosenhaft empfindlich und haben ein gestörtes Selbstwertgefühl. Sie sind gute Kunden bei Astrologen, Kartenlegern und Kurpfuschern und tragen gläubig Talismane und Amulette. Auch ihnen könnte ein Hypnosetherapeut helfen, ein Leben ohne Aberglauben und Minderwertigkeitsgefühle zu führen.

Angesichts der von keinem kompetenten Fachmann bestrittenen Vielseitigkeit und Unentbehrlichkeit der Hypnose sind Ressentiments dieser modernen Heilbehandlung gegenüber wirklich unangebracht, zumal auch keine der möglichen Hypnosetechniken dem Patienten Schmerzen zufügt oder auch nur Angst einjagen müßte. Um Ihnen das klar vor Augen zu führen, möchte ich Ihnen im folgenden Kapitel einen Überblick über die gebräuchlichsten Hypnosemethoden geben.

11. Hypnosetechniken in der Vergangenheit

Es gibt eine ganze Reihe von Möglichkeiten, eine Hypnose einzuleiten, von denen ich Ihnen hier nur die wichtigsten vorstellen will. Einige von diesen sind schon seit Jahrtausenden bekannt; so ist es nicht uninteressant, wenn wir noch einmal einen Blick zurück in die Vergangenheit werfen, um zu sehen, wie man früher die Menschen in hypnotischen Schlaf, in einen hypnoiden Zustand, versetzte.

Im Altertum war im gesamten Vorderen Orient der Tempel- *Vorwissenschaftliche* schlaf weit verbreitet. Er diente der Heilung von seelischen *Fixationstechniken* Krankheiten wie Melancholie (so nannte man damals die Depressionen), Schlaflosigkeit usw., aber auch von körperlichen Beschwerden. Die Priester ließen die Kranken auf glänzende Metallscheiben, in Tonschalen oder auch auf sonderbare Zeichen starren, bis diese in den Schlaf sanken. Das war im wesentlichen überall gleich, ob in Ägypten, Syrien, Judäa oder Indien. Auch Suggestionen wurden bewußt und gezielt eingesetzt. In Griechenland wurden ferner aromatische Kräuter verbrannt, was erfahrungsgemäß die Trance fördert.

Paracelsus erwähnt Mönche in Kärnten, die ebenfalls Kranke in glänzende Metallkugeln blicken ließen. Aber es mußte nicht unbedingt blinken, wenn es galt, in einen hypnotischen Zustand zu gelangen. So lebten im Mittelalter auf dem heiligen Berg Athos in Griechenland Mönche, die sich einschläferten, indem sie ihren Nabel anstarrten. Man nannte sie deshalb auch »Nabelgucker«.

Magnete und
Streichungen

Maximilian Hell, der bereits erwähnte Jesuitenpater aus Ungarn, hatte magnetische Metallplatten in Form der erkrankten Organe auf den entsprechenden Körperstellen befestigt; er benutzte aber auch Hufeisen und »Zauberstäbe«. Auch der französische Abbé Lenoble verwendete Ende des achtzehnten Jahrhunderts Stahlmagnete.

Im Gegensatz zu ihnen führte der österreichische Jesuit Johann Joseph Gaßner (1727–1779) bei seinen kirchlichen Exorzismen Streichungen über den Körper des Kranken durch.

Die mesmerschen
Striche

Mit beiden Methoden – sowohl mit den magnetisierten Metallplatten oder -stäben als auch mit den Streichungen – hatte sich der Wiener Arzt Franz Anton Mesmer befaßt und mit ihnen experimentiert. Er kam zu der Überzeugung, daß es sich bei den Heilungen um eine Übertragung von Energien von einem Menschen auf den anderen handele. Er vertrat die Ansicht, jeder Mensch besitze, da er in das magnetische Kraftfeld der Erde eingeschlossen sei, ein »magnetisches Fluidum«, das er auf andere, energieschwache Menschen übertragen könne. Dazu bedurfte es seiner Meinung nach keiner Magneteisen, also gab er diese Behandlungsart 1776 auf und arbeitete nur noch mit Streichungen. Diese Striche führte er in einiger Entfernung über dem Körper des Kranken von oben nach unten aus (das führte nach einiger Zeit zu Müdigkeit). Sie wurden später unter der Bezeichnung »mesmersche Striche« oder »Passes« ungeheuer populär. Mesmer legte dem Patienten wohl auch einmal die Hand auf den Kopf oder die Schulter, was immer eine beruhigende Wirkung hat; das Wesentliche aber waren bei ihm die »Passes«. Mit ihrer Hilfe übertrug er sein »magnetisches Fluidum« – oder zumindest glaubte er, es so zu übertragen.

Er nannte diese seine Erfindung der persönlichen Übertragung »Magnetismus animalis«, tierischen oder belebten Magnetismus, im Gegensatz zu dem materiellen, unbelebten Magnetismus der Metallplatten.

Bei diesen Behandlungen spielte der Rapport, der Kontakt zwischen Patient und Therapeut, nur eine sehr untergeordnete Rolle. Mesmer interessierte sich hauptsächlich für die physiologischen, also körperlichen Vorgänge; die psychologischen – seelischen – waren für ihn eine Sache der »Imagination«, also der Einbildung.

In Paris arbeitete Mesmer dann nicht mehr nur mit seinen »Passes«, sondern auch mit magnetisiertem Wasser, das sich in großen Bottichen aus Eichenholz, sogenannten »Baquets«, befand. Die Patienten saßen dabei im Kreis um den Zuber herum und hatten Eisenstäbe in der Hand, die aus dem Wasser herausragten. Der Raum war nur schwach erhellt, und ständig ertönte leise Musik. Die wichtige Rolle, die die Musik bei Mesmer spielte, war sicher zum Teil darauf zurückzuführen, daß er mit Mozart befreundet war. (Heute weiß man, daß Musik an sich ein wertvolles Therapeutikum sein kann.) Durch die Behandlung mit magnetisiertem Wasser löste Mesmer bei seinen Patienten sogenannte »Heilkrisen« aus, das heißt, die Kranken fielen in konvulsivische Zuckungen und stießen hysterische Schreie aus. Er hatte ganz erstaunliche Heilerfolge damit, obwohl nicht ganz sicher ist, was die Heilungen veranlaßte, das magnetisierte Wasser oder die künstlich erzeugten hysterischen Krisen. Auch hier wird sich wohl das Wort Paracelsus bewahrheitet haben, daß Einbildung und Vertrauen die wichtigsten Arzneien sind, um Kranke zu heilen. *(Heilkrisen)*

Allerdings hatten nicht alle Patienten in diesem »magnetisierten« Zustand ständig Heilkrisen. Zeitgenossen berichten, daß manche sich wie Somnambule (Schlafwandler) benahmen, andere lächelten sich zu und sprachen liebevoll miteinander.

James Braid, der Augenarzt aus Manchester, hatte in seiner Praxis feststellen können, daß die starre Fixierung eines glänzenden Gegenstandes bald zu Müdigkeit führt. Da er sich durch Experimente von der Wirksamkeit dieser Methode überzeugt hatte, verwendete er sie ständig und lehnte den »tierischen Magnetismus« Mesmers ab. *(Neuentdeckte Fixationstechnik)*

Sie werden sich vielleicht fragen, wieso Braid diese Art der Einschläferung erst praktisch erproben mußte und sie dann allgemein als neu empfunden wurde. Sie werden sich fragen, warum er nicht wußte, daß auf diese Art ja schon die Pharaonen und ihre Untertanen in den Schlaf geschickt wurden. Nun, wir dürfen nicht vergessen, daß zu Zeiten Braids die großen Ausgrabungen in den Ländern der alten Hochkulturen erst in ihrem Anfangsstadium waren. Es dauerte viele Jahrzehnte, ja oft Jahrhunderte, bis die gefundenen Schriften gesichtet und die damals noch unbekannten Schriftzeichen entziffert waren. Braid konnte also gar nicht wissen, wie alt seine Entdeckung schon war.

Verbalsuggestionen   Der portugiesische Abbé Faria sah – um den Schlafzustand, dessen Wichtigkeit man inzwischen erkannt hatte, herzustellen – den Patienten fest in die Augen und befahl ihnen dabei einfach »Dormez« (Schlafen Sie)! Meist genügte dieser Befehl vollkommen, um den Kranken in Hypnose zu versetzen, aber der Abbé hatte auch bereits den Wert von Suggestionen erkannt und wandte sie in der Hypnose an.

Die beiden Gründer der Schule von Nancy, A. A. Liébeault und H. M. Bernheim, verwendeten für ihre Hypnosen dann hauptsächlich und konsequent Verbalsuggestionen. Liébeault hatte eine Zeitlang mit magnetisiertem Wasser gearbeitet und auch gute Erfolge erzielt. Dann kam er auf Anregung Bernheims jedoch auf die Idee, dasselbe doch einmal mit *Placeboexperimente*   Placebo zu versuchen. Placebo ist der Fachausdruck für ein Scheinmedikament. Die Tablette oder die Spritze sieht gleich aus wie das Medikament oder die Spritzlösung, enthält aber keinerlei Wirkstoffe des eigentlichen Medikaments. Soll ein neues Medikament getestet werden, erhält eine Anzahl von Versuchspersonen diese neue Medizin, ein anderer Teil erhält ein Placebo, also eine Tablette, die nur Zucker und Bindemittel enthält. Die Versuchspersonen wissen nicht, daß sie unterschiedliche Präparate einnehmen. So läßt sich sehr gut und unbeeinflußt feststellen, ob ein neues Arzneimittel die erwartete Wirkung hat. Oft ist die »Wirkung« des Placebos kaum geringer als jene der echten Arznei – aufgrund subjektiven Glaubens. Viele erfolgreiche und alte Hausmittel (wenn auch bei weitem nicht alle) basieren schlicht und einfach auf dieser

Placebowirkung. Man glaubt an die Heilkraft eines Mittels, das schon den Urgroßeltern geholfen hat, und es hilft prompt auch heute noch.

Mit einem solchen Placebo also experimentierte Liébeault, indem er ganz normales, einfaches Wasser benutzte, die Patienten aber in dem Glauben ließ, das heilende Wasser sei magnetisiert. Er erzielte mit diesem Placebo die gleichen Resultate wie mit magnetisiertem Wasser und kehrte daraufhin zu den Verbalsuggestionen zurück. Außer diesen sah er den Patienten noch fest in die Augen, um sie in Hypnose zu versetzen.

Sein Kollege Professor Bernheim verwendete fast ausschließlich Suggestionen. Daß er auch bisweilen einen Gegenstand fixieren ließ, fällt kaum ins Gewicht. Die Suggestionen waren bei ihm von ausschlaggebender Wichtigkeit.

In vollem Gegensatz zu ihnen stand, wie schon früher erwähnt, Professor Charcot. Er hing fest der Lehre vom materiellen Magnetismus an. In den Phänomenen der Hypnose sah er Äußerungen eines krankhaften Zustands. Vielleicht ist diese falsche Einschätzung der Hypnose und ihrer Heilwirkung damit zu erklären, daß Charcot an einer Anstalt für Geisteskranke tätig war. Er konnte nur an diesen Kranken die Wirkung der Hypnose beobachten. So ist die Tatsache, daß er nicht mit normalen Menschen arbeiten konnte, wohl der Grund für die falschen Schlüsse, die er zog, indem er in der Hypnose keine psychischen Wirkungen sah, sondern eine Art künstlich herbeigeführter Hysterie. Zur Auslösung dieser »Hysterie« benutzte er erschreckende und sehr starke Reize wie zum Beispiel einen lauten Gong, ein plötzlich aufflammendes Licht oder gar explodierende Schießbaumwolle.

Künstlich herbei-geführte Hysterie

Übrigens war er nicht der einzige, der noch der Lehre von der Wirkung der Metalle auf den Körper anhing. Viele berühmte Mediziner in Frankreich lehnten Verbalsuggestionen entschieden ab, interessierten sich aber brennend für Metalloskopie und experimentierten damit.

Einer derjenigen, die nur mit Verbalsuggestionen arbeiteten, war der Apotheker Emile Coué. Es ist interessant, ihn mit Mesmer zu vergleichen, der niemals mit Verbalsuggestionen arbeitete, sondern mit Strichen und konvulsivischen Krisen heilte; wogegen Coué nur Suggestionen, aber niemals Trance anwandte. Beide hatten große und anerkannte Erfolge.

Coués Gesetze wirksamer Autosuggestion Coué hatte die außerordentliche Macht der Gedanken und bildlichen Vorstellungen erkannt und heilte getreu seinen Gesetzen:

1. »Nicht der Wille ist die Antriebskraft unseres Handelns, sondern die Vorstellung.«

2. »Liegen Wille und Einbildungskraft miteinander im Streit, siegt immer die Einbildungskraft.«

3. »Jeder Gedanke ist bestrebt, sich zu verwirklichen.«

Er lehrte seine Patienten, sich ihre Heilung ganz intensiv bildlich vorzustellen; und da er auch die Macht der Wiederholung erkannt hatte, wies er sie an, sich mehrmals morgens und abends den Satz vorzusprechen: »Es geht mir von Tag zu Tag und in jeder Hinsicht immer besser und besser.«

Er brachte seinen Patienten gewissermaßen die Technik wirksamer Autosuggestion bei. Seine Heilungen und Belehrungen fanden übrigens zum großen Teil in Gruppensitzungen statt, die unentgeltlich waren.

Ganz gelegentlich arbeitete Coué auch mit dem Pendel.

Pawlows Punkt-Reflex-Gesetz Auch der russische Forscher I. P. Pawlow hatte durch seine Tierexperimente die enorme Wichtigkeit von Suggestionen festgestellt. Er machte beispielsweise Versuche mit einem Hund, der sich in einem dunklen Raum befand. Kommt ein starker Lichtblitz, will der Hund fliehen. Wird dieser Reiz jedoch laufend und regelmäßig wiederholt, wird das Tier bald schläfrig und schläft ein. Bei öfterer Wiederholung dieses ganzen Ablaufs fällt das Tier schließlich schon beim ersten Reiz sofort in Schlaf, das heißt in einen hypnoiden Zustand. Pawlow kam zu dem Schluß, daß ein monotoner, dauernder Reiz

infolge einer Hemmung entsprechender Hirnvorgänge zum
Schlaf führt und schließlich nach systematischer Übung
sofortige Wirkung hat (wobei unwichtig ist, ob es sich um
einen optischen Reiz wie Licht oder um einen akustischen Reiz
wie beispielsweise ein Metronom handelt) und nannte dies das
»Punkt-Reflex-Gesetz«.

Mit weiteren Experimenten erhellte Pawlow später, daß
beim Menschen das Wort den gleichen Effekt hat wie sinnliche
Reize. Dabei ist nicht nur der Inhalt, sondern auch der Klang
des Wortes von Bedeutung.

Der schwedische Arzt Otto Wetterstrand entdeckte das
Prinzip der »seelischen Ansteckung«. So wie Gähnen ansteckt,
was wir ja alle schon am eigenen Leib erfahren haben, so steckt
auch Hypnose an. Wetterstrand arbeitete nach diesem Prinzip.
Er veranstaltete Gruppensitzungen, an denen immer etwa
vierzig Personen teilnahmen, und ging folgendermaßen vor:
Zunächst hypnotisierte er mit Hilfe der Faszinationsmethode,
also durch starkes In-die-Augen-Sehen einige Personen, die er
schon mehrmals erfolgreich hypnotisiert hatte. Von diesen
ging dann eine so ansteckende Wirkung aus, daß auch die
anderen nach und nach in Hypnose fielen. Zwar befanden sich
die Patienten in einer unterschiedlichen Hypnosetiefe, aber das
ist für die Heilung nicht von Bedeutung. Viel wichtiger sind
hierfür die Suggestionen, die ja auch in leichter Hypnose
ankommen.

Wetterstrands
Ansteckungsprinzip

Waren nun alle Patienten in hypnoidem Zustand, ging
Wetterstrand von einem zum anderen und gab ihm flüsternd
ins Ohr die seinem Leiden entsprechenden Suggestionen.

Berühmt wurde Wetterstrand vor allem durch seine Heilung
Suchtkranker, die er in eigenen kleinen Behandlungshäusern in
oft wochenlanger Dauerhypnose hielt. Während dieser Zeit
nahm er jeden Tag eine Suggestivbehandlung vor, ohne daß die
Kranken aus der Hypnose erwachten. Seine Erfolge waren so
spektakulär, daß Ärzte aus aller Welt nach Stockholm kamen,
um diese Methode zu studieren.

Handauflegung und
Zeremonien

Die Kirche bediente sich schon immer hypnotischer Techniken, die zum Teil auch heute noch Anwendung finden. Dazu gehört der Ritus des Handauflegens, der im *Neuen Testament* verankert ist:»Auf die Kranken werden sie die Hände legen, so wird es besser mit ihnen werden.« Dem hypnotischen bzw. suggestiven Repertoire sind beispielsweise auch die Ausführung bestimmter Bewegungen über dem Körper, die bei Exorzismen üblichen Riten, das Zeremoniell der Messe sowie an Wallfahrts- und Gnadenorten zuzurechnen.

Bei den Naturvölkern sind Trancezustände und -erlebnisse viel selbstverständlicher als bei uns, sie gehören zum Leben der Menschen; aber auch bei ihnen gelten für die Einleitung der Trance bestimmte rituelle Gesetzmäßigkeiten.

Trommeln, Kräuter
und Beschwörungen

Immer und überall spielen Trommelrhythmen eine hervorragende Rolle. Nicht nur in Afrika, sondern auch bei buddhistischen Kulthandlungen oder etwa bei den Hunzas im Hochgebirge des Karakorums wird der Trancetänzer durch Trommeln und das Einatmen von Wacholderrauch in Trance versetzt. Daß Trommelrhythmen trancestimulierend sind, weiß jeder, der je Jazz- oder Beatmusik gehört hat.

Ein weiteres Stimulans zur Einleitung der Trance ist, wie schon erwähnt, das Abbrennen von aromatischen Kräutern, wie das, mit geringfügigen Variationen, alle Naturvölker praktizieren. Es ist ja bekannt, daß das Einatmen von aromatischen Dämpfen die Trancebereitschaft fördert. Schon die alten Griechen hatten sich das zur Einleitung des Tempelschlafs zunutzegemacht. Man denke in diesem Zusammenhang nur an die Pythia, die große Seherin, zu deren Heiligtum in Delphi Könige und Staatsmänner kamen, um vor wichtigen Entscheidungen oder Schlachten ihren Rat zu holen. Der Überlieferung zufolge saß sie auf einem Dreifuß über einer Erdspalte, aus der giftige Dämpfe aufstiegen, und machte in Trance ihre Weissagungen.

Zur Tranceeinleitung bediente man sich regelmäßig auch dessen, was wir heute Verbalsuggestionen nennen würden, in Form monotoner, sich wiederholender rhythmischer Beschwörungen, Gebete, Litaneien. Zum Ritual gehörte oft auch gegenseitiges Anstarren oder die Fixierung eines Gegenstandes. Im wesentlichen gleichen sich die Riten überall, was allerdings ausgefallene Praktiken nicht ausschließt. Die Azteken verwendeten beispielsweise den Oberarm einer im Kindbett verstorbenen Witwe, mit dem sie auf die Hausschwelle schlugen, um das Haus in Starre zu versetzen.

Es ist bekannt, daß mystische Verzückungszustände meist durch starke psychische Spannungen ausgelöst werden, sei es der angstvollen, sei es der freudigen Erwartung. Sie können auch durch Gebetsübungen und Askese willentlich erzeugt werden. Das erscheint aufgrund der Erfahrungen sowohl christlicher als auch fernöstlicher Mystiker bewiesen. *Mystische Verzückung*

Trancepraktiken haben meist religiöse Bedeutung oder zumindest einen religiösen Hintergrund. Die Tibeter glauben beispielsweise, daß in der Trance Götter und Dämonen in den menschlichen Leib schlüpfen und durch den Mund des Orakelpriesters Fragen beantworten, die teils therapeutischen, teils prophetischen Charakter haben.

Abgesehen von den alten Riten des Feuergehens, die nicht nur in Indien, sondern auch in Japan und in der Südsee üblich sind, abgesehen auch von den Yogis und Fakiren, die es in Indien wie eh und je auch heute noch gibt, ist dort auch eine Art der Energieübertragung von Gesunden auf Kranke üblich, die geradezu an Mesmers Übertragungen erinnert. Hier sind es Gruppen von Gesunden, die Gruppen von Kranken mit magischen Bewegungen umtanzen.

Verschiedene später angewandte Techniken haben ihren Ursprung im Tierversuch des Athanasius Kircher, der 1646 in Rom ein Huhn »verzauberte«, indem er ihm die Flügel zusammenband, es mit schnellem Griff auf den Rücken legte und vom Schnabel weg einen Strich zog. Ließ er das Tier los, blieb es noch eine ganze Zeitlang reglos liegen. Man konnte es nur durch ein lautes Geräusch »wecken«. *Schreckstarre*

Wenn eine Schlange ein Kaninchen oder ein anderes kleines Säugetier mit starrem Blick gewissermaßen lähmt und damit an der Flucht hindert, so ist auch das eine Art von Hypnose. Übrigens kann der Schlange dasselbe passieren: sie kann durch den starren Blick einer Katze selbst in Erstarrung fallen.

Bei kleineren Haustieren wie Hunden, Katzen oder Kaninchen genügt oft schon ein sanftes Streicheln über den Kopf und Rücken, um das Tier in einen entspannten Zustand zu versetzen. Man kann auch mit gezielten Strichen über Augen und Nase Schläfrigkeit herbeiführen.

Selbst an Vögeln lassen sich hypnotische Phänomene beobachten. Klebt man beispielsweise einer Taube ein kleines Bröckchen Kitt auf die Schnabelspitze, wird sie damit beschäftigt sein, dieses zu betrachten. Sie dreht dabei die Augen nach innen – genauso, wie es auch beim Menschen im Augenblick des Einschlafens oder bei Eintritt der Hypnose geschieht –, und sie schläft binnen kurzem ein.

12. Hypnosetechniken in unserer Zeit

Viele der im vorstehenden Kapitel geschilderten Praktiken, die seit Jahrtausenden angewandt werden, um einen Menschen in Hypnose zu versetzen, haben auch heute noch ihren Wert und werden auch heute noch zur Hypnoseeinleitung angewandt, wenn auch oft in abgeänderter oder weiterentwickelter, verbesserter Form.

Die Fixationsmethode ist die älteste aller Methoden zur Einleitung der Hypnose. James Braid gilt als ihr Begründer. Doch schon vor fast viertausend Jahren wurden in Ägypten die Kranken mit dieser Methode eingeschläfert, und im Mittelalter bedienten die Kärntner Mönche sich ihrer. Damals und auch später bei Braid mußten die Patienten auf glänzende Scheiben, blinkende Kugeln oder ähnliche, spiegelnde Gegenstände blicken. Aber wie schon die »Nabelgucker« vom Berg Athos in Griechenland bewiesen, muß es durchaus nicht immer etwas Glänzendes sein, das den einschläfernden Effekt hervorbringt. Man kann mit dem gleichen Erfolg irgendeinen Gegenstand fixieren, zum Beispiel eine Bleistiftspitze, einen Finger, ein Farbtäfelchen, den Mundspiegel eines Zahnarztes (was bei einer Zahnbehandlung unter Narkose sehr nahe liegt) oder Ähnliches. Auch Kerzen, farbige Glühbirnen und Silberplatten werden dazu verwendet. In Amerika hält man sich gern an rotierende Scheiben.

Die Fixationsmethode

Das von Pawlow erforschte Punkt-Reflex-Gesetz kommt
zur Wirkung, wenn man bei der Anwendung der Fixationsmethode ein Stroboskop benutzt. Es handelt sich dabei um eine
relativ starke Lichtquelle, die durch eine sich drehende
Lochscheibe geht. Auf diese Art wird das Licht in ganz
bestimmtem (und vom Arzt bestimmbarem) Rhythmus sichtbar. Das rhythmische Blinken wirkt über die Sehnerven direkt
auf das Gehirn ein, so daß eine schnelle Ermüdung eintritt.
Eine erfreuliche und der Hypnoseeinleitung förderliche Nebenwirkung dieser Methode ist, daß das Licht je nach
Drehgeschwindigkeit der Scheibe in wechselnden Farben
erscheint. Ein faszinierender Effekt, der noch durch das
Sichtbarwerden verschiedener Muster erhöht wird.

Eines wird ein guter Hypnotiseur allerdings bei der Fixationsmethode immer beachten: er wird keine Gegenstände
fixieren lassen, mit denen der Patient häufig im Alltagsleben zu
tun hat, denn dann besteht – wenn auch relativ selten – die
Gefahr, daß der Patient in Spontanhypnose fällt, wenn er den
entsprechenden Gegenstand – z.B. einen Kugelschreiber
– sieht.

Die Faszinations-   Die Faszinationsmethode ist bestimmt ebenso alt wie die
methode   Fixationsmethode. Der Patient schaut nicht irgendeinen Gegenstand an, sondern sieht dem Arzt fest und unverwandt in
die Augen – genau so, wie das Kaninchen, wenn auch
ungewollt, der Schlange in die Augen sieht. Dieser unverwand-
te Blick löst sofort einen affektiven Kontakt zwischen den
beiden Personen aus, der für die Übertragung sehr förderlich
ist. Daraus ergibt sich auch zwangsläufig ein persönliches
Engagement auf beiden Seiten, das von größter Wichtigkeit ist
und niemals durch noch so durchdachte und raffinierte
technische Apparate ersetzt werden kann.

Besonders in der heutigen Zeit, in der die Menschen so stark
unter der unpersönlichen Sachlichkeit und Kühle der zwischenmenschlichen Beziehungen leiden, ist dieser Aspekt von
großer Bedeutung. Es ist daher mit Bestimmtheit falsch, wenn
manche die Auffassung vertreten, diese Methode sei überholt.

Sie ist es beileibe nicht, zumal überraschend viele Patienten
diese Art der Hypnoseeinleitung erwarten. Es wäre dann
psychologisch falsch, sie mit Hilfe einer anderen Methode
hypnotisieren zu wollen; denn in ihren Erwartungen enttäuscht würden sie sich (wenn auch vielleicht nur unbewußt)
gegen jede andere Methode stellen, und so wäre ein eventueller
Mißerfolg schon vorprogrammiert.

Der Name Faszinationsmethode kommt übrigens daher,
daß man durch diesen unverwandten Blick in die Augen des
Hypnotiseurs »fasziniert« ist.

Die Suggestibilität steigt bei dieser Methode sehr rasch und
das ist sehr gut, denn hier werden – ebenso wie bei der
Fixationsmethode – gleichzeitig Suggestionen gegeben. Sie
sind zwar zur Einleitung einer Hypnose nicht unbedingt
erforderlich, spielen aber doch in den allermeisten Fällen eine
sehr hilfreiche und wichtige Rolle. Eine große Hilfe ist für die
meisten Patienten auch ein mehr oder weniger abgedunkelter
Raum, leise Musik und Suggestionen, die zunächst auf
Schwere, Wärme und Ruhe abzielen.

Bei der Farbkontrastmethode handelt es sich um ein relativ
neues Verfahren zur Einleitung der Hypnose. Man benutzt die
Kontrasteffekte der Farben Blau und Gelb. Es ist dies eine
Methode, auf die psychoaktive Menschen meist sehr gut
ansprechen. Sie funktioniert folgendermaßen: Auf einem
Karton befinden sich ein blaues und ein gelbes Rechteck, die
durch einen zwei Millimeter breiten weißen Streifen voneinan-
der getrennt sind. Betrachtet man diese Rechtecke starr ein paar
Minuten lang, erscheint in dem weißen Mittelstreifen am
Rande des gelben Rechtecks ein hellgelber, am Rande des
blauen Rechtecks ein dunkelblauer Saum – und starke Ermüdung tritt ein.

*Die Farbkontrast-
methode*

Auf diesem Verfahren basiert die von dem Heilpraktiker und
Hypnosetherapeuten Hubert H. Scharl entwickelte Farbsuk-
zedan-Kontrastmethode, ein ganz neues Einleitungsverfahren.
(Sukzedan kommt von Sukzession – Aufeinanderfolge.) Der
Patient bekommt eine rechteckige weiße Karte von ungefähr

*Die Farbsukzedan-
Kontrastmethode*

fünfzehn mal zweiundzwanzig Zentimeter in die Hand. In der
Mitte der oberen Hälfte befindet sich ein leuchtend rotes
Rechteck von vier mal sechs Zentimeter Größe, in der Mitte
desselben ist ein schwarzer Punkt. Ein ebensolcher schwarzer
Punkt ist genau neun Zentimeter senkrecht darunter auf der
unteren Hälfte der weißen Karte angebracht.

Wenn man nun die rote Fläche eine Zeitlang, ohne zu
zwinkern, ansieht, erscheint ein hellgrüner Farbsaum darum
herum (Hellgrün ist die Komplementärfarbe von Rot). Dann
läßt der Therapeut die Augen des Patienten ohne irgendwelche
Umschweife auf den unteren schwarzen Punkt richten, und
dieser schwarze Punkt, der allein auf der weißen Fläche ist,
wird nun scheinbar in der Mitte einer hellgrünen Fläche stehen
– ein Zeichen, daß sich der hypnoide Zustand einstellt. Nach
weiteren Blickwechseln werden die Augen immer müder, der
Hypnosezustand ist erreicht.

Die Blitzhypnose   Die Blitzhypnose wurde erstmals durch den Abbé Faria
angewendet, und zwar, wie schon geschildert, durch den
einfachen Befehl: »Schlafen Sie!« Man bedient sich ihrer heute
nur noch relativ selten, weil sie nur bei einem kleinen
Prozentsatz von Menschen brauchbar ist. Eine weitere Möglichkeit, die Hypnose einzuleiten, besteht darin, ein Pendel vor
den Augen des Patienten schwingen zu lassen. Der Patient muß
diesem Pendel mit den Augen folgen, ohne den Kopf zu
bewegen. Relativ schnell fallen die Augen zu, zumal wenn
gleichzeitig entsprechende Suggestionen erteilt werden.

Die Zählmethode   Viele Therapeuten bedienen sich zur Einleitung der Hypnose der Zählmethode. Der Hypnotiseur sagt dem Patienten:
»Ich zähle jetzt von Eins bis Zehn. Wenn ich die Zahl Zehn
nenne, sind Sie in Hypnose.« Der Hypnotiseur beginnt dann
zu zählen und gibt zu jeder Zahl entsprechende Suggestionen.

Die Narkohypnose   Natürlich kann man eine Hypnose auch mit Drogen
einleiten. Ich erwähne dies hier nur der Vollständigkeit halber,
denn es ist eine problematische Methode. Angesichts der
Gefährlichkeit von Drogen darf eine Narkohypnose selbstverständlich nur von Ärzten ausgeführt werden. Dies gilt auch,

wenn es sich »nur« um Beruhigungsmittel handelt und nicht um Haschisch. Die Hypnose mit Hilfe des indischen Hanfs war jahrhundertelang in Indien, Ägypten, Syrien und Persien im Schwange. Oft diente sie reichlich obskuren Zwecken, etwa um den Anhängern einer Sekte das Paradies vorzuspiegeln oder um sie bedingungslos auf ihren Anführer einzustimmen.

Bei uns wird bei der medikamentösen Hypnose ein Beruhigungsmittel in geringer Dosis gespritzt. Es wirkt enthemmend und einengend auf das Bewußtsein. Bei schwierigen Patienten ist das manchmal die einzige Möglichkeit, eine Ersthypnose herbeizuführen. Aber, wie gesagt, solche Mittel gehören nicht in die Hände von Laien!

Völlig harmlos und ungefährlich sind dagegen Elektrosedierungsgeräte. Diese der Beruhigung des Patienten dienenden Entspannungsgeräte arbeiten mit Schwachstromimpulsen, die das Gehirn durchfluten und weder gefährlich noch schmerzhaft sind (sonst könnten sie ja nicht beruhigen). In Verbindung mit monoton beruhigender Musikberieselung erzielt man bei mancherlei Störungen mit Elektrosedierungsgeräten gute Erfolge.

Bei besonders suggestiblen Personen ist auch eine Wachhypnose möglich. Es genügt dann schon, daß eine Suggestion sehr bestimmt gegeben wird, um ihre Wirkung zu gewährleisten. Auch bei der Wachhypnose ist das Bewußtsein herabgesetzt. Die Wachhypnose ist vor allem für beruhigende und aufklärende Suggestionen geeignet.

Die Wachhypnose

Wie wir schon wissen, ist es bei einer Anzahl von Personen so gut wie unmöglich, sie in einen hypnoiden Zustand zu versetzen. Es handelt sich dabei in erster Linie um Menschen, deren Aufmerksamkeit stark auf sich selbst fixiert ist. In solchen Fällen gibt es die Möglichkeit, ihnen mit einer indirekten Hypnose zu helfen. Der Kranke wird einer hypnotisierten Person gegenübergesetzt und hält deren Hand. Der hypnotisierten Person werden nun alle Krankheitsmerkmale der anderen suggeriert. Ist die Übertragung der Krankheit vollständig erfolgt, wird anschließend Schmerzfreiheit und

Die indirekte Hypnose

Heilung bis zur Gesundung suggeriert, so lange, bis die Symptome verschwunden sind. Erst wenn man absolut sicher ist, daß bei der hypnotisierten Person kein Krankheitssymptom mehr vorhanden ist, darf die Hypnose wieder aufgehoben werden. Meist sind dann die Beschwerden bei dem nichthypnophilen Patienten auch verschwunden oder doch zumindest sehr gebessert.

Die Beispielhypnose   Bei nicht ganz so stark hypnoseresistenten Kranken genügt oft schon eine Beispielhypnose, um sie selbst in Hypnose zu versetzen. Hier kommt das von Otto Wetterstrand entdeckte Prinzip der seelischen Ansteckung zum Tragen. Man kann sich kaum vorstellen, wie ansteckend ein oder mehrere Hypnotisierte selbst auf schwierige Patienten oft wirken. Auf dieser ansteckenden Wirkung baute ja Wetterstrand seine Gruppensitzungen auf. Sie wirkt übrigens in jeder Gruppe; man muß nur beachten, daß in der Gruppe die Reaktionen unterschiedlich schnell erfolgen, und damit rechnen, daß einige nur vortäuschen, hypnotisiert zu sein.

Die Gruppen-   In den USA und den osteuropäischen Ländern hat man sehr
hypnose   gute Erfolge mit Gruppenhypnose. Dies trifft besonders auf schwangere Frauen und Alkoholiker zu. Gruppenhypnose ist jedoch nicht identisch mit Gruppentherapie, von der man derzeit sehr viel hört und liest. Bei der Gruppentherapie werden, im Gegensatz zur Gruppenhypnose, keine Direktiven gegeben.

Die Massenhypnose   Das gleiche Prinzip wie bei der Gruppenhypnose wirkt naturgemäß auch bei der Massenhypnose. Wo immer Menschenmassen versammelt sind, besteht der größte Teil der Anwesenden aus psychopassiven Typen, die sehr leicht gefühlsmäßig anzusprechen und zu begeistern sind. Nach dem Wetterstrandschen Gesetz der seelischen Ansteckung reißen sie dann die weniger leicht ansprechbaren psychoaktiven Menschen mit.

In der Masse wird der Einzelmensch, das Individuum, bedeutungslos. Es entsteht in gewisser Weise ein ganz neues

Wesen, das aufkommende Ideen in gegenseitiger An- und Aufstachelung sofort verwirklichen möchte. Nicht wenige Revolutionen sind auf diese Weise in Gang gekommen: die Französische Revolution von 1789 ebenso wie die Oktoberrevolution 1917 in Rußland oder die Arbeiteraufstände von 1848. Die Menge gibt dem einzelnen Rückhalt und Kraft, mehr Kraft als er jemals allein aktivieren könnte. Er ist dann in der Lage, weit über sich selbst hinauszuwachsen – im Positiven ebenso wie im Negativen. Es bedarf eigentlich nur einer starken Persönlichkeit, die in der Lage ist, ihre Ansichten überzeugend und plastisch darzustellen. Wenn dann in einer Versammlung noch weltanschaulich, politisch oder religiös gleiche Meinungen vertreten werden, verstärkt sich die Wirkung der Masse auf den einzelnen noch erheblich, da er sich ja in seinen Anschauungen bestätigt fühlt und nicht erst für etwas Neues erwärmt werden muß.

Häufig kommen die Menschen schon mit bestimmten Erwartungen zu solchen Versammlungen oder Demonstrationen; dann hat der Demagoge natürlich ein leichtes Spiel (gleichermaßen tut er sich schwer, wenn die Leute mit Vorurteilen kommen). Ich möchte Ihnen hier als besonderes Beispiel der Massenhypnose den indischen Seiltrick erklären.

Die Zuschauer, die sich um den Fakir versammeln, sind natürlich auch schon mit bestimmten Vorstellungen gekommen, denn sie haben ja alle schon von der Zauberei gehört und möchten sie nun selbst erleben und sehen, ob das Ganze ein Schwindel ist oder nicht. Der Fakir sitzt inmitten der Neugierigen und hält sie durch geschickte Reden, quasi Suggestionen, in ständigem Erwartungszustand. Dabei beginnt er mit seiner Vorführung. Er wirft ein ganz normales Seil in die Luft, wo es zum Erstaunen der Zuschauer stehen bleibt. Daraufhin erhebt sich ein etwa zwölfjähriger Junge, der neben dem Fakir saß, und klettert an dem Seil in die Höhe, bis er schließlich im Nichts verschwindet.

Der indische Seiltrick als Beispiel

Das ist der Grundablauf des indischen Seiltricks. Es gibt dann verschiedene Versionen des Endes: einmal kommt der

Junge von außen wieder in die Mitte der Versammlung; ein andermal klettert der Fakir ihm nach und holt ihn zurück; oder der Junge fällt einfach vom Himmel. Wichtig ist dabei nicht, wie das Ganze ausgeht, sondern die Tatsache, daß sich dies alles in Wirklichkeit am Boden abspielt. Das Seil liegt am Boden, und der Junge »klettert« auf ihm hinauf.

Das ganze Phänomen existiert nur in der Einbildungs- und Vorstellungskraft des Fakirs. Seine Vorstellungskraft ist jedoch so stark und bildhaft, daß er sie auf die Zuschauer übertragen kann. Das ist um so erstaunlicher, da er ja über keinerlei Hilfsmittel verfügt, wie etwa eine in geheimnisvolles Licht getauchte Bühne oder etwas Ähnliches. Er muß praktisch Farbe bekennen. Er sitzt, von allen Seiten eingesehen, mitten zwischen den Zuschauern, von denen einige natürlich nur darauf warten, daß etwas schiefgeht, daß sie ihre Zweifel, die ihnen im Gesicht geschrieben stehen, laut werden lassen können. Er ist wirklich auf die Qualität seiner Vorstellungskraft und die Fähigkeit, diese zu übertragen, angewiesen – und die ist in der Tat beachtlich.

Die Posthypnose   Eine ganz andere Art von Hypnose ist die Posthypnose. Posthypnose heißt wörtlich einfach Nachhypnose. Einleitung und Verlauf sind zunächst die gleichen wie bei der normalen Hypnose. Ist der hypnoide Zustand jedoch in der gewünschten Tiefe eingetreten, kann man einem Menschen suggestiv den Auftrag geben, nach dem Aufwachen oder zu irgendeinem bestimmten späteren Zeitpunkt etwas ganz Bestimmtes zu tun. Man hat diese Möglichkeit schon sehr früh erkannt und auch genutzt, denn sie kann bei bestimmten seelischen Störungen äußerst hilfreich sein: bei Prüfungsangst beispielsweise, der so oft völlig unbefriedigende Fehlleistungen zuzuschreiben sind, bei Lampenfieber, das selbst große Geister, wenn sie vor die Öffentlichkeit treten müssen, in quälender Weise plagt, oder auch bei Platzangst.

Die in der Hypnose gegebenen posthypnotischen Befehle werden zunächst ohne augenblickliche Reaktionen gespeichert. Die Ausführung erfolgt dann scheinbar im Wachzustand, in Wirklichkeit befindet sich der Patient bei der

Ausführung jedoch wieder in einem leicht hypnoiden Zustand, aus dem er aber anschließend sofort wieder erwacht.

Einen klassischen Fall von Posthypnose hat seinerzeit Professor Bernheim, einer der Gründer der Schule von Nancy, geliefert. Bernheim befahl im August einem altgedienten Soldaten in Hypnose, er solle am ersten Donnerstag im Oktober zu Dr. Liébeault, Bernheims Mitarbeiter, gehen. Dort werde er den Präsidenten der Republik treffen, der ihm einen Orden verleihen werde. In der Zeit zwischen posthypnotischem Befehl und dem ersten Donnerstag im Oktober wurde zwischen Bernheim und seiner Versuchsperson der Auftrag mit keinem Wort erwähnt. Genau am ersten Donnerstag im Oktober, 63 Tage nach Erteilung des posthypnotischen Auftrags, erschien der Soldat tatsächlich bei Dr. Liébeault. Er ging sofort in die Bibliothek, wo er respektvoll jemanden, den es nicht gab, begrüßte, sich verbeugte und sich schließlich bedankte. Auf Liébeaults Frage, mit wem er spreche, antwortete er: »Natürlich mit dem Präsidenten der Republik!« und ging nach einer weiteren Verbeugung davon.

Beispiele von Post-hypnose

Es wurden natürlich immer wieder Versuche mit dieser Hypnosemöglichkeit gemacht. So gab ein Psychologe einmal einer Versuchsperson den posthypnotischen Auftrag, ihm beim ersten Wort, das er nach dem Aufwachen an sie richten werde, die Zunge herauszustrecken. Die Versuchsperson tat es tatsächlich, wenn auch mit sichtbaren Anzeichen größter Verlegenheit. Auf die Frage des Psychologen, warum sie ihm die Zunge herausstrecke, antwortete sie, sie habe nur Spaß machen wollen. Sie sehen: der Hypnotisierte erinnert sich nicht, daß er einen posthypnotischen Befehl bekommen hat.

Es kommt selbstverständlich auch vor, daß ein posthypnotischer Befehl nicht ausgeführt wird. In diesem Fall ist die Kraft der anerzogenen Hemmungen oder die entgegengesetzte Persönlichkeitsstruktur des Hypnotisierten stärker als die Suggestion des Hypnotiseurs.

Sämtliche Methoden, die ich Ihnen bisher vorgestellt habe, sind sogenannte »zudeckende« Methoden, das heißt, es werden keine ursächlichen Zusammenhänge gesucht. Viele, wenn nicht

Zudeckende und aufdeckende Methoden

die meisten psychisch bedingten Störungen und Fehlhaltungen
lassen sich heilen oder wenigstens bessern, wenn die Symptome,
die Beschwerden, zum Verschwinden gebracht werden,
ohne daß die ursächlichen Gründe »aufgedeckt« werden
müssen. Man nennt diese Art der Behandlung »symptomorientierte
Hypnosetherapie«. Sie zielt auf Entspannung, Beruhigung,
Stabilisierung und Wiederherstellung. Für andere Erkrankungen
allerdings wird ein zweigleisiges Vorgehen notwendig
sein: zunächst aufdeckend und analytisch, dann die
Behebung der Ursachen und Symptome.

»Aufdeckende« Verfahren sind Hypnodiagnose, Hypnoanalyse
und Hypnokatharsis. Diese Verfahren wurden durch
die Psychoanalyse Sigmund Freuds weitgehend in den Hintergrund
gedrängt. Sie haben aber wesentliche Vorteile gegenüber
der klassischen Psychoanalyse: Eine Aufdeckung in Hypnose,
eine Hypnoanalyse, bringt den gleichen Erfolg wie eine
Psychoanalyse, jedoch in einem Bruchteil der Zeit, die für
letztere benötigt würde. (Eine Psychoanalyse kann in zahllosen
Sitzungen bis zu dreihundert Stunden dauern.) Wie der
Name schon sagt, verwendet man sie, um an verborgene oder
zurückliegende Krankheitsursachen heranzukommen.

Das Erleben kata-
thymer
Bilder
Zunächst allerdings kann man mit einer anderen Methode
versuchen, dies Ziel zu erreichen, nämlich mit dem katathymen
Bilderleben. Katathym kommt aus dem Griechischen und
bedeutet gefühlsbedingt, wunschbedingt. Zum Erleben katathymer
Bilder genügt durchaus eine mittlere Hypnosetiefe.
Man läßt den Patienten aufgrund entsprechender Suggestionen
verschiedene Bilder sehen, zum Beispiel eine Wiese, einen
Berg, einen Bach usw., wobei die verschiedenen Motive
– genau wie bei der Traumdeutung – bestimmte symbolische
Bedeutungen haben. Der Patient muß dann genau beschreiben,
was er sieht und wie er es sieht.

Schließlich muß er selbst in das Bild »hineingehen« und es
gewissermaßen erleben. Beim Schildern dieser Erlebnisse
kommt der Patient dann vom einen zum anderen und wird so
ganz von selbst an seine Probleme, Konflikte, unbewußten

Wünsche und Vorstellungen herangeführt. Auf diesem Weg
von Bild zu Bild entsteht praktisch eine Art von Analyse.

Diesem Verfahren ähnlich, aber über dieses hinausgehend,
ist das Bildstreifendenken, bei dem vor dem geistigen Auge des
Hypnotisierten wie in einem Film Bilder szenenartig ablaufen,
zunächst als konzentrativer Einstellungsvorgang, dann über-
gehend in ein unwillkürliches, affektives Ablaufen von bildhaften Vorgängen.

Das Bildstreifen-denken

Manchmal allerdings ist es unerläßlich, den genauen Grund
für eine Störung oder Fehlhaltung herauszufinden. Dies ist
zum Beispiel der Fall, wenn während oder nach der Behandlung eine Symptomverschiebung stattfindet. Leidet ein Patient
beispielsweise unter den Symptomen einer funktionellen
Herzstörung, so wird man zunächst versuchen, mit einem
zudeckenden Verfahren die Beschwerden zu beseitigen, denn
Beschwerdefreiheit bedeutet für den Kranken die Wiederherstellung seiner Gesundheit. Er fühlt sich wieder leistungsfähig
und lebensfroh. Wenn nun aber – das muß jedoch nicht
zwangsläufig der Fall sein – hinter den Herzbeschwerden eine
schwere Neurose steckt, wird diese einen anderen Weg suchen,
sich zu äußern. Statt der beseitigten Herzbeschwerden fühlt
der Patient Krankheitsanzeichen an anderen Organen, beispielsweise im Magen, in der Galle oder im Darm.

Nun weiß der erfahrene Hypnosetherapeut, daß er mit
einem aufdeckenden Verfahren die Ursachen herausfinden
muß. Da das katathyme Bilderleben in solchen Fällen meistens
nicht ausreicht, wird er eine Hypnoanalyse durchführen, und
zwar im Wege der Regression (Rückführung).

Hypnoanalyse durch Regression

Wie am Anfang dieses Buches schon erklärt wurde, speichert
unser Unterbewußtsein alle Eindrücke, die es jemals erfahren
hat. Wir können sie als Erinnerung in unser Bewußtsein
zurückführen. Nun hat sicher jeder Mensch Erlebnisse, an die
er sich nur ungern, wenn möglich überhaupt nicht erinnern
möchte. Diese Eindrücke werden »verdrängt«, das heißt, sie
wandern so weit ins Unbewußte ab, daß wir sie bewußt nicht

wieder hervorholen können. Gerade diese verdrängten Inhalte aber sind es, die zu Schuldgefühlen, Fehlhaltungen und Konflikten führen; also müssen sie, damit die entstandenen seelischen Störungen beseitigt werden können, ans Licht geholt und verarbeitet werden. Dies geschieht mit Hilfe der Altersregression: man führt den Kranken in immer frühere Altersstufen zurück, bis man auf das auslösende Ereignis (es können auch mehrere zusammenkommen) stößt. In Hypnose verfügen wir über ein unvorstellbar gutes Gedächtnis, das auch die unwichtigsten Kleinigkeiten gespeichert hat, selbst wenn die Erlebnisse Jahrzehnte zurückliegen.

Ein Experiment Was alles man an Erinnerungen aus einem Menschen hervorholen kann, zeigt ein eindruckvolles Experiment, das der Hypnosetherapeut Karl Schmitz selbst vorgenommen hat und das er in seinem Buch *Heilung durch Hypnose* schildert:

Im Jahre 1951 kam zu ihm ein Mann, der während des Zweiten Weltkrieges in Stalingrad in Gefangenschaft geraten war. In der Gefangenschaft hatte er einen Tatsachenroman geschrieben, der all die entsetzlichen Vorgänge schilderte, die er selbst im Hexenkessel Stalingrad miterlebt hatte. Als er schließlich aus der Gefangenschaft entlassen wurde, nahm man ihm das Manuskript ab. Immer und immer wieder hatte er versucht, es zu rekonstruieren – ohne Erfolg. Jede Erinnerung daran schien ihm total unmöglich. Nun fragte er den Therapeuten, ob wohl in Hypnose eine Erinnerung möglich sei. Trotz seiner Zweifel erklärte sich Schmitz zu dem Experiment bereit. Im Laufe der Behandlung ließ nun der Therapeut den Patienten alle erforderlichen Situationen – oft auch scheinbar nebensächliche – wieder erleben, und langsam und mit viel Geduld gelang es tatsächlich, das 640 Seiten zählende Manuskript wieder aus dem Unterbewußtsein hervorzuholen. Der Patient mußte es dabei allerdings auf sich nehmen, die damals empfundenen Gefühlsregungen, die vielen Stationen tiefster Erschütterung nochmals zu durchleben.

Wir müssen unterscheiden zwischen Regression, also der Rückführung in frühere Altersstufen, und Hypnoanalyse, die

ein Analysieren seelischer Vorgänge ist und Konflikte aufdek-
ken soll. Die Hypnoanalyse hat außer ihrem schnellen Erfolg
noch einen weiteren Vorteil vor der Psychoanalyse: bei dieser
ist der Patient zu dauernder Selbstanalyse gezwungen; das
führt nicht selten zu geradezu hypochondrischer Selbstbeobachtung und kann einen Menschen buchstäblich verrückt
machen. Ich kenne einen jungen Arzt, der vom Studium der
Psychologie nur deshalb Abstand nahm, weil er nach den
ersten Studienerfahrungen zu fürchten begann, infolge der
erforderlichen Eigenanalysen seine Ehe zu zerstören.

Ist nun durch Regression und Hypnoanalyse die Ursache *Die Hypnokatharsis*
einer Erkrankung ans Licht gebracht worden, wird für die
Heilung oft die Hypnokatharsis zu Hilfe genommen. Katharsis bedeutet Reinigung, das Abreagieren vergessener traumati-
scher Erlebnisse, das Wiedererleben eines Prozesses, der eine
Neurose ausgelöst hat. Das sagt schon einiges. Der Therapeut
läßt nämlich den Kranken das Erlebnis, das auslösend für die
Krankheit wirkte, noch einmal erleben. Das kann ein Unfall
sein oder ein frühkindliches Erlebnis, etwa, daß das Kind etwas
gesehen hat, was es nicht verstand und daher nicht verarbeiten
konnte; es können Erlebnisse sein, die Schuldgefühle verursachten, oder es kann der nicht verwundene Todesfall eines
lieben Menschen sein; ja selbst an scheinbaren Kleinigkeiten
kann es liegen, vielleicht nur an einer ungerechten Behandlung,
die jemand als Kind einmal erfahren hat; oft ist es auch die
Erinnerung an eine ganz allgemein zu strenge Erziehung. Es
gibt unendlich viele Varianten solcher Ursachen, die zu
seelischen Konflikten und deren nachteiligen Folgen führen.

Das Ziel der Therapie besteht jedenfalls darin, den Patienten
das kritische Ereignis noch einmal in allen Einzelheiten erleben
zu lassen. Manchmal genügt es schon, die Erinnerung an ein
solches im Unterbewußtsein weiterwirkendes Ereignis zu
wecken, um Heilung oder Linderung zu bringen; oft ist es aber
auch nötig, den Kranken das Ereignis in Hypnose wieder und
wieder erleben zu lassen, bis er es endgültig verarbeitet hat.

*Der Unterschied
zwischen Hypno-
analyse und Hypno-
katharsis*

Während bei einer Hypnoanalyse der Patient gewissermaßen der eigene Zuschauer seiner Erlebnisse ist, muß er bei der
Katharsis mitarbeiten, er muß alles nochmals durchleben, muß
all seine aufgestauten Wut- und Haßgefühle abreagieren. Die
Gefühlsentladungen sollten ohne jede Hemmung vor sich
gehen können. Nur so ist eine endgültige Verarbeitung
möglich.

Es ist durchaus nicht so oft nötig, die Ursache aufzudecken,
wie Freud das ursprünglich annahm. Es kann manchmal
zweckmäßiger sein, den Patienten lediglich von seinen Beschwerden zu befreien, ohne verdrängtes Erlebnismaterial
aufzuspüren; erweist sich das aber als unumgänglich notwendig, so bieten Hypnoanalyse und Hypnokatharsis eine schnelle
und wirksame Möglichkeit, neurotische Ursachen aufzudek-
ken und zu beseitigen.

Altersregression

Noch ein paar Worte zu dem interessanten Gebiet der
Rückführung (Regression). Wir unterscheiden zwei Arten von
Altersregression: die totale und die partielle (teilweise). Für die
Behandlung der meisten Krankheiten, das heißt für die
Aufdeckung der meisten Konflikte, genügt schon eine partielle
Altersregression, für die keine Tiefenhypnose nötig ist. Es
reicht vollkommen aus, wenn sich der Patient durchaus des
Dualismus der Situation bewußt ist: er weiß, daß er beim
Therapeuten ist und sich mit ihm unterhält, kann sich aber ganz
genau an jede Kleinigkeit eines Geschehens, zu dem er
zurückgeführt wurde, erinnern.

Eine Tiefenhypnose ist nur dann erforderlich, wenn man
einen Menschen generell in ein frühes kindliches Alter
versetzen, also eine totale Altersregression vornehmen will
oder muß. Bei der totalen Altersregression wird der Hypnotisierte so vollständig in ein bestimmtes Alter rückversetzt, daß
er sich nicht nur an alle damaligen Ereignisse genau erinnern
kann, sondern auch nicht mehr weiß, daß er eigentlich älter ist
und wo er sich befindet. Er wird dann fühlen, wie er
beispielsweise als dreijähriges Kind fühlte, und sich auch
dementsprechend benehmen.

Es sind auf diese Weise sogar Rückführungen und Erinnerungen an embryonale Zustände möglich gewesen. Man konnte Fehlhaltungen beispielsweise darauf zurückführen, daß das Kind unerwünscht war, ein Gefühl, das dem Embryo ebenso ins Unterbewußtsein eingesickert war wie die Freuden und Ängste, die Sorgen und Nöte der Mutter während der Schwangerschaft.

Rückführung in vorgeburtliche Zeit

Den Höhepunkt auf diesem Gebiet bilden wohl Regressionen in frühere Leben. So wird von Rückführungen berichtet, in deren Verlauf die Hypnotisierten das Leben von Personen schilderten, die vor hundert, zwei- oder dreihundert Jahren gelebt haben sollten und mit denen sie sich identifizierten. In einigen Fällen war es möglich, einzelne Angaben solcher Berichte zu überprüfen, zum Beispiel Altersangaben nach den (kirchlichen) Personenregistern, wodurch deren Richtigkeit festgestellt werden konnte.

Rückführung in frühere Leben

Auf einer wissenschaftlichen Tagung in Northfield (Minnesota, USA) berichtete die kalifornische Psychologin Dr. Edith Fiore von solchen Regressionen in frühere Leben. Angeblich ist sie in ihrer Praxis bereits hundertfünfzig Patienten mit Wiedergeburtserlebnissen begegnet. Sie gibt u. a. folgendes Beispiel an: Sie versetzte eine Patientin mit unheilbaren Kopfschmerzen in Hypnose, um der Ursache auf den Grund zu kommen. Im Zuge der Rückführung erinnerte sich die Frau an ein früheres Leben, in dem sie ein junger Mann war, der im vergangenen Jahrhundert gelebt hatte. Er verirrte sich im Gebirge und wurde von einem Felsbrocken tödlich am Kopf getroffen. Seit sich die Frau in tiefer Hypnose an diesen Unfalltod erinnerte, sind ihre Kopfschmerzen verschwunden.

Ein Beispiel

Das erscheint uns ziemlich abenteuerlich, aber in jeder Epoche kamen überraschende neue Erkenntnisse den Zeitgenossen als höchst abenteuerlich vor. Man kann die Echtheit dieser Phänomene zwar nicht beweisen, aber auch nicht ihr Gegenteil.

Kurt Tepperwein schildert in seinem Buch *Die hohe Schule der Hypnose* sogar Experimente, in deren Verlauf es ihm

Versetzung in die Zukunft

gelang, junge Frauen in die Zukunft zu versetzen, das heißt, sie
etwa fünf bis zehn Jahre älter werden zu lassen. Eine dieser
Frauen sagte Ereignisse voraus, die dann später tatsächlich
eintraten. In weiteren Versuchen mit dieser Frau mußte
Tepperwein jedoch erkennen, daß sie ihre einmal demonstrier-
te parapsychische Begabung in Hypnose nicht mehr signifikant
unter Beweis zu stellen vermochte.

Prof. Tepperwein läßt die Möglichkeit offen, Personen in
dem in einer solchen »Zukunftshypnose« erreichten Reifegrad
nach dem Erwachen zu belassen bzw. den Zustand des in
Hypnose vorweggenommenen Alters so zu festigen, daß der
erhalten bleibt. Aber auch das gehört heute noch in den Bereich unbeweisbarer Hypothesen.

Am Schluß einer jeden Hypnose steht selbstverständlich die
Aufhebung derselben. Der Hypnosetherapeut wird langsam
und sorgfältig all die den hypnotischen Zustand bewirkenden
Suggestionen wieder aufheben, auch Schwere- und Mattig-
keitsgefühle. Der Patient erwacht frisch und ausgeruht. Er hat
die Hypnose als einen wundervoll erholsamen Ruhezustand in
Erinnerung, in dem er sich außerordentlich wohl fühlte. Das
bestätigt jedes abschließende Gespräch, das ich je mit Patienten
nach der Behandlung geführt habe.

Das einführende   Welche Art von Hypnose und mit welcher Technik man sie
Gespräch   auch immer anstrebt, es gibt eine Reihe von Faktoren, die
immer gleich bleiben, die gesetzmäßige Geltung haben. So
sollte man stets ein einführendes Gespräch dazu benutzen, eine
starke Vertrauensbasis zu schaffen. Der Therapeut wird sich
dabei von der Persönlichkeit des Patienten ein Bild machen. Er
wird herausfinden, welche Vorstellungen von Hypnose vorhanden sind, was erwartet bzw. was nicht gewünscht wird, und
wird danach dann die passende Methode zur Einleitung der
Ersthypnose wählen.

Sehr förderlich dafür sind außer der Bereitschaft des
Patienten immer ein ruhiger, abgedunkelter Raum und das
Suggerieren von Schwere, Ruhe, Wärme und Mattigkeit.
Daraus ist ersichtlich, daß die Umschaltung in einen hypnoi-

den Zustand auf dem Boden des autogenen Trainings besonders gut möglich ist.

Hilfreich ist seitens des Patienten eine ruhige, gleichmäßige Atmung und ein Gefühl völligen Abschaltens. Wenn er sich zu nichts zwingt, nichts erreichen will und alles wie absichtslos erscheint, wenn er störende Gedanken völlig ausschaltet, dann wird sich die Hypnose viel leichter einstellen. Hier bewahrheitet sich wieder Coués Gesetz von der gegenteiligen Wirkung der Anstrengung. Schon in alten tibetischen Schriften, die wiederum auf noch ältere indische zurückreichen, steht die Empfehlung: »Nichts denken, nichts wollen, nichts wünschen, nichts tun.«

Eine große Hilfe ist auch das Handauflegen, das schon von alters her zur Heilung genutzt wird. Die Hand an sich hat ja in vieler Hinsicht große Bedeutung, so erteilt sie den Segen im Gottesdienst, man gibt jemandem die Hand – sei es zum Gruß, sei es zur Besiegelung von Versprechen oder Geschäften – und man streichelt mit den Händen, wenn man Liebes tun oder trösten will. Hubert H. Scharl hat durchaus recht, wenn er die Hand als »symbolische Brücke für die Übertragung von Heilungskräften« bezeichnet. Die Geste des Handauflegens ist ein Sinnbild für Heilung; sie vermittelt das Gefühl von Geborgensein, Schutz und Verbundenheit.

Ein Sinnbild für Heilung

In der Vertiefung der Hypnose durch entsprechende Suggestionen wird dann eine vollkommene Entspannung erreicht. Der Muskeltonus wird herabgesetzt. (Unsere Muskeln sind, wie auch jedes Sinnesorgan, in einem ständigen Erregungszustand, der wichtig ist für zahlreiche Abläufe in unserem Körper. Diese Art von elektrischem Erregungszustand nennt man »Tonus«. Im Schlaf kommt es zu einer Tonusveränderung, ebenso in der Hypnose, mit dem Unterschied, daß im Hypnosezustand die Entspannung wesentlich ausgeprägter ist als im Schlaf.)

Vertiefung der Hypnose durch Suggestionen

Da heute wissenschaftlich erforscht ist, daß Musik an sich schon eine nicht zu unterschätzende therapeutische Wirkung hat, wird der Hypnosetherapeut nicht nur seine Suggestionen,

sondern zweckmäßigerweise auch die Musik nach der Persönlichkeit und den Vorlieben seines jeweiligen Patienten auswäh-
len.

Mitarbeit des   Er wird den Kranken von seinen Fähigkeiten überzeugen
Patienten   und ihn für die Hypnosebehandlung begeistern. Er wird die
Angstschranke, die bei vielen Menschen existiert, abbauen und
ihm erklären, daß jeder Widerstand der Heilbehandlung
schadet – denn wer nicht hypnotisiert werden will, ist auch
nicht zu hypnotisieren –, und der Therapeut wird den
Patienten freundschaftlich um vertrauensvolle Mitarbeit bitten.

So bewahrheitet sich immer wieder die Erfahrung, daß jeder
einzelne mitverantwortlich ist für seine Gesundheit, auch bei
der Hypnosetherapie. Der Therapeut, der ja kein allmächtiger
Zauberer ist, ist in hohem Grade auf Vertrauen, auf den
Glauben und die Mithilfe seines Patienten angewiesen. Ist diese
Voraussetzung gegeben, so wird sich in neunundneunzig von
hundert Fällen schon sehr bald eine spürbare Besserung
einstellen und diese den weiteren Weg zur Heilung ebnen.

13. Das Nervensystem

Sie sind im bisherigen Verlauf des Buches des öfteren dem Begriff »vegetatives Nervensystem« begegnet. Da dieses bei allen Lebensvorgängen eine ungeheuer wichtige Rolle spielt, möchte ich Ihnen, bevor ich näher auf die untrennbaren Zusammenhänge von Leib und Seele eingehe, zunächst einmal kurz unser Nervensystem erklären, denn ohne die Arbeit dieses komplizierten Systems ist weder ein körperliches noch ein seelisch-geistiges Leben möglich.

Unser Nervensystem besteht aus drei Teilen, die jedoch eine geschlossene Einheit bilden. Wir unterscheiden

Grundeinteilung unseres Nervensystems

1. das Zentralnervensystem, das von Gehirn und Rückenmark gebildet wird,

2. das periphere oder willkürliche Nervensystem, das zum Teil aus dem Gehirn, jedoch überwiegend aus dem Rückenmark gebildet wird. Die Bezeichnung »willkürlich« hat man ihm gegeben, weil es dem Willen unterworfen ist.

Es enthält die Bewegungs- und Empfindungsnerven und hält so die Verbindung zur Außenwelt. Es leitet die Sinnesreize von Augen, Ohren, Nase, Mund, Haut zum Gehirn, wo sie in Wahrnehmungen umgesetzt werden. So sehen wir zwar mit den Augen, aber wir können das Gesehene erst identifizieren, wenn die Sehnerven das Aufgenommene an die zuständigen Stellen im Gehirn weitergeleitet haben, wo es umgesetzt worden ist. Erst dann sehen wir bewußt. Umgekehrt leiten die Nerven des willkürlichen Nervensystems Impulse vom Gehirn zum Beispiel in die Muskeln, die dort dann in Bewegungen umgesetzt werden. Schließlich verfügen wir noch über

3. das vegetative Nervensystem, das auch als autonomes oder unwillkürliches System bezeichnet wird, weil es selbständig bzw. dem Willen entzogen, also nicht mit dem Willen zu beeinflussen ist.

Das vegetative Nervensystem im besonderen

Das vegetative Nervensystem dient der automatischen, nicht mit dem Bewußtsein verknüpften Regelung wichtiger Lebensvorgänge wie Hunger, Durst und Körpertemperatur. Es steuert den Stoffwechsel, den Wasserhaushalt, Sexual- und Drüsenfunktionen ebenso wie die großen Körperorgane wie beispielsweise Herz, Lunge, Magen, Darm, Gefäßsystem usw.

Es hängt eng mit den von ihm gesteuerten Drüsenfunktionen zusammen und steht in ebenso enger Beziehung zu Gemüts- und Affektzuständen; vom vegetativen Nervensystem werden auch das Triebleben sowie die Schlaf-Wachfunktionen gesteuert.

Das vegetative Nervensystem ist ständig in Bewegung. Es ist oberste Umschalt- und Regulationsstelle für sämtliche unwillkürlichen Vorgänge im Organismus, für die nervösen und hormonalen Funktionen. Auch die ankommenden Außenreize werden von ihm umgeschaltet.

Seinen Sitz lokalisiert man im allgemeinen im Zwischenhirn, aber auch im Rückenmark befinden sich Nervenknoten und -stränge des vegetativen Systems. Von dort aus laufen die einzelnen Nerven in alle Teile des Körpers.

Sympathikus und Vagus

Das vegetative Nervensystem setzt sich zusammen aus einem sympathischen und einem parasympathischen Teil, repräsentiert durch die beiden Hauptnervenstränge Sympathikus und Parasympathikus, auch Vagus genannt. Der Parasympathikus läuft weitverzweigt durch Brust und Bauchhöhle, während der Sympathikus im wesentlichen am Rückenmark gebildet wird. Obgleich die beiden in gewissem Sinne Gegenspieler sind, halten sie sich beim gesunden Menschen das Gleichgewicht. Diese Ausgewogenheit ermöglicht erst ein sinnvolles Regeln und Steuern der Lebensvorgänge. Die Nervenfasern der beiden Hauptnervenstränge reichen in jede einzelne Körperzelle, auch jene an der Peripherie, also an der Außenhaut des Körpers. Dort verflechten sie sich eng mit den Fasern des willkürlichen Nervensystems und mit den Endausläufern des Gefäßsystems. Bei Bedarf, das heißt zur Übertragung von Reizen an die Gehirnzellen, wird am Endsystem der Nerven in der Peripherie ein sogenannter Übertragungsstoff gebildet, ein Neurohormon, das jedoch nach der Übertragung ebenso schnell, nämlich im Bruchteil einer Sekunde, wieder zerstört wird. Es wurde durch Versuche bewiesen, daß die Übertragung von peripheren Reizen und Erregungen nicht direkt durch die Nerven geschieht, sondern daß dafür dieser chemische Stoff gebildet wird.

Die Übertragung erfolgt auch nicht direkt an das Gehirn. Auf dem Weg dahin ist eine Anzahl von »Zwischenstationen« eingebaut, die gewissermaßen die Reize sortieren und einfachere, unwichtigere Impulse sofort und ohne Weiterleitung ans Gehirn bearbeiten.. Auf diese Weise wird verhindert, daß unnötig viele Reize ins Zwischenhirn gelangen und dort durch deren Anhäufung womöglich Störungen verursachen.

Übrigens können dieselben Stränge und Fäden des vegetativen Nervensystems einmal sympathische und ein andermal parasympathische Nervenfunktionen ausüben; im Notfall gibt es da keine strikte Trennung.

Im Zwischenhirn befinden sich die Zentralstellen für die meisten physiologischen, also körperlichen Abläufe (griech. *physis* = Körper). Blutdruck, Atmung, Herzschlag, Schweißabsonderung, Stoffwechselvorgänge wie Zucker- und Fettgehalt des Blutes sowie die Ausscheidungen werden vom Zwischenhirn gesteuert; aber auch die Zentralen für die Wach- und Schlafsteuerung sind hier angesiedelt, und ebenso die psychischen Zentralstellen, die Affekte (starke Gemütsregungen, Leidenschaften), hypnoide Zustände sowie überhaupt die Psychomotorik regeln (unter Psychomotorik versteht man das

Die Zentralstellen im Zwischenhirn

seelisch gesteuerte Bewegungsleben, in dem sich ein bestimmter normaler oder krankhafter Geisteszustand ausdrückt).

Jedem dieser Lebensvorgänge ist also im Zwischenhirn ein Areal zugeordnet; diese Tatsache macht die Erfahrung erklärlich, daß eine Störung im Bereich des vegetativen Nervensystems automatisch auf andere Zentralen und Areale im Zwischenhirn überspringt und nicht nur zu psychischen, sondern auch zu physischen Störungen führt. So hat zum Beispiel eine Erhöhung des Tonus des Sympathikus erhöhten Blutdruck und erhöhte Pulsfrequenz ebenso zur Folge, wie auch beschleunigte Atmung und Stoffwechselveränderungen, wenn auch meist nur vorübergehend.

Tonus-   Der Tonus des Sympathikus – was ist das? Im vegetativen
veränderungen   Nervensystem, im Sympathikus wie im Parasympathikus, herrscht, genau wie in den Muskeln, ständig ein elektrischer Erregungszustand, der mit Hilfe des Elektroenzephalogramms (EEG) gemessen werden kann und Tonus genannt wird. Der Tonus der beiden vegetativen Hauptnerven ist allerdings nicht gleich. Tagsüber hat der Sympathikus einen erhöhten Tonus, nachts der Parasympathikus oder Vagus. Dieser erhöhte Tonus des Vagus führt zu einer Herabsetzung der Eigenerregung und ist eine Voraussetzung dafür, daß wir nicht nur schlafen möchten, sondern auch schlafen können. Sinkt nachts der Tonus des Sympathikus nicht zugunsten des Tonus des Vagus ab, tritt der Schlaf nicht ein.

Der Tonus kann sich aber natürlich auch unerwünscht infolge körperlicher Vorgänge, wie Krankheiten, oder infolge seelischer Belastungen nach oben oder unten (meist nach oben) verändern. Zum Teil können solche Gleichgewichtsstörungen des Tonus durch entgegenwirkende Regulierung der beiden Nerven ausgeglichen werden. Man empfindet dann nur einen unangenehmen Zustand, der aber keine Dauerfolgen hat. Im Gegenteil: oft ist eine vorübergehende Tonuserhöhung sogar nötig, um besondere Energiereserven freizusetzen, beispielsweise in Gefahrensituationen oder bei großen körperlichen Anstrengungen. Die Tonuserhöhung des Sympathikus dient in solchen Fällen der Mobilisierung der vorhandenen Reserven und wird alsbald durch stärkere Aktivität des Parasympathikus wieder ausgeglichen – das Gleichgewicht ist wieder hergestellt.

Schlimmer ist es, wenn die Tonuserhöhung durch einen Dauervorgang, etwa durch ständigen Streß, ausgelöst wird und vom vegetativen Nervensystem nicht mehr aufgefangen werden kann. Wenn seine Anpassungsfähigkeit erschöpft ist, reichen schon geringe Belastungen aus, um das ganze System in Unordnung zu bringen. Das vegetative Nervensystem reguliert ja unser seelisches und körperliches Wohlbefinden, unsere Stimmungen und Affekte. Jede größere Abweichung von der Norm führt im Laufe der Zeit zu ernsten funktionellen Störungen des Systems und weiter zu organischen Veränderungen. Leider werden diese Abweichungen sehr oft nicht rechtzeitig erkannt, da sie zunächst nur als »Nervosität« empfunden werden oder gar als gesteigerte Aktivität. Aus einer solchen scheinbar harmlosen Tonuserhöhung wird relativ schnell eine gar nicht mehr harmlose psychisch-organische Störung. Die vielzitierte Managerkrankheit ist zum Beispiel die Folge einer solch »harmlosen« Tonuserhöhung. Managerkrankheit ist eigentlich eine schlechte, weil irreführende Bezeichnung, denn sie erfaßt Menschen aller Berufsgruppen. Es sind immer unruhige, gehetzte Menschen, die sehr fleißig und betriebsam und vor allem sehr ehrgeizig sind. Der Beruf steht bei ihnen stets im Mittelpunkt. Sie sind nicht fähig, einmal vollkommen abzuschalten, den Beruf und alles damit Zusammenhängende zu vergessen. Fast immer ist ihr Schlaf gestört. Dadurch erstarrt die Wach-Schlafumschaltung, und das ganze vegetative Nervensystem wird unelastisch. In sehr vielen Fällen ist ein Herzinfarkt die Folge.

Krankhafte
Tonuserhöhung

Übrigens findet sich der erhöhte Tonus fast nur beim Sympathikus. Anlaß für die Erhöhung können sowohl psychische als auch physische Faktoren sein. Die Tonuserhöhung äußert sich, wenn sie nicht mehr ausgeglichen werden kann, zunächst in Reizbarkeit, schnellem Aufbrausen, Ungeduld und Ungerechtigkeiten, alles äußere Anzeichen einer allgemeinen Unsicherheit. Irgendwann erhöht sich dann der Blutdruck;

damit hat die Störung auf den Organismus übergegriffen. Der Kranke neigt nun zu ständiger Selbstbeobachtung. Unruhe und Unsicherheit ergreifen immer mehr von ihm Besitz. Wenn dann schließlich die Angst dazu kommt, die Angst vor dem Nachlassen der Leistungen oder vor etwas ganz Unbestimmtem, liegt es durchaus im Bereich des Möglichen, daß daraus eine echte Neurose entsteht, die sich meist als Organneurose äußert, das heißt, an einem Körperorgan treten Störungen und Krankheitsanzeichen auf.

Vegetative Dystonie   Da das vegetative Nervensystem ungeheuer fein auf alle körperlichen und seelischen Vorgänge reagiert, sind Störungen natürlich sehr leicht möglich. Ein Ausdruck für solche Entgleisungen des Systems ist die sogenannte »vegetative Dystonie«, die in letzter Zeit stark zugenommen hat. Sie entsteht aus ganz geringfügigen Anlässen unter der Voraussetzung, daß die Anpassungsfähigkeit der beiden Hauptnerven des Systems durch anhaltende Belastung erschöpft ist. Patienten mit der Diagnose »vegetative Dystonie« können keine körperlichen Beschwerden aufzählen, sie fühlen sich einfach schlecht, schlapp, lustlos, sie sind schlafgestört, und ihre Leistungsfähigkeit sinkt in jeder Hinsicht, auch auf sexuellem Gebiet, ab. Die Krankheit ist mit Laboratoriumstests und ähnlichen medizinischen Untersuchungsmethoden nicht festzustellen.

Vegetative Dystonie kann übrigens auch als Folge körperlicher Erkrankungen auftreten. So ist zum Beispiel bei Infekten oder infolge Operationen das vegetative Nervensystem stark irritiert. Treffen nun einige ungünstige Bedingungen zusammen, wird diese Irritation nicht mit der Krankheit zusammen beseitigt, und es entsteht eine vegetative Dystonie.

Das Wechselspiel der vegetativen Funktionen   In unserem Organismus herrscht ein ständiges Wechselspiel. Hormone hemmen und fördern die vegetativen Funktionen, können aber andererseits auch in ihrer Produktion und Ausschüttung durch das vegetative Nervensystem gesteuert werden, teils über die Hypophyse (Hirnanhangdrüse), teils durch Veränderung der Ansprechbarkeit des betroffenen

Organs. Diese hemmenden und fördernden Wirkungen laufen ständig ab, sind aber genau und individuell auf die einzelnen Organe abgestimmt. So fördert der Sympathikus zum Beispiel die Herztätigkeit, der Vagus (Parasympathikus) hemmt sie. In genau umgekehrter Weise wirken die beiden Nerven auf den Darm ein. Diese vegetativen Funktionen sind dem Bewußtsein und der Willkür so gut wie vollständig entzogen. Ihr Ablauf geht ohne besondere Empfindungen vor sich, erst bei Störungen spüren wir unser Herz, unseren Magen, die Leber, die Niere, den Darm.

Das vegetative Nervensystem ist bei der Geburt noch nicht in voller Reife ausgebildet. Es ist zwar erblich angelegt, eine gewisse – erbbedingte – vegetative Grundstimmung ist vorhanden, die endgültige Entwicklung jedoch vollzieht sich erst im Laufe des Lebens. Das vegetative System ist dabei Schwankungen ausgesetzt, die gleichlaufen mit Wandlungen und Änderungen im Leben eines Menschen, ganz gleich, ob diese aus äußeren oder inneren Anlässen geschehen. Solche Entwicklungen, Veränderungen des vegetativen Systems vollziehen sich vor allem während der Reife (in der Pubertät geht das meist sehr stürmisch vor sich). Später, im Alter, in der Rückbildung, nimmt die Beweglichkeit immer mehr ab, die Reserven sind verringert, der Verschleiß macht sich bemerkbar, im vegetativen Bereich ebenso wie im körperlichen. Auch Erziehung, Gewöhnung und Willkür greifen beeinflussend ein.

Die Entwicklung des vegetativen Nervensystems

Hand in Hand mit der Entwicklung des vegetativen Systems und durch dessen Wirkung entfaltet sich die Persönlichkeit, wird der Typus eines Menschen geprägt. Die vier Grundtypen, die wir kennen – den Melancholiker, den Choleriker, den Sanguiniker und den Phlegmatiker – hat bereits der griechische Arzt Hippokrates (460–370 v. Chr.) definiert. In dieser Hinsicht haben wir uns bis heute nicht verändert.

In welch hohem Maße die vegetativen Funktionen psychischen Einflüssen zugänglich sind, wurde durch hypnotische Suggestionen immer wieder schlüssig bewiesen. Suggeriert man einem Menschen in Hypnose die Aufnahme einer bestimmten Speise, wird der Magen umgehend Verdauungssaft

Die Abhängigkeit von psychischen Faktoren

in der ganz spezifischen Zusammensetzung für eben diese Speise ausschütten; suggeriert man Trinken, wird die Blase anschließend Harn ausscheiden, der in seiner Zusammensetzung genau dem suggerierten Getränk entspricht, obwohl es ja gar nicht getrunken wurde. Suggeriert man Wärme oder Kälte, wird der Mensch Schweiß absondern oder Gänsehaut produzieren, vollständig unabhängig von der tatsächlich herrschenden Raumtemperatur.

Jeder von uns erlebt ja auch selbst täglich, wie stark körperliches Wohlbefinden von »Stimmungen« abhängig ist. Auf spezifische Gemütslagen reagiert unser Körper mit Ermüdung oder schlechter Verdauung, auf angstvolle Stimmungen nicht selten mit Durchfall, auf Peinlichkeiten mit Erröten, auf Freude und gespannte Erwartung mit Herzklopfen und erhöhtem Blutdruck. Man könnte die Aufzählung solcher Beispiele beliebig fortsetzen.

Auch äußere Einflüsse, wie Schmerz, Schreck, Anstrengung der Muskeln oder Blutverlust, führen zu sympathischen Impulsen, das heißt, der Sympathikus wird sofort aktiv.

Aufgrund des engen Zusammenhangs der zentralen vegetativen Schaltstellen im Zwischenhirn mit anderen, beispielsweise organischen Arealen wirken sich solche Einflüsse auf das autonome System häufig auch auf anderen Gebieten störend aus.

Umschaltung des vegetativen Systems durch Hypnosetherapie

Da das vegetative System als einheitliche Ganzheit funktioniert, sind Umstimmungen von jedem Punkt des gesamten Nervensystems aus möglich, und zwar in negativer wie auch in positiver Hinsicht. Diese Tatsache nutzt die Hypnosetherapie aus. Sie kann durch eine Gesamtumschaltung des vegetativen Systems, des Sympathikus wie des Parasympathikus, in positivem Sinne, im Sinne der Wiederherstellung des Gleichgewichts und damit der Gesundheit, Heilung von allen Erkrankungen bringen, die durch Störungen dieses Systems ausgelöst worden sind.

14. Leib und Seele – eine Einheit

Im letzten Jahrhundert wurden auf dem Gebiet der Medizin, und zwar fast in jeder Sparte, epochemachende Entdeckungen gemacht. Trotzdem haben viele Krankheiten dadurch nicht im mindesten abgenommen; im Gegenteil: die Wartezimmer der Ärzte sind überfüllt wie nie zuvor. Kein Mensch wird dabei auf den Gedanken kommen, das seien zum großen Teil Simulanten, die da sitzen. Jeder weiß, daß nur der die langen Wartezeiten auf sich nimmt, der sich wirklich krank fühlt. Wie aber ist dieser Andrang angesichts der großen Fortschritte der Medizin möglich, was stimmt da nicht? Ganz kurz und kraß ausgedrückt: Fast bis heute wurde in unserer Medizin der psychische Faktor weit unterschätzt. *Die Psyche als Stiefkind der Medizin*

Vor einigen Jahrzehnten noch geriet man in Euphorie über die Erforschung des Aufbaus der Körperzelle. Man feierte die Entdeckung der Röntgenstrahlen, die für die Diagnose ebenso wichtig sind wie für die Behandlung, und die Entdeckung der Erreger von Infektionen, die erst die Entwicklung von wirksamen Gegenmitteln ermöglichte. Dies alles sind unleugbar wirkliche Großtaten, auf die wir nicht mehr verzichten können, die uns einen Riesenschritt in der Heilung aller möglichen Krankheiten vorangebracht haben; aber eines geriet dabei weit ins Hintertreffen: die Wichtigkeit der seelischen Vorgänge. Man betrachtete sie als etwas Nebensächliches, beachtete sie nicht weiter.

Die leib-seelischen
Wechselbeziehungen

Trotz der deutlichen Hinweise von Sigmund Freud und seinen Schülern und Anhängern dauerte es Jahrzehnte, bis man erkannte, welch enorme Wichtigkeit seelische Vorgänge nicht nur für die Verhaltensweisen des Menschen haben, sondern welch unermeßliche Bedeutung ihnen auch bei der Entstehung und Weiterentwicklung von körperlichen Krankheiten zukommt. Je mehr die Seele beachtet wurde, desto deutlicher wurden die engen Beziehungen zwischen Psyche (Seele) und Physis (Körper, eigentlich altgriechisch die Natur, das Reale, auch das Erfahrbare). Die leib-seelischen Wechselbeziehungen waren einfach nicht mehr zu übersehen und, eines Tages, nicht mehr abzuleugnen.

Kein ernsthafter Mediziner hält heute noch an der Auffassung fest, die sich so lange hat behaupten können, daß nämlich Seele und Körper zwei völlig getrennte Gebiete seien, die man getrennt behandeln müsse; und doch gibt es noch immer Ärzte, die Krankheiten als reine Naturprozesse behandeln, die sich physikalisch und chemisch erklären und auch so behandeln lassen, und die deshalb alles andere nicht zur Kenntnis nehmen wollen. Mehr und mehr setzt sich jedoch die Erkenntnis durch, daß nicht mehr Organ und Zelle die Hauptsache, sondern Körper und Seele als absolut gleichrangig zu betrachten sind.

Die psychosomati-
sche Medizin

Die moderne Wissenschaft bezeichnet die Medizin, die Körper und Seele als gleichwertig ansieht und körperliche Krankheiten mit Hinblick auf seelische Vorgänge behandelt, als Psychosomatik (von griechisch *psyche* = Seele, *soma* = Körper). Nun ist das Wort »Psychosomatik« beileibe kein neuer Modebegriff, es gibt sie schon seit Urzeiten. Jeder wirklich heilbegabte Arzt – zu welcher Zeit auch immer – war ein Psychosomatologe. In besonders hohem Maße war dies der gute alte Hausarzt. Er kannte seine Patienten in ihrem Lebensumkreis, ihrer Familie, ihrem Beruf; er kannte sie von Kindheit an und wußte um ihre Probleme, denn allzuoft war er auch noch Beichtvater und Ratgeber auf seelischem Gebiet. So konnte er seinen Patienten – ohne moderne Mittel und Methoden – in der Regel viel umfassender helfen, als dies heute seitens der Ärzte, die ihre Patienten kaum kennen und in Eile abfertigen müssen, erwartet werden kann.

Schon im Altertum wußte man sehr gut Bescheid über die untrennbaren Zusammenhänge von Körper und Seele. Der griechische Philosoph Platon (427–347 v. Chr.) legt in seinem Dialog *Charmides* seinem Lehrer Sokrates folgende Worte in den Mund:»Das Auge kann ohne den Kopf nicht entsprechend behandelt werden, gleichwie der Kopf nicht ohne das Ganze behandelt werden kann. Gerade zufolge einer solch irrigen Anschauung sind die hellenischen Ärzte manchen Krankheiten gegenüber ohnmächtig. Das Ganze, das heißt den ganzen Menschen, dem sie eigentlich helfen sollten, halten sie nicht für wichtig. Es fehlt ihnen die Erkenntnis vom Begriffe des Ganzen, und doch ist es unmöglich, die Einzelheiten instandzusetzen, wenn das Ganze krank ist . . . denn alles Gute und Schlechte entspringt der Seele, es strömt von der Seele aus auf den Körper über und von diesem auf den ganzen Menschen auf dieselbe Art wie vom Kopf auf das Auge. Somit müssen wir in erster Reihe und hauptsächlich die Seele pflegen, wollen wir, daß der Kopf ebensowohl wie das Auge in einem guten Zustande verbleibe. . . Die Seele aber ist, mein Lieber, im Wege gewisser Beschwörungen zu pflegen. Die wichtigsten Beschwörungen sind die guten Reden.«

Schon Platon griff das Problem auf

Hier wird bereits ganz deutlich der Grundsatz des heutigen Psychosomatismus zum Ausdruck gebracht, wobei man für »Beschwörungen« heute einfach das Wort »Suggestionen« setzen könnte.

Genau die gleiche Ansicht vertrat auch der Platonschüler Aristoteles. Diese Äußerungen der Philosophen waren keine graue Theorie.

Auch der »Stammvater der Medizin«, der griechische Arzt Hippokrates (460–370 v. Chr.), verkündete den Lehrsatz, daß der Arzt die »auf körperliche und seelische Einheit aufgebaute menschliche Individualität erforschen und behandeln« solle. Er kannte die Methoden des Tempelschlafs und war als Arzt ein wirklicher Psychosomatiker. Bis heute gilt Hippokrates in vieler Hinsicht als vorbildlich; so hat seine Einteilung der Menschen in vier Temperamentstypen auch jetzt noch Gültigkeit, und sein Eid, der berühmte hippokratische Eid, der u. a.

Hippokrates war ein Altmeister der Psychosomatik

vom Arzt fordert, niemals zum Nachteil eines Kranken zu
handeln, ist noch heute die ethische Grundlage des Arztberu-
fes.

Ebenso wohnt dem Glauben der Naturvölker aller Zeiten,
daß Krankheiten von Göttern oder Dämonen geschickt
werden – als Strafe für Sünden und zur Besserung der
Menschen –, gewissermaßen die Erkenntnis der Beziehung
Leib-Seele inne. Auch im alten China kannte man sehr genau
diese Zusammenhänge: »Leidenschaften können Organen
Schäden zufügen.« Von Paracelsus und seinen »modernen«
Ansichten habe ich Ihnen ja schon berichtet.

Der Weg von der
Konditionierung von
Hunden zur Psyche
als Faktor

In jüngerer Zeit hat sich der russische Forscher Iwan
Petrowitsch Pawlow intensiv mit diesen Problemen befaßt. Er
hatte zunächst einem Hund eine Fleischportion vorgesetzt und
dazu einen Glockenton erklingen lassen. Angesichts des
Futters setzte bei dem Tier sofort verstärkter Speichelfluß ein.
Pawlow wiederholte diesen Vorgang wieder und wieder, und
endlich genügte schon allein das akustische Signal ohne jedes
Futter, um Speichelabsonderung auszulösen.

Aufgrund dieses und einer ganzen Reihe von weiteren
Experimenten gewann er die Erkenntnis, daß jeder dauernde
Reiz, der über die Nervenbahnen in die Gehirnrinde gelangt,
zu Schläfrigkeit führt. (Auf dieser Tatsache basiert die Arbeits-
weise von Beruhigungs- und Entspannungsgeräten, die mit
ganz leichten Schwachstromimpulsen auf die Gehirnrinde
einwirken.) Pawlow hatte die Voraussetzung für die Erforschung des Unterbewußtseins geschaffen und die ausschlagge-
bende Bedeutung des Nervensystems für die Regulierungen
und Veränderungen aller Funktionen und aller Organe erkannt.

Die allermeisten seiner Zeitgenossen wollten ihm auf diesem
Weg nicht folgen und verhöhnten seine Forschungen als
»Nervismus«. Pawlow ließ sich jedoch von solcher Engstirnig-
keit nicht beirren und hat anhand von unzähligen weiteren
Versuchen bewiesen, daß »die Psyche sich als realer Faktor auf
die materiellen Prozesse des Organismus auswirkt«.

Sie sehen: das Leib-Seele-Problem beschäftigt die Menschen seit alters her; es gehört zu den ältesten Problemen der Menschheit. Schon vor Jahrtausenden hatten große Ärzte erkannt und durch Erfahrung bestätigt gefunden, daß die Seele auf den Körper Einfluß nimmt und es umgekehrt keinen körperlichen Vorgang gibt, der nicht einen seelischen nach sich zöge. Das beweisen ja schon ganz alltägliche Reaktionen, denen wir alle unterworfen sind: Wir bekommen Durchfall oder schwitzen vor Angst oder Aufregung, wir erröten vor Freude oder Peinlichkeit oder kriegen Herzklopfen vor Erwartung, Angst oder Freude. Dies alles sind natürlich keine Krankheiten, wenn auch die erwähnten Symptome für den Betroffenen manchmal sehr unangenehm sein können; aber das beweist uns auf ganz einfache Weise, daß eine gestörte Psyche automatisch auch den Körper und seine Funktionen stört.

Seelisch bedingte Symptome im Alltag

Daß man sich nun in den letzten Jahrzehnten so intensiv mit diesen Wechselbeziehungen beschäftigt, ist wohl nicht zuletzt auch auf die heutige Zeit zurückzuführen, die unsere Psyche in zuvor nicht gekannter Weise belastet. Wir werden wie Goethes Zauberlehrling die Geister, die wir riefen, nicht mehr los. In unserem Fall ist es der gewaltige technische Fortschritt, dem wir nicht gewachsen sind. Wir leiden unter Lärm, Umweltverschmutzung und Reizüberflutung durch Massenmedien, Lichtreklame und Werbung. Wir sind einem pausenlosen Streß, einer dauernden Hetzjagd ausgesetzt, im Straßenverkehr ebenso wie im Beruf. Jeder befindet sich im unaufhörlichen Kampf um höhere Positionen, bessere Gehälter, Statussymbole und Studienplätze. Es ist ganz selbstverständlich, daß darunter die zwischenmenschlichen Beziehungen sehr stark leiden. Da jeder sich selbst der Nächste ist, hat er kaum noch Zeit für die Sorgen, Nöte und Ängste seiner Mitmenschen. Das äußert sich sogar im engsten Familienkreis. Nicht selten werden Kinder und sogar Ehepartner statt mit Zuwendung und Liebe, statt mit Zeit für ihre Probleme und einem guten Gespräch mit Geld und aufwendigen Geschenken abgespeist. Eine große innere Leere breitet sich immer mehr aus. Erschreckend viele Menschen wissen auch mit sich selbst

Die psychische Belastung ist heute größer denn je

nichts mehr anzufangen, sie überlassen sich einer organisierten Freizeit mit oberflächlichen Zerstreuungen.

Streß selbst im Urlaub Selbst in den heißersehnten Urlaub fahren viele Menschen heute mit völlig falschen Erwartungen und Vorstellungen. Manch einer will sich mit unsinnigen Kraftanstrengungen selbst etwas beweisen, andere suchen krampfhaft Vergnügungen. Sie setzen sich am Urlaubsort und auf der Fahrt dorthin demselben Streß aus, der sie auch daheim plagt: Lärm auf überfüllten Campingplätzen und Stränden, Lärm und Tumult an den Orten des Nachtlebens und in den Hotels. Oft wird bei Flugreisen in entfernte Länder der Klima-Umstellung längst nicht die ihr zukommende Bedeutung zugemessen. Psychologen haben festgestellt, daß viele Urlauber ihrer »schönsten Zeit des Jahres« ganz einfach nicht gewachsen sind; das führt in den krassesten Fällen sogar zu Selbstmorden.

Aber auch die Daheimgebliebenen sind meist nicht viel besser dran. Man spricht in Fachkreisen bereits von einer »Sonntagsneurose«, weil sonntags die Menschen, ohne den ausfüllenden Zwang der Arbeit, ihrer inneren Leere ausgeliefert sind. Sie fühlen sich einsam, gelangweilt, deprimiert und finden das Leben sinnlos. Sonntags werden besonders viele Selbstmordversuche unternommen.

Besonders in den Ballungsgebieten städtischer Siedlungsweise gedeihen Einsamkeit, Kontaktarmut und die Unfähigkeit zu echter Kommunikation. Hier ist auch das Prestigedenken besonders stark ausgeprägt, hier gibt es immer weniger ein »Miteinander« und immer mehr nur ein »Nebeneinander«.

Die Seele als große Verliererin In diesem Streß, in dieser Hetzjagd, einem einzigen Wettlauf um Statussymbole und Vergnügungen, um Positionen und Geld ist ganz sicher und in jedem Fall unsere Seele die Verliererin. Wie oft sind wir müde, reizbar, abgespannt, unlustig oder aggressiv. Je öfter das der Fall ist, desto mehr geraten wir in seelische Konfliktsituationen, die auch unser vegetatives Nervensystem immer mehr belasten. Da aber jeder von der Norm abweichende affektive Vorgang, jeder psychische Konflikt zwangsläufig auch physische Folgen hat, die durch die Wechselwirkung von körperlichen und seelischen Vorgängen wieder auf die Psyche zurückwirken, sind die Wartezimmer unserer Ärzte überfüllt.

Mindestens sechzig bis siebzig Prozent aller Krankheiten sind seelischen Ursprungs. Selbst so rein körperliche Vorgänge wie Infektionskrankheiten oder Unfälle sind oft nicht frei von psychischer Beeinflussung. Es gibt Tage, an denen man infolge gedrückter Stimmungslage viel anfälliger für Ansteckungen ist als normalerweise. Das gilt auch für Unfälle. Man hat vielleicht Probleme, Sorgen, Kümmernisse, die einen nicht loslassen, die uns umklammern: wieviel leichter kann in solcher Lage ein Unfall passieren! Stimmungslage und augenblickliche Kondition spielen da eine große Rolle. So ist es auch ganz gewiß kein Zufall, daß an bestimmten Tagen oder zu bestimmten Tageszeiten eine ganz unterschiedliche Unfallbereitschaft festgestellt wurde.

Psychosomatische Krankheiten

Es gibt wohl eigentlich überhaupt keine Krankheiten, die nicht irgendwie psychosomatische Züge tragen. So wie sich jede seelische Bewegung auf den Körper auswirkt, geschieht das auch umgekehrt; jede körperliche Veränderung hat seelische Reaktionen zur Folge, denn nicht nur in jeder Krankheit, auch sonst in jedem Augenblick sind Körper und Seele untrennbar miteinander verbunden. Kein Teil könnte je ohne den anderen existieren, auch wenn sie sich manchmal scheinbar bekämpfen.

Im menschlichen Leben bildet der Körper mit der Seele eine Einheit wie Licht und Finsternis, Wärme und Kälte, Leben und Tod, wie männlich und weiblich, positiv und negativ. Schon vor 2500 Jahren war man in China der Ansicht, daß das gesamte Universum auf dem Gleichgewicht zweier entgegengesetzter Kräfte beruhe: Spannung und Entspannung. Dieses Prinzip nannte man Yang und Yin. Da der Mensch ja ein Teil des Universums ist, ist dieses Gleichgewicht auch sein Idealzustand. Der chinesische Weise Laotse, der im dritten oder vierten vorchristlichen Jahrhundert lebte, war der Überzeugung, daß »ohne diese Harmonie kein Mensch glücklich oder gesund sein« könne, denn Krankheit ist Disharmonie.

Krankheit ist Disharmonie

Und auch körper-
liche Rückwirkun-
gen auf die Seele

Wir hören und sprechen nun also heutzutage immer wieder von Psychosomatik. So völlig richtig diese Bezeichnung auch ist, trifft sie doch den ganzen Komplex der Leib-Seele-Beziehungen nicht vollständig. Hört man »psychosomatisch«, müßte man annehmen, es werde stets nur der Körper durch die Seele beeinflußt. Wie ich schon mehrmals andeutete, ist das – wenn auch meistens – doch beileibe nicht immer der Fall. Jede körperliche Störung, jede organische Krankheit, zieht zwangsläufig ebenfalls seelische Rückwirkungen nach sich. Vor allem wenn es sich um schwere oder langwierige Erkrankungen handelt, wird die Seele regelmäßig auch in Mitleidenschaft gezogen. Wer leidet nicht bei Tuberkulose oder Krebs, bei schweren Herzleiden oder Magengeschwüren unter mehr oder weniger heftiger seelischer Bedrückung, wer fühlt sich nach schweren Unfällen, nach dem Verlust von Gliedmaßen oder ähnlichen körperlichen Schäden noch frei und unbeschwert?

Je nach seiner Anlage, nach seiner seelischen Konstitution, wird der Betroffene mehr oder minder lange Zeit benötigen, um die so verursachten seelischen Störungen zu verarbeiten. Diese Art von Belastungen, die von rein körperlichen Ursachen ausgehen, führen nicht selten zu echten Neurosen, die eine ernst zu nehmende psychische Krankheit darstellen und sich ihrerseits wiederum ein organisches Ventil suchen können.

Was ich Ihnen eben schilderte, waren seelische Schädigungen infolge schwerer körperlicher Krankheiten; doch auch scheinbar ganz unwichtige Dinge körperlicher Art können seelische Folgen zeitigen. Wir alle haben schon an uns selbst beobachten können, daß eine Erkältung oft ausreicht, unsere Stimmungslage ganz schön niederzudrücken; und wie viele Menschen leiden nicht schon unter so geringfügigen Mißbildungen wie abstehenden Ohren oder einer unschönen Nase, einer zu großen oder zu kleinen Brust oder zu kleinem oder zu großem Wuchs so sehr, daß sie in Depressionen verfallen! Das alles – und das sind nur einige Beispiele – sind Rückwirkungen von körperlichen Störungen auf die Seele.

Nun ist die Seele ja nicht materiell faßbar wie der Körper, und doch steht ihre Existenz ganz außer Zweifel, denn wir spüren täglich ihr Wirken auf unser Leben, unsere Stimmungen und unser Wohlbefinden. Wir alle erleben Tag für Tag diese körperlich-seelischen Zusammenhänge. Wie leicht kann uns die Stimmung verdorben werden infolge von Ermüdung, schlechter Verdauung oder von unangenehmen Erlebnissen. Andererseits kann aber auch bloße schlechte Stimmung zu Ermüdung oder Verdauungsstörungen führen.

Wir alle kennen auch die Wechselbeziehungen zwischen seelischen Vorgängen und äußerer Haltung. Gemütslagen drücken sich fast immer auch in Haltung, Gesicht und Gang aus. Sind wir guter Stimmung, werden wir aufrecht gehen, mit federndem Gang, vielleicht lächelnd; sind wir hingegen gedrückter Stimmung, schlagen wir die Augen nieder, gehen müde, vielleicht zusammengesunken.

Beredte Körpersprache

So wie nun seelische Störungen, die sich oft zunächst nur in Stimmungen ausdrücken, unsere Haltung und unser Wesen beeinflussen, so wirken sie auch auf alle körperlichen Funktionen beeinflussend ein. Streß, Gehetztheit, innere Leere und Unruhe, Unsicherheit und Mangel an Kontaktfähigkeit sind Ausdruck des gestörten seelischen Gleichgewichts. Solche ständigen inneren Spannungszustände, die auch durch traumatische Erlebnisse, nachhaltige Enttäuschungen, überhaupt durch seelisch unverarbeitet gebliebene Lebenserfahrungen verursacht werden können, führen automatisch zu funktionellen Störungen des vegetativen Nervensystems, was wiederum unweigerlich nachteilige Einflüsse auf körperliche Funktionen nach sich zieht. Dieser Ablauf findet viel häufiger statt, als man annehmen möchte. Wird ein solcher Teufelskreis nicht frühzeitig unterbrochen, folgen chronische Störungen und schließlich die Schädigung eines oder mehrerer Organe, die dann wiederum das seelische Gleichgewicht stören.

Der enorme Einfluß der Psyche auf körperliche Funktionen wurde immer wieder durch hypnotische Experimente bewiesen. Es konnte dabei nicht nur Einfluß auf die Ausschüttung

Hypnoseexperimente

von Magensaft und die Urinabsonderung der Blase genommen werden, es konnten nicht nur Schweißausbrüche und vor Kälte schlotternde Glieder provoziert werden; man hat sogar beweisen können, daß die Psyche auf alle Organe ausnahmslos einwirkt. So konnten Blutdruck und Herzschlag verändert werden. Die Reaktionen auf suggerierte Angst fielen sogar unterschiedlich aus, je nachdem, ob man lähmende oder jagende Angst suggeriert hatte.

Psychogene   Der Herzschlag, der ja von Sympathikus und Parasympathi-
Krankheiten kus gesteuert wird, ist übrigens besonders stark seelischen Einflüssen unterworfen. Herzrhythmusstörungen haben fast immer psychischen Ursprung. Dasselbe gilt für Magen und Darm, der ja schon auf bloße Aufregungen mit Durchfall reagiert. Sind Fehlsteuerungen von längerer Dauer oder stärkerer Natur, kommt es zu Magen- oder Darmgeschwüren.

Leber und Galle machen da keine Ausnahme, auch sie unterstehen selbstverständlich der Steuerung des Nervensystems und können durch seelische Störungen beeinträchtigt werden. So hat man festgestellt, daß eine Gelbsucht sehr häufig einige Stunden nach einem Schreckerlebnis oder nach heftigem Ärger auftritt.

Psychische Störungen machen sich auch auffallend oft an der Haut bemerkbar, insbesondere in der Temperatur und Durchblutung der Haut sowie an deren Schweißabsonderung. Schon die geringsten Erregungen, die vom Bewußtsein gar nicht als solche registriert werden, führen zu Schweißabsonderung, wenn auch nur in geringem Maße. Deshalb ist es möglich, mit einem ganz einfachen Gerät, das an zwei Fingern angeschlossen wird, zu messen, ob sich ein Patient während der Entspannung in totalem Ruhezustand befindet. Positivenfalls nämlich findet keine auch noch so geringe Schweißabsonderung mehr statt.

Atemnot kann ebenso wie ein handfestes, quälendes Asthma psychisch bedingt sein. Das ist sogar sehr oft der Fall, ebenso wie auch Sexualstörungen, seien es nun Potenzstörungen, Frigidität oder Regelanomalien, in den allermeisten Fällen psychogener Natur sind.

Sie können sich nach dieser Aufzählung sicher schon denken, daß sowohl die Blase als auch die Nieren keine Ausnahme von dieser Regel machen. Etwas erstaunlicher ist vielleicht aber doch, daß selbst das Blutbild, also die Zusammensetzung des Blutes, seelischen Einflüssen unterworfen ist. Belastungen psychischer Art verschlechtern das Blutbild eindeutig. Man hat in einem Versuch Kaninchen wochenlang in einem Erregungszustand gehalten. Die Folge war ein starkes Absinken des B_{12}-Gehaltes im Blut. Auch Angst beeinflußt sofort das Blutbild. Das ist damit zu erklären, daß auch die Blutzusammensetzung einer zentralnervösen Steuerung unterliegt.

Psychogene Veränderungen sogar des Blutbildes

Ich erinnere in diesem Zusammenhang an den schon erwähnten Versuch, der mit Fußballspielern und ihren Fans gemacht wurde, indem man von beiden Gruppen vor und nach dem Spiel Blutproben entnahm und bei der zweiten Messung deutliche Veränderungen im Blutbild feststellen konnte.

Daß man bei den Anhängern die gleichen Veränderungen maß wie bei den Spielern, zeigt darüber hinaus deutlich, daß solche Veränderungen – sei es nun im Blutbild oder sei es an Organen – nicht nur durch tatsächliche Anstrengungen oder psychische Belastungen hervorzurufen sind, sondern auch durch »eingebildete«.

»Eingebildete« Leiden sind tatsächlich genauso schlimm wie echte organische Beschwerden. Dabei sind die krankmachenden Gedanken und Vorstellungen dem Patienten in keiner Weise bewußt (sonst würde er sie ja ausschalten). Sie arbeiten einzig in seinem Unterbewußtsein und entziehen sich dadurch völlig dem Abwehrwillen des Bewußtseins. Man kann sich auf diese Weise Krankheiten selbst suggerieren, sogar scheinbar so rein körperliche wie Lähmungen.

Eingebildete Leiden

Alle wie immer gearteten negativen Suggestionen, seien es nun Fremd- oder seien es Selbstsuggestionen, können krankmachen. Kinder werden durch negative, ewig schwarzsehende Eltern nicht selten zu Neurotikern erzogen. Die Beeinflussung beginnt sogar schon im embryonalen Zustand. Diese Erkennt-

Negative Suggestionen

nis ist nicht etwa neu, läßt doch schon Shakespeare seinen Richard III. sagen:»Die Liebe starb mir schon im Mutterleib.« Jeder Mensch ist also bis zu einem ziemlich hohen Grade für seine Gesundheit selbst verantwortlich. Das meinte auch der französische Staatsmann Talleyrand (1754–1838), als er sagte, er kenne viele »eingebildete Kranke«, warum solle es nicht auch »eingebildete Gesunde« geben!

Flucht in die Krankheit   Jedermann sollte darum im eigenen Interesse stets darauf achten, daß keine negativen Gedanken in ihm Wurzeln schlagen können. Doch wie oft hört man etwa sagen: »Mir kann ja doch nichts helfen, ich werde nie gesund!« Schon diese Gedanken allein sind die Voraussetzung dafür, daß der Betreffende wirklich nicht gesund wird. Oft allerdings will er das unbewußt auch gar nicht. Krankheit wird häufig als Mittel benutzt, sich schwierigen Situationen zu entziehen oder Liebe, Zuwendung und Beachtung zu erzwingen. Sehr viele – oft übersensible – Menschen treten vor Konflikten des Alltags eine unbewußte Flucht in die Krankheit an.

Andererseits kann man aus Mangel an Liebe, an Zuneigung oder Geborgenheit auch wirklich krank werden. In der menschlichen Existenz herrscht immer ein Zwiespalt zwischen Gebundenheit und Freiheit, ein Mindestmaß an persönlicher Freiheit jedoch ist unerläßlich für die seelische Gesundheit. Jeder Mensch hat auch einen Mindestbedarf an Liebe, Geborgenheit und Bestätigung, ob er diese nun von außen oder in Form der Selbstbestätigung erfährt. Bekommt er – durch welche Ereignisse auch immer (Schuld-, Konflikt-, Verzichts- oder Versagungserlebnisse) – all dies nicht, ist er weiterhin nicht in der Lage, sich der einengenden Realität anzupassen, so kommt als Ausweg oft die Krankheit.

Leidet jemand unaufhörlich unter Ärger, Wut, Aggressionen oder Frustrationen, werden in ihm Energien aktiviert, die er jedoch oft gegenüber dem Erzeuger dieser Gefühle (beispielsweise gegenüber dem Chef) nicht loswerden kann. Diese Gefühle richten sich dann gegen ihn selbst, und in einem solchen Dauerstreß fehlen die Erholungspausen – der Mann wird krank, zumal ja nicht jeder in der Lage ist, sich Luft zu verschaffen, indem er einfach Porzellan zertrümmert oder etwas Ähnliches tut.

Äußerst wichtig sind für jeden Menschen Erfolgserlebnisse, die in ihm das Gefühl des eigenen Könnens bestärken und ihm das verschaffen, was man schlicht und einfach Selbstwertgefühl nennt. Fehlt das, entstehen mit Sicherheit Minderwertigkeitsgefühle, die übrigens auch aufgrund mangelnder Sicherheit in der Jugend oder infolge körperlicher Gebrechen entstehen können. Minderwertigkeitsgefühle sind immer rein subjektiver Art. Kleinigkeiten wie Blamagen, Übergangenwerden oder scheinbare Demütigungen, lauter Dinge, die ein gefestigter, gesunder Mensch ohne weiteres verkraften kann, mögen ausreichen, einen mit Minderwertigkeitskomplexen Behafteten krankzumachen. Manche versuchen diese Komplexe durch Angeberei oder übertriebene Leistung zu kompensieren, andere verkapseln sich vollkommen oder werden aggressiv.

Minderwertigkeitsgefühle

Es ist für solche Menschen unerläßlich, daß sie sich ihre Probleme bewußtmachen bzw. daß sie sich diese von einem Psychotherapeuten bewußtmachen lassen. Erst dadurch kann die so entstandene Krankheit (oder die, in die sie geflüchtet sind) wirksam geheilt werden.

Sie sehen, wie stark wir sogar körperlich von unseren Gedanken, ja unserer Einstellung zu den Dingen abhängig sind. Negative Gedanken schaden so unendlich viel, daß wir unbedingt versuchen sollten, sie möglichst bewußt auszuschalten. Auch ängstliche, nervöse Selbstbeobachtung schadet nur. (Es ist eine Tatsache, daß die Angst kommt, wenn man sie erwartet.) Sie sollten Ihren Körper, Ihre Organe und deren Funktionen nicht ängstlich oder in übertriebenem Ausmaß beobachten, denn jeder Lebensvorgang wird durch ausdauernde negative Selbstbeobachtung gestört. Je mehr sich jemand mit seiner Krankheit beschäftigt, desto kränker fühlt er sich. Denken Sie doch bitte einmal an Krankenschwestern. Es kommt kaum vor, daß sie sich anstecken, selbst wenn sie infektiöse Kranke pflegen. Sie haben sich einfach durch

Gesundheit ist auch Einstellungssache

positive Suggestionen, durch ihre positive Grundüberzeugung, selbst immunisiert. Gesundheit ist nicht nur eine körperliche Angelegenheit, sie ist auch Einstellungssache. Man kann mit einer unheilbaren Krankheit, mit dauernden Schmerzen oder fehlenden Gliedmaßen leben, ohne sich ewig krank zu fühlen; andererseits kann man sich infolge hypochondrischer Selbstbeobachtung schon angesichts geringster Kleinigkeiten entsetzlich leidend fühlen.

Allerdings sollte man auch gegenteilig nicht übertreiben und die notwendige Vorsicht nicht außer acht lassen. Ernsthafte Anzeichen einer Krankheit darf man keinesfalls einfach übersehen; das gilt nicht nur für schwere organische Leiden wie Lungenentzündung oder Krebs, sondern auch für psychosomatische Erkrankungen. Werden solche psychisch bedingten Krankheiten nicht rechtzeitig erkannt und entsprechend behandelt, entstehen aus rein funktionellen Störungen echte organische Veränderungen, die dann nur noch sehr schwer zu beheben sind.

Organsprache   Gewissermaßen der Gipfel aller psychosomatischen Erkrankungen sind Organneurosen. Die Seele ist außerstande, sich zu beklagen, sich zu artikulieren, also ruft der Körper stellvertretend für sie um Hilfe. Die gestörten Organe sprechen, wie der Fachmann sagt, »Organsprache«. Dem Volksmund ist das längst nichts Unbekanntes mehr, sagt er doch: »Das liegt mir schwer im Magen«, »Mir läuft die Galle über«, »Das drückt mir das Herz ab«, »Mir bleibt die Luft weg«, »Das macht mir Kopfschmerzen« usw. Sicher kennen auch Sie viele solcher Aussprüche.

Hypnosetherapie be-   Wenn die Organe für die Seele sprechen, wenn ihre
seitigt die Ursachen   Beschwerden psychische Ursachen haben, kann auch der beste Arzt, wenn überhaupt, nur vorübergehend helfen. Was diese Kranken brauchen, sind nicht nur Pillen oder Spritzen, es ist in erster Linie seelische Hilfe. Auch die besten und teuersten Medikamente können nie ganz und endgültig heilen, denn sie greifen ja nicht die Wurzel des Übels, den seelischen Konflikt, die Neurose oder die seit vielen Jahren herumgetragenen

Ängste an. Ohne die Beseitigung der Ursache jedoch werden zwangsläufig die Symptome immer wieder auftreten. In solchen Fällen bietet die Hypnosetherapie eine ideale Hilfe.

Bedenken Sie, daß mit Hilfe von hypnotischen Experimenten Krankheitsanzeichen hervorgerufen werden können. Logischerweise müssen sie auf die gleiche Art auch zu beseitigen sein. Das betrifft nicht nur rein seelische Krankheiten, sondern auch fast alle körperlichen. Auch rein organische Erkrankungen sprechen im allgemeinen ausgezeichnet auf Hypnose an. Außerdem hat jede Krankheit, und zwar je schwerer sie ist, in desto höherem Maße, auch immer psychische Störungen zur Folge, so daß auf jeden Fall neben der äußerst wichtigen medizinischen Behandlung auch stets eine individuelle psychotherapeutische Behandlung anzuraten ist.

Die Beeinflussung von Organen vollzieht sich im Zuge der Hypnosetherapie nach folgendem Prinzip: Die hypnotischen Suggestionen greifen über das Unbewußte, das ja alle Funktionen steuert und das bei gestörtem Plan funktionelle Störungen auslöst, in das erkrankte Organ ein, indem sie seine vegetative Tonuslage umstimmen und wieder auf das natürliche Gleichgewicht einregulieren.

Wie Hypnosetherapie funktioniert

Wir dürfen nie vergessen, welch ungeheure Macht unser Unterbewußtsein in unserem Leben darstellt. Alles Bewußte wird vom Unterbewußtsein gelenkt und getrieben, während ins Unbewußte immer wieder Impulse aus dem Bewußtsein eindringen. Die Hypnose ermöglicht es, diese Macht zu unserem Wohl nutzbar zu machen.

15. Aus meiner Praxis

Ich hoffe, daß ich Ihnen in den vorhergegangenen Kapiteln ein wenig Aufschluß geben konnte über die Vorgänge, die in uns ablaufen, wenn wir unmutig oder ernsthaft erkrankt sind, über die komplizierte Arbeit unseres Nervensystems und über die untrennbaren Zusammenhänge zwischen unserem Körper und unserer Seele. Zwischen den Bereichen der rein organischen und der rein psychischen Erkrankungen liegt das weite Feld der psychosomatischen Krankheiten. Es ist oft sehr schwer zu erkennen, wo es eigentlich angefangen hat, ob es im Bereich des Körperlichen oder des Seelischen zu »kriseln« begann, da Anstöße sich immer sowohl körperlich als auch seelisch auswirken. Jedes Erlebnis, klein oder groß, setzt unser gesamtes Seelenleben in Bewegung.

Körper und Seele hängen untrennbar zusammen

Nach unseren heutigen Erkenntnissen reichen Tabletten und Spritzen allein nicht mehr aus; Körper und Seele müssen gleichzeitig behandelt werden (und gleichwertig), wie es schon vor mehr als zwei Jahrtausenden Platon und Sokrates, Aristoteles und Hippokrates forderten. Denn wir wissen, daß sich zwar unsere Lebensvorgänge in psychischen und physischen Vorgängen äußern; doch wir wissen auch: es ist ein einziges Leben, und für jeden Menschen gibt es nur dieses eine, sein eigenes Leben – über das die meisten von uns leider viel zu wenig Bescheid wissen.

Damit Sie nun an konkreten Beispielen sehen können, welche Auswirkungen psychische Konflikte und Störungen

Krankengeschichten zur Demonstration

auf unser ganzes Leben haben können und wie man dieser
krankmachenden und störenden Auswirkungen Herr werden
kann, möchte ich Ihnen im Folgenden einige Fälle aus meiner
Praxis schildern. Selbstverständlich sind alle Namen und
verräterischen Lebensumstände verändert, den einzelnen
Krankengeschichten nach entsprechen sie jedoch alle wirklichen Vorkommnissen.

Da wir uns in den letzten Kapiteln so ausführlich mit den
Leib-Seele-Beziehungen beschäftigt haben, beginne ich mit
einigen Fällen von psychosomatischen Erkrankungen; auf rein
psychische Leiden werde ich später noch ausführlich zu
sprechen kommen.

Magen in der Krise

Ein Organsystem, das besonders leicht auf seelische Einflüsse
anspricht, ist der Magen-Darm-Trakt. Ein einfacher Beweis
dafür sind die schon erwähnten Angst-Durchfälle, und uns
allen ist die Tatsache bekannt, daß Aufregungen sehr leicht auf
den Magen schlagen. Der Betreffende hat dann keinen Appetit,
verspürt oft sogar Übelkeit.

Auch Schluckauf, ein Krampf der Muskulatur des Magen-
eingangs, also ebenfalls eine Störung im Bereich des Magens, ist
sehr oft seelisch begründet. Eine weitere Erkrankung dieses
Organsystems, meist seelischen Ursprungs, ist eine besondere
Art der Dickdarmentzündung. Sie ist eine allergische Krank-
heitsform, die geschwürige Veränderungen der Darmwand zur
Folge hat. In der Fachsprache heißt sie Colitis ulcerosa.

Ursachen des   Doch das nur am Rande. Ich möchte mich hier mit einer
Magengeschwürs   psychosomatischen Erkrankung befassen, die heute immer
mehr im Zunehmen begriffen ist, was allein schon darauf
schließen läßt, daß zumindest in einem Großteil der Fälle
seelische Konfliktsituationen eine ursächliche Rolle spielen:
ich meine Magengeschwüre.

Die Psychoanalytiker nehmen an, daß der erste Keim für
Magenkrankheiten bereits in frühester Kindheit liegt, und

zwar in einer gestörten Beziehung zwischen Mutter und Kind. Über die Entstehung eines Magengeschwürs herrscht jedoch noch keine völlige Klarheit. Verschiedene Theorien werden diskutiert, und alle haben eine Anzahl von Fakten für sich. So spielt zum Beispiel ganz sicher eine erbliche Anlage eine gewisse Rolle.

Ich will versuchen, Ihnen zunächst die rein biologische Entstehung eines Ulcus ventriculi (wie das Magengeschwür in der medizinischen Fachsprache heißt) in verständlicher Form zu erklären. Das bringt es natürlich mit sich, daß ich die komplizierten Vorgänge, die sich dabei im Körper abspielen, stark vereinfacht darstellen muß.

Wie Sie wissen, schüttet unser Magen bei der Aufnahme von Speisen zum Zweck der Verdauung Magensäure aus. Gleichzeitig wird die Durchblutung der Magenwände dem Bedarf angepaßt, eine Bewegung des Magens setzt ein, und bestimmte Zellen im Magen schütten Basen aus. Bei der Magensäure handelt es sich um Salzsäure, bei der Base um Natriumbikarbonat, also doppeltkohlensaures Natron. Basen sind in der Chemie gewissermaßen der Gegensatz zu Säuren. Das Natriumbikarbonat ist also eine alkalische Reaktion auf die Säurebildung und hat zum einen die Aufgabe, die überschüssige Salzsäure zu neutralisieren, zum anderen, wichtigeren Teil wird sie zum Aufbau der Sekrete von Bauchspeicheldrüse, Leber und anderen Drüsen benötigt.

Übersäuerung des Magens infolge falscher Ernährung

In früheren Zeiten aß man wesentlich basenhaltiger, nämlich viel Gemüse, Kartoffeln, Schwarzbrot, Rohkost usw., wogegen wir heute immer mehr auf konzentrierte Eiweißnahrung umgestiegen sind. Diese Lebensweise führt zu einem Basenmangel im Organismus. Der wehrt sich dagegen mit einer höheren Produktion von Natriumbikarbonat im Magen, um den Mangel auszugleichen, wodurch aber wiederum eine größere Menge Salzsäure ausgeschüttet wird, die dann – da sie nicht zur Verdauung benötigt wird – im Magen liegenbleibt. Das ist eine Voraussetzung für Gastritis, die häufig schon bei jungen Leuten und sogar bei Kindern diagnostiziert wird.

Das ist der eine Weg zur Produktion von überhöhten Säuremengen und damit zum Magengeschwür. Der andere verläuft regelmäßig über Fehlsteuerungen des vegetativen Nervensystems. Selbstverständlich wird der Magen, wie alle Organe, vom unwillkürlichen Nervensystem gesteuert, das ja, wie bereits dargelegt wurde, so ungeheuer empfindlich auf psychische Belastungen reagiert. Gerät nun ein Mensch in seelische Konfliktsituationen, führt er eine unregelmäßige, gehetzte Lebensweise oder unterliegt er häufig Anfällen von Wut, Ärger und Haßgefühlen, die er nicht loswerden kann, die sich also anstauen, frißt er im wahrsten Sinne des Wortes Sorgen, Ängste und Ärger – beruflich, familiär oder finanziell – in sich hinein, ist er prädestiniert für ein Magengeschwür.

Auch die unerfüllte starke Sehnsucht – gleichsam der Hunger nach Liebe und Zuwendung – kann auslösend sein für diese schmerzhafte Erkrankung. Der Säugling erfährt an der Mutterbrust nicht nur Sättigung, somit Stillung des körperlichen Hungers, sondern auch seines Hungers nach Liebe und Geborgenheit. Diesem Zusammenhang bleibt der Mensch lebenslang verhaftet. So erklärt sich die wissenschaftlich festgestellte Ausschüttung von Magensaft bei Sehnsucht nach Liebe und menschlicher Wärme.

Wie Pawlow mit seinem berühmten Hundeexperiment, das ich Ihnen im vorstehenden Kapitel beschrieben habe, herausgefunden hat, ist oftmals gar keine Nahrungsaufnahme nötig, um Speichelfluß oder – was uns hier interessiert – Magensäure auszuschütten. Wenn man eine appetitliche Speise sieht, läuft einem ja buchstäblich das Wasser im Mund zusammen; aber nicht nur das: der Magen beginnt auch sofort zu arbeiten. Er produziert Verdauungssaft, der allerdings in diesem Fall gar nicht benötigt wird. Das trifft aber nicht nur zu, wenn wir etwas Leckeres zu essen vor uns sehen, sondern ebenso auch, wenn wir Ärger und Wut in uns »hineinfressen«, Sorgen, Kummer und Angst »hinunterschlucken« oder wenn wir »Hunger« nach Liebe haben. Das vegetative Nervensystem reagiert genau so, als hätten wir wirklich etwas hinuntergeschluckt, also gegessen; es regt die Bildung von Magensäure an.

Da aber nun überhaupt keine Speisen im Magen vorhanden sind, wohl aber die Säure, kommt es gewissermaßen zu einer Selbstverdauung des Magens, das heißt, die Magensäure greift zunächst die Schleimhaut an, die gereizt wird (eine Gastritis ist entstanden) und ätzt dann regelrecht Wunden in Schleimhaut und Magenwand. Es herrscht dabei im allgemeinen eine Vagotonie, was eine gesteigerte Erregbarkeit des Vagus mit Übersäuerung des Magens bedeutet.

Neben der Übersäuerung spielt die – natürlich auch durch das autonome Nervensystem gesteuerte – Durchblutung der Magenwand eine Rolle. Magengeschwüre entstehen leichter bei schlechter Durchblutung des Organs.

Auf dem Boden des Reizzustandes bildet sich nun ein Ulkus, das dann seinerseits einen Reiz ausübt, der die Regelung der Magenfunktionen immer wieder stört. In schweren Fällen führt ein Magengeschwür schließlich zu Magenblutungen und in letzter Konsequenz zu einem Durchbruch der Magenwand, der eine sofortige lebensrettende Operation nötig macht.

Es gibt Menschen, die besonders anfällig für solche Geschwüre sind. Der Typ des Ulkuskranken ist häufig schmalwüchsig, unruhig, ehrgeizig und labil, aber natürlich hat auch diese Regel Ausnahmen; es kommt durchaus auch vor, daß ruhige, stille Menschen an Geschwüren des Magen-Darm-Traktes erkranken. Man hat beobachtet, daß nicht selten früher eine Neigung zu Migräne vorhanden war, was aber auch nicht unbedingt bei jedem Ulkus zutrifft. Auf jeden Fall ist beinahe immer psychische Belastung auslösend für ein Magengeschwür.

Besonders anfällige Menschen

Es wurde psychoanalytisch festgestellt, daß sich bei Ulkuskranken »die durch verhaltene Affekte angespeicherte und nicht veräußerte Energie eine Entladung im Organischen sucht.« Damit ist genau das gemeint, worauf ich bereits hingewiesen habe: das In-sich-Hineinfressen von Ärger, Haß, Wut und ähnlichen Stimmungen; nachteilig wirken sich ferner starker Leistungsdruck und vermehrte Spannungen aus. Die aufgestauten Affekte, diese Gefühle, die wir nicht abreagieren können, richten sich gegen uns und machen uns krank.

Die Beschwerden, die ein Ulcus ventriculi mit sich bringt, sind immer Sodbrennen, Aufstoßen, Völlegefühl, Übelkeit, auch Erbrechen und vor allem Schmerzen, oft sogar unerträgliche Schmerzen. Sie machen sich im Oberbauch bemerkbar und äußern sich auf drei verschiedene Arten: wir kennen den Frühschmerz, der unmittelbar nach Einnahme einer Mahlzeit auftritt, den Spätschmerz, der etwa zwei bis drei Stunden nach dem Essen kommt, und den Nüchternschmerz, auch Hungerschmerz genannt, der auftritt, wenn der Magen leer ist. Der Hungerschmerz tritt auch häufig in der Nacht auf, und zwar in der Regel immer um die gleiche Zeit.

Die Schmerzen, die ein Ulkus verursacht, sind äußerst heftig; oft kann der Kranke kaum gehen oder stehen. Der Appetit ist meist nicht wesentlich gestört, es besteht aber eine Unverträglichkeit gegenüber bestimmten Speisen, insbesondere Fett, scharf Gebratenem, Gewürzen, Alkohol und Kaffee, kurz gegenüber allen Sachen, die die Magensaftbildung besonders anregen.

Infolge der ständigen quälenden Schmerzen wird der Kranke überempfindlich und reizbar, scharfe Falten ziehen sich von den Nasenflügeln zum Mund. Im Frühjahr und Herbst stellen sich die Beschwerden, die im Sommer und Winter oft viel geringer sind, stets verstärkt wieder ein. Von einer voreiligen Operation ist abzuraten, auch wenn dies manchmal als der einzige Ausweg erscheint, da immer mit einem Rezidiv (Rückfall) zu rechnen ist, wenn nicht die Ursachen beseitigt werden konnten, die, wie gesagt, häufig psychogener Art sind.

Als Günther N. zu mir in die Praxis kam, war er körperlich und seelisch ziemlich am Ende. Er hatte die bekannten Magenfalten von der Nase zu den Mundwinkeln und dunkle Ringe unter den Augen, wirkte müde und resigniert. Er wußte ganz genau, daß er Magengeschwüre hatte, und war überzeugt, ihm sei nicht mehr zu helfen, denn er hatte schon so ziemlich alles zu seiner Heilung versucht.

Ich nahm ihm zunächst einmal die schlimmsten Schmerzen mit Ruhehypnosen. Es ist röntgenologisch nachgewiesen, daß die Ruhigstellung in Hypnose auch zu einer Ruhigstellung der Magenwände führt. Dadurch werden die Schmerzen erst einmal gelindert, so daß man ohne Zeitdruck darangehen kann, die psychische Situation des Patienten zu klären.

Da Günther N. keine konkreten Angaben machen konnte und mich lediglich wissen ließ, er habe Ärger im Beruf und familiäre Sorgen, mußte ich langsam in vertrauensvollen Gesprächen versuchen, an den Ursprung der Krankheit heranzukommen. So kristallisierte sich nach und nach folgende Geschichte heraus, die recht typisch ist für die Entstehung von Magengeschwüren.

Ärger beruflich und familiär

Als einziger Sohn hatte Günther N. keinen Beruf nach seinen Neigungen wählen können, sondern im väterlichen Betrieb einsteigen müssen. Seitens des sehr strengen und harten Vaters blieben ihm weder Vorwürfe noch Demütigungen erspart, auch nicht vor dem Personal.

Irgendwann in dieser Zeit bekam Günther N. immer öfter Magenbeschwerden. Viele Speisen bekamen ihm plötzlich nicht mehr und verursachten ihm Schmerzen, Sodbrennen und Völlegefühl. Der Hausarzt stellte Gastritis fest und verschrieb Medikamente, die auch eine Zeitlang halfen, doch dann begannen die Schmerzen von neuem. Eine Röntgenuntersuchung ergab ein Magengeschwür. Da auch Rollkuren und Diät nur vorübergehend Besserung brachten, wurde Herr N. für einige Wochen klinisch behandelt. Ein anschließender Wanderurlaub im Gebirge mit alten Freunden schien die endgültige Heilung zu bestätigen, denn die anstrengenden Wanderungen und Kletterpartien wie auch die relativ rauhe Kost verursachten ihm nicht die geringsten Beschwerden.

Vorläufige Besserung

Es ist eine immer wieder zu beobachtende Tatsache, daß eine Erholung bis zur Beschwerdefreiheit selbst bei körperlichen Anstrengungen und an sich völlig ungeeigneter Kost zu erreichen ist, wenn nur die Psyche vollkommen ohne Belastung bleibt.

Wieder daheim, wechselte Günther N. in einen anderen Betrieb und gab auch seinem Privatleben eine Wendung: er

heiratete. Das junge Paar verließ den infolge des Arbeitsplatz-
wechsels unerträglich gewordenen elterlichen Umkreis und
begann, unter starker Eigenbeteiligung an der Arbeit ein Haus
zu bauen. Das Kind, das sich bald darauf ankündigte, schien zu
bestätigen, daß sich nun alles zum Guten gewendet habe; doch
die Ruhe war von kurzer Dauer.

Rückfall infolge   Im neuen Betrieb hielten die Kollegen Günthers Fleiß und
neuer Sorgen   seine Tüchtigkeit für Strebertum. Eine vorzeitige Beförderung
erzeugte rundum Neid und brachte ihm sogar offene Feind-
schaft seitens einiger Kollegen ein. Da er seine Frau nicht mit
solchen Dingen belasten wollte, schluckte er den Ärger
stillschweigend hinunter.

Die Geburt des Kindes steigerte die seelischen Belastungen
ganz erheblich – es war behindert. Alle Versuche des Ehepaa-
res, dem Kind zu helfen, blieben erfolglos. Längst hatten sich
bei Günther N. die bekannten Magenschmerzen wieder
eingestellt und wurden immer unerträglicher. Als dann auch
noch der Hausbau ins Stocken geriet (die vorhandenen
Reserven waren durch die Konsultation von bekannten Fach-
ärzten für das Kind aufgebraucht), brach Günther N. endgültig
zusammen. Er bekam Magenblutungen und wurde sofort
operiert.

Die Operation   Es ist eine allgemeine Erfahrung, daß ein Patient, solange er
brachte keinen   glaubt, er leide nur an »nervösen Magenbeschwerden« oder an
Dauererfolg   einer Gastritis, sich nicht als krank betrachtet. Erfährt er
jedoch definitiv, daß er ein Magengeschwür hat, fühlt er sich
endgültig krank. Diese seelische Einstellung wiederum hat ihre
Rückwirkungen auf das betroffene Organ. Weit schlimmer
noch waren die Belastungen für Günther N., als er merken
mußte, daß auch die Operation keinen Dauererfolg gebracht
hatte.

Heilung dank   In dieser desolaten Stimmung erfuhr er durch Zufall von mir
Hypnosetherapie   und beschloß, einen Versuch mit Hypnosetherapie zu machen.
Herr N. hat das nie bereut. Er ist seit mehreren Jahren völlig
frei von jeglichen Beschwerden, kann alles essen und fühlt sich
vollkommen gesund.

Da diese Krankheit so eng mit dem vegetativen Nervensystem gekoppelt ist, bestehen mit Hypnosetherapie in so gut wie allen Fällen die besten Heilungschancen. Über das Unterbewußtsein wird in Hypnose das vegetative Nervensystem und mit ihm der Vagus wieder auf den Normalzustand einreguliert, der Körper wird durch eine Behandlung mit Ozon und durch entsprechende Ulkusmedikamente unterstützt. Außerdem werden Suggestionen von Wärme gegeben. Wärme löst immer eine Gefäßentspannung aus, dadurch wird die Durchblutung der Magenwand verbessert und eine Ausheilung des Geschwürs wesentlich erleichtert.

Lernt der Patient dann noch, sich mit den Realitäten abzufinden, seinen Ärger abzureagieren oder sich erst gar nicht mehr zu ärgern, hat er innere Ruhe und Sicherheit gewonnen, kann er zumeist sein Magengeschwür für immer vergessen.

Was im Vorstehenden über das Magengeschwür gesagt wurde, gilt übrigens in fast allen Punkten auch für das fast ebenso häufig auftretende Zwölffingerdarmgeschwür (Ulcus duodeni).

Herz in der Klemme

Zu allen Zeiten gab es irgendwelche Tabus, über die »man nicht spricht«. Das sind wir gewohnt, es ist daher auch nicht weiter erstaunlich. Recht verwunderlich erscheint es dagegen, daß gerade in unserer Zeit, die mit Recht so stolz darauf ist, aufgeklärt zu sein und alle möglichen Tabus abgebaut zu haben, die in fast jeder Zeitschrift ausführlich über medizinische Probleme berichtet, daß es in dieser unserer Zeit ausgerechnet auf diesem Gebiet noch immer Tabus gibt: Krankheiten, über die man nicht gern spricht, deren man sich vielleicht sogar schämt. So ziemlich an erster Stelle steht da wohl die Neurose. Jeder kranke Mensch kann ganz selbstverständlich mit dem Mitgefühl und der Hilfsbereitschaft seiner Mitmenschen rechnen, ob er nun schwer erkrankt ist, beispielsweise an Krebs oder Tuberkulose, oder ob er unter einem

Neurosen sind tabu

körperlichen Gebrechen, unter einer Lähmung oder dem
Verlust eines seiner Gliedmaßen leidet; ja schon eine einfache
Erkältung ruft mit freundlichen Ratschlägen verbundene
Anteilnahme hervor; aber Gnade Gott dem Kranken, der
erzählt, er habe eine Neurose. Von Stund an wird er wie ein
Aussätziger behandelt werden. Entweder hält man ihn für
einen Irren oder für einen Simulanten, der mit seiner Unaus-
stehlichkeit die Umwelt tyrannisiert oder sich mit seinen
Launen Mitgefühl, Anteilnahme und Liebe erschleichen will.
Auf jeden Fall ist er ein lästiger Zeitgenosse.

Eine Neurose ist eine   Es ist gar nicht abzusehen, welchen Schaden solche irrigen
ernste Erkrankung   Ansichten anrichten können. Daß Fehlansichten weit verbreitet sind, ändert nichts an ihrer Falschheit. Eine Neurose ist eine
sehr ernste Erkrankung, das kann gar nicht oft genug betont
werden. Die Symptome einer Neurose, die so oft als Bösartig-
keit mißverstanden werden, entstehen im Unterbewußtsein
und wirken dort als unbewußte Vorstellung. Sie sind Auswirkungen von Erfahrungen, die in ganz früher Jugend, bisweilen
sogar schon vor der Denkfähigkeit des Kindes ins Unterbewußtsein eingingen.

Neurosen werden heute immer häufiger auch schon bei
Jugendlichen festgestellt, oft als Folge der Unterdrückung aller
spontanen Bedürfnisse. Wegen der Verketzerung dieser
Krankheit ist ein unbekümmertes Herangehen an die Probleme
einer Neurose fast nicht möglich.

Eine Neurose ist nicht durch ein besonders typisches
Krankheitsbild gekennzeichnet. Man kann vielleicht sagen,
daß die psychische Dynamik eines Neurotikers gestört ist.
Seine Gefühlsreaktionen entsprechen in keiner Weise den
jeweils gegebenen Lebenssituationen. Neurotiker versuchen,
einer Bewußtmachung ihrer Probleme aus dem Weg zu gehen,
und hoffen immer auf eine Scheinlösung. Sie leiden unter
krankhaften, oft panischen Ängsten und häufig auch unter
irgendwelchen lächerlich scheinenden Zwängen; so müssen
sich manche zum Beispiel immer und immer wieder die Hände
waschen, andere unterliegen dem Zwang, stets etwas zu
kontrollieren, und dergleichen mehr.

Ängste irgendwelcher Art – die ihren Charakter und ihren Ansatzpunkt oft auch wechseln können – liegen überhaupt jeder Neurose zugrunde. Sie wächst aus belastenden, schwerwiegenden Erlebnissen, die in ganz tiefe Schichten unserer Seele eingreifen und dort Verkrampfungen und Spannungen auslösen, die der Mensch nicht zu verarbeiten imstande ist, die er nicht überwinden oder irgendwie kompensieren oder ausgleichen kann. Aufgrund stark prägender Erlebnisse, falscher Erziehung und ähnlicher Einflüsse entsteht in gewissem Sinne eine Fehlprogrammierung des Unterbewußtseins. Es kommt auch vor, daß ein Stehenbleiben auf einer kindlichen Entwicklungsstufe (natürlich nur auf gewissen Gebieten, denn Neurosen sind auch bei sehr intelligenten Menschen zu finden) zu dieser Fehlprogrammierung führt.

Immer liegt Angst zugrunde

Im Grundbauplan ist eine Neurose eine echte psychische Erkrankung. Infolge der erwähnten Entgleisungen, die nicht mit dem auslösenden Erlebnis abklingen, sondern von Dauer sind, kommt es jedoch zu Störungen, die sich nicht nur im seelischen, sondern sehr oft auch im körperlichen Bereich äußern.

Die Neurosenlehre ist noch nicht alt; auch auf diesem Gebiet der Medizin wirkte Sigmund Freud als einer der Bahnbrecher. Wir begegnen heute der Bezeichnung »Neurose« meist in Wortverbindungen: Angstneurose, Zwangsneurose, Organneurose usw. Eine solche Organneurose liegt nun also vor, wenn die psychisch bedingten vegetativen Störungen sich ein Ventil im Somatischen, im Körperlichen, suchen.

Das Wesen einer Organneurose

Es ist seit langem bekannt, daß Herz und Kreislauf besonders leicht auf psychische Vorgänge reagieren. Seelische Erregungen, welcher Art sie auch sein mögen (Entsetzen, Angst, Schreck, Wut, Aufregung oder Ärger), beeinflussen sofort Pulsschlag und Blutdruck. Auch das Herz reagiert ganz unmittelbar auf seelische Erlebnisse, deshalb hat ja auch der Volksmund den Sitz des Gemütes ins Herz verlegt und sagt: »Sie nimmt sich das sehr zu Herzen.«

Eine Bereitschaft zu psychisch bedingten Veränderungen am Herz-Kreislauf-System besteht mehr oder weniger bei allen Menschen, vorzugsweise jedoch bei labilen und sehr sensiblen Persönlichkeiten. Selbst bei »echten« organischen Herzschäden können psychische Faktoren von Bedeutung sein. So wird ein gar nicht geringer Teil der Herzinfarkte letztlich psychisch ausgelöst.

Meist infolge vegetativer Fehlsteuerungen

Natürlich können Pulsfrequenz und -regelmäßigkeit auch durch krankhafte Veränderungen im Bereich des Herzens oder in den Herzgefäßen verändert werden, denn der Kreislauf reagiert auf seelische und körperliche Belastungen völlig gleich. Häufiger allerdings sind die Ursachen vegetative Fehlsteuerungen infolge psychischer Belastungen. Die Regulierung des Herzschlags erfolgt durch die Nerven Sympathikus und Vagus, wobei der Sympathikus anregt (vor allem bei erhöhtem Tonus), der Vagus beruhigt; aber auch besondere Nervenzellen im Bereich des rechten Vorhofs des Herzens spielen dabei eine gewisse Rolle.

Die Entstehung beispielsweise einer Koronarinsuffizienz, das ist eine Mangeldurchblutung des Herzens, ist weitgehend durch vegetative Fehlsteuerungen begünstigt. Ist der Tonus des Sympathikus erhöht, verengen sich die Herzkranzgefäße. Das bringt eine Gefahr für den Sauerstoffhaushalt des Herzens mit sich, zumal dann meist der Tonus des Vagus zu niedrig ist. Bekommt er wieder das Übergewicht, werden die Herzkranzgefäße gut durchblutet, die richtige Sauerstoffmenge ist wieder gewährleistet.

Organische Schäden sind die Folge

Sehr viele Menschen bemerken den überhöhten Tonus des Sympathikus gar nicht. Sie fühlen sich im Gegenteil zunächst sehr wohl, aktiv und leistungsfähig. In der Folge jedoch zeigen sich Symptome wie Unlust, Kopfschmerzen und Schwindel; Schlaf und Konzentrationsfähigkeit, Leistung und Gedächtnis werden immer mehr gestört. Menschen mit derartigen funktionellen Störungen bezeichnet man im allgemeinen als vegetativ labil oder als vegetative Dystoniker. Mit medizinischen Untersuchungsmethoden sind keine organischen Veränderungen feststellbar, auf die Dauer jedoch führen die psychisch ausgelösten funktionellen Störungen des Herz-Kreislauf-Systems zu echten organischen Schäden und Veränderungen.

Wie viele Menschen leiden nicht an anfallsweisem Herzjagen oder Herzschlagunregelmäßigkeit (Extrasystolie)! Auch diese beiden Störungen des Herzens sind stark seelischen Einflüssen unterworfen. Die Auslösung einer Extrasystole, einer außerordentlichen Kontraktion des Herzens innerhalb der normalen Herzschlagfolge, erfolgt nicht einmal immer durch starke Affekte, es genügen oft schon entsprechende Vorstellungen, also ein rein geistiger Vorgang, gar keine psychische Störung im eigentlichen Sinne.

Zum Beispiel Herzjagen oder Angina pectoris

Auch Angina pectoris, eine Verkrampfung der Kranzarterien des Herzens, hat neben einer organisch bedingten Ursache in sehr vielen Fällen eine rein psychisch-nervös bedingte. Erregungen können leicht zu einer Verengung und Verkrampfung der Gefäße führen. Die Symptome sind in beiden Fällen genau dieselben.

Sogar zum Herzinfarkt führt der Weg häufig über seelische Spannungen; diese lösen einen erhöhten Tonus des Sympathikus aus, was eine funktionelle Störung des Herzens und der Kranzgefäße nach sich zieht. Die unweigerliche Folge ist eine organische Störung der Kranzgefäße und schließlich ein Herzinfarkt.

Sogar Herzinfarkt

Höchst interessant ist die Feststellung, daß 75 Prozent der durch Koronarspasmen – krampfartige Zusammenziehungen der Herzkranzgefäße – ausgelösten Schmerzen nicht organisch sind, sondern funktionell. Leider werden die Patienten in solchen Fällen trotzdem oft mit der Diagnose einer Angina pectoris belastet oder glauben selbst an Herzinfarkt.

Psychische Fehlhaltungen, das haben wir nun schon oft feststellen können, sind immer mit vegetativen Fehlschaltungen verbunden, bzw. lösen sie aus, besonders wenn die Fehlhaltungen in sehr tiefen Schichten verankert und von Dauer sind. Wie wir wissen, artikulieren sie sich häufig in somatischen Bereichen, und gerade Neurosen suchen sich sehr oft das Herz als Ventil.

Herzneurosen   Bei einer Herzneurose handelt es sich immer um eine echte
Neurose. Zumeist sind keine organischen Veränderungen
festzustellen, weder bei klinischer Untersuchung noch aufgrund eines Elektrokardiogramms (EKG). Dennoch leiden die
Kranken unter schwersten Schmerzen, während schwere
organische Herzerkrankungen oft ohne Schmerzen verlaufen.

Für Herzneurosen sind rein psychische Ursachen verantwortlich, die sich jedoch organisch äußern. Schon auf heftiges
Herzklopfen nach einer großen, affektbeladenen Anstrengung
kann eine Herzneurose folgen. Die Grundursachen liegen
jedoch meist sehr viel tiefer. Sie können die Folgen einer
allgemeinen neurotischen Fehlhaltung ebenso wie die neurotische Fehlverarbeitung eines organischen Leidens sein.

Die Beschwerden äußern sich meist anfallartig in Form
panischer Angstgefühle, von Schweißausbrüchen, Herzunruhe
und Schmerzen. Die Angst ist überhaupt bei Herzneurotikern
ein zentrales Problem, so wie sie bei allen Herzkranken eine
große Rolle spielt: Angst vor den Anfällen, Angst vor
Verlusten, Angst vor Herzinfarkt und schließlich sogar Angst
vor der Angst.

In der Kindheit bestand oft eine unnatürliche Bindung an
eine überängstliche, besorgte Mutter und ein bleibendes, fast
unstillbares Bedürfnis nach Umsorgtsein.

Übrigens findet man funktionelle Störungen des Herzens bei
Männern wesentlich häufiger als bei Frauen.

Der Fall   Raimund P. war von seinem Arzt, der bei ihm eine
einer Herzneurose Herzneurose diagnostiziert hatte, an mich verwiesen worden.
Er war etwa Mitte Vierzig, wirkte jedoch durch sein müdes,
abgespanntes Aussehen um Jahre älter. Dem ersten Augen-
schein nach zu urteilen, war Hilfe wirklich dringend nötig,
denn es gelang ihm nur sehr unvollständig, seine innere Unruhe
und Angst zu verbergen.

Um an die Ursache der Neurose heranzukommen, war
zunächst einmal eine »Reise in die Vergangenheit« notwendig,
denn man erwirbt – wie bereits erwähnt – eine Neurose meist
schon in der Kindheit.

Der Vater von Raimund P. starb, als der Junge kaum sechs Jahre alt war, an einem Herzschlag (wir nennen das heute Herzinfarkt). Da die beiden sehr viel älteren Geschwister schon aus dem Haus waren, wuchs er gewissermaßen als Einzelkind auf. Für die Mutter, an der er mit großer Liebe hing, war der kleine Nachzügler der ganze Lebensinhalt; sie verwöhnte den Jungen und trachtete ihn ängstlich vor allen Gefahren des Lebens zu bewahren, indem sie ihm ständig besorgte Ermahnungen und Warnungen mit auf den Weg gab. Unbemerkt setzten sich auf diese Weise Ängstlichkeit und Überbesorgtheit der Mutter in seinem Unterbewußtsein fest; er wurde innerlich unsicher, konnte nicht das so wichtige Urvertrauen entwickeln und hatte Angst vor jeder auch noch so kurzen Trennung von der Mutter.

Der Vater starb früh an Herzinfarkt

Nach erfolgreichem Schul- und Universitätsabschluß fiel es ihm nicht schwer, bald eine höhere Position in einem führenden Autokonzern einzunehmen. Eine solche Stellung bringt ganz selbstverständlich auch repräsentative und gesellschaftliche Verpflichtungen mit sich. Das bestärkte Herrn P. in seinem Vorhaben, endlich zu heiraten.

Das warmherzige und liebevolle Wesen seiner Frau erleichterte ihm die Trennung von der Mutter. Die Ehe verlief außerordentlich harmonisch und glücklich. Obwohl Claudia P. in ihrer unkomplizierten, fröhlichen Art der Mittelpunkt aller Gesellschaften war, ließ sie ihren Mann nie im Zweifel darüber, daß sie nur ihn liebte.

Auch von der Mutter ließ er sich noch immer gern verwöhnen. Doch eines Tages starb sie an Herzversagen, in ihrem Alter ein ganz natürlicher Vorgang; aber für Raimund P. war es ein schrecklicher Schock (man spricht in einem solchen Fall davon, daß der Sohn noch nicht von der Mutter »abgenabelt« ist). Schon während ihrer letzten Tage im Krankenhaus bekam er anfallweise Herzjagen und Stechen im Herzen, Beschwerden, die sich nach dem Tod der Mutter beängstigend mehrten. In der Nacht nach der 'Beerdigung schließlich befielen ihn plötzlich schreckliche krampfartige

Die überbesorgte Mutter starb an Herzversagen

Schmerzen im Herzen und Todesangst; kalter Schweiß brach ihm aus allen Poren. Sein erster Gedanke war der an einen Herzinfarkt, doch der sofort alarmierte Notarzt konnte keine Anzeichen dafür feststellen, zumal sich der Kranke in dem Augenblick wieder besser fühlte, als er den Arzt kommen hörte. Einer sofortigen Einweisung in die Klinik stimmte er nicht zu.

Gedrängt durch das Vorbild von Kollegen und die von den Massenmedien vertretenen Ermahnungen, sich fit zu halten, unternahm Raimund P. gelegentlich Waldläufe, das geschah allerdings unregelmäßig und dazu noch mit übertriebenem Ehrgeiz. So auch am Morgen nach einer Feier, bei der ihn ein harmloser Flirt seiner Frau mit einem Geschäftsfreund verstimmt, wenn nicht gar beunruhigt hatte. Unmittelbar nach der mit diesem Waldlauf verbundenen körperlichen Anstrengung hatte er seinen zweiten Herzanfall. Er konsultierte sofort seinen Arzt, doch dessen Diagnose »vegetative Dystonie« beruhigte Herrn P. in keiner Weise. Im Gegenteil: er verfiel nun einer ständigen angstvollen Selbstbeobachtung, die ihn völlig veränderte.

Quälende Eifersucht   Erfahrungsgemäß leiden Herzneurotiker unter einer pani-
und Angst   schen Angst, einen geliebten Menschen zu verlieren; so entwickelte er eine völlig unbegründete, aber entsetzlich quälende Eifersucht.

Als nach einem dritten Anfall auch eine klinische Untersuchung keinen organischen Befund erbrachte, blieb ihm nur noch Angst. Angst vor dem Verlust seiner Frau, vor dem nächsten Anfall, vor einem Herzinfarkt und schließlich die berüchtigte Angst vor der Angst selbst.

Diese Situation, in der einem jeder Arzt sagt: »Ihnen fehlt nichts, Sie sind nur nervös«, obwohl man alle Anzeichen einer schweren Erkrankung verspürt, ist wesentlich schlimmer als die Gewißheit, an einer bestimmten Krankheit zu leiden und etwas Greifbares dagegen unternehmen zu können. Hinzu kam in diesem Fall noch die Gefahr, daß durch die dauernden vegetativ-funktionellen Störungen schließlich das Organ tatsächlich geschädigt werden würde, ein Schaden, der dann nur sehr schwer zu beheben wäre.

Schon nach den ersten Hypnosesitzungen konnte der Patient ruhiggestellt und von seinen schlimmsten Ängsten befreit werden. Die Schmerzen wurden wesentlich gelindert durch Suggestionen von Wärme im linken Arm und im Herzen, was sofort die Durchblutung verbessert und die Krämpfe der Gefäße löst. Außerdem ist damit eine Umschaltung des Vagus verbunden, der so wieder die Oberhand gewinnt und das Herz auf ökonomischen Schongang bringt.

Die Heilbehandlung

Nicht fehlen darf in einem solchen Fall eine Milieubereinigung, eine völlige Neuorientierung der Persönlichkeit und eine neue Einstellung zur Umwelt. Der Patient muß nicht nur von seinen Ängsten befreit werden, er muß auch lernen, sich nachträglich das ihm fehlende Urvertrauen anzueignen, was im wesentlichen heißt: zu lernen, seiner engsten Umwelt und insbesondere seiner Familie zu vertrauen. Er muß die innere Unsicherheit überwinden, damit er das Bedürfnis nach Anklammerung an seine Mutter, seine Frau oder seinen Arzt verliert und seiner selbst sicher ist.

Das erfordert natürlich eine große Bereitschaft zur Mitarbeit seitens des Patienten und oft auch Geduld. Raimund P. hatte beides und ist heute mehr denn je ein gesunder, innerlich freier, lebensbejahender Mensch.

Kummerspeck

Als Susanne M. vor einem Jahr zu mir in die Praxis kam, war sie Anfang Dreißig, 161 Zentimeter groß und hatte ein Übergewicht von fast 50 Pfund. Sehr sensibel, wie Dicke es oft sind, litt sie entsetzlich unter ihrer Unförmigkeit. Sie war intelligent genug zu wissen, daß es bei ihr nicht »die Drüsen« waren, die so oft als Alibi für Fettsucht herhalten müssen. Sie wußte, daß sie aus Verzweiflung, Kummer und auch aus Langeweile aß und naschte; aber sie hatte nicht die Kraft, von sich aus gegen den ständigen Heißhunger anzugehen.

Sie fühlte sich als Kind zurückgesetzt

Als die Älteste hatte sie sich als Kind immer den beiden jüngeren Brüdern gegenüber zurückgesetzt gefühlt, so suchte und fand sie Trost in den Süßigkeiten, die sie sich von ihrem Taschengeld kaufte. Ihr lebhaftes Temperament, das sie immer in Bewegung hielt, sorgte dafür, daß die überschüssigen Kalorien vom Körper wieder verbraucht wurden. Sie blieb schlank. Später gaben dem hübschen Teenager menschliche Anerkennung seitens der Mitschüler und gute Zeugnisse endlich Selbstvertrauen.

Da ein Studium nur den Brüdern zugestanden wurde, verließ sie die Schule mit der mittleren Reife und lernte einen kaufmännischen Beruf. Die anfängliche Enttäuschung darüber wich bald einer wirklichen Freude an ihrer Arbeit in einer großen Werbeagentur.

Die Ehe blieb nicht lange glücklich

Im Alter von fünfundzwanzig Jahren heiratete Susanne M. Die Ehe verlief in der ersten Zeit sehr glücklich und harmonisch; die Probleme begannen eigentlich erst, als ein Kind geboren wurde. Schon während der Schwangerschaft bemerkte Susanne M., daß das Interesse ihres Mannes an ihr merklich nachließ – nicht nur auf sexuellem Gebiet, sondern auch im gesellschaftlichen Bereich. Immer öfter ging er ohne sie aus. Als das Kind dann da war und sie nach einer Zeit der Schonung ihre Arbeit wieder aufnehmen wollte, kam es zu einer offenen Auseinandersetzung mit ihrem Mann. Er vertrat die Meinung, eine Mutter habe nur für ihr Kind dazusein, im übrigen sei er sehr wohl in der Lage, seine Familie selbst zu ernähren. Auch gefalle ihm der Umgangston, der an ihrem Arbeitsplatz üblich sei, in keiner Weise. Damit war für ihn der Fall erledigt, er ließ sich nie wieder auf ein Gespräch darüber ein.

Frau M. fügte sich, aber nach einiger Zeit begann ihr – wie man so sagt – die Decke auf den Kopf zu fallen. Dazu kam die große Enttäuschung, daß auch nach der Geburt des Kindes das Interesse ihres Mannes für sie nicht wieder wach wurde. So suchte sie in ihrer Einsamkeit ganz unbewußt da wieder Trost, wo sie ihn schon als Kind gefunden hatte: beim Essen, beim Naschen.

Anfangs ging sie öfter ins Café und schluckte ihren Kummer mit Torte und Schlagsahne hinunter, doch mehr und mehr zog sie sich in sich selbst zurück und blieb daheim, mit einem Stoß Zeitschriften und einer Schachtel Pralinen oder Kekse neben sich.

Ersatzbefriedigung im Essen

Natürlich blieben diese Tröstungen nicht ohne Folgen, denn ein Spaziergang mit dem Kind verbrauchte wesentlich weniger Kalorien als die temperamentvollen Spiele, mit denen sie als Kind ihre überschüssigen Pfunde mühelos abgebaut hatte (zudem verbraucht ein Erwachsener ohnehin weniger Kalorien als ein Kind). So wurde Susanne M. immer dicker, was ihr Mann natürlich nicht ohne Schärfe bemerkte. Er ließ sie jetzt noch mehr allein, ihr Aussehen war ihm peinlich. Ein sexuelles Zusammenleben fand schon lange nicht mehr statt. Sie hatte Sehnsucht und Hunger nach Liebe, nach Anerkennung und Bestätigung. Da sie dies alles nicht bekam, suchte sie Ersatzbefriedigung immer mehr im Essen. Das hatte zur Folge, daß sie immer dicker und unansehnlicher wurde, was ihren Mann noch mehr abstieß.

Natürlich hatte sie immer wieder Abmagerungskuren, diese Diät und jene Diät, ausprobiert, sie hatte sich zeitweilig mit Hunger und Durst abgequält, um eine bestimmte Kalorienmenge pro Tag nicht zu überschreiten; doch auf die Dauer waren die Anstrengungen ohne Erfolg geblieben. Als sie von der Hypnosetherapie hörte, kam sie schließlich zu mir.

Ich konnte ihr in den ersten Sitzungen zunächst einmal die quälenden Hungergefühle nehmen, indem ich ihr entsprechende Suggestionen, auch posthypnotischer Natur, gab. Das führte schon bald zu sichtbarer Gewichtsabnahme und gab ihr wieder Auftrieb. Als wir in der Folge dann daran gingen, die seelischen Ursachen für die unstillbare Eßlust in Hypnose zu beseitigen, waren wir nicht nur auf ihre eigene Hilfe, ihren Willen, aus dieser Misere herauszukommen, und auf ihren Glauben an die Wirksamkeit dieser Therapie angewiesen, sondern auch in hohem Maße auf die Hilfe ihres Mannes. Er war einsichtig genug, sich für mehrere Gespräche, teils mit mir allein, teils im Beisein seiner Frau, zur Verfügung zu stellen,

Hypnosetherapie führte zum Erfolg

und er war klug genug einzusehen, daß er Fehler gemacht hatte.
Ein vernünftiger Kompromiß zwischen den Eheleuten machte
es Frau M. möglich, ihrem Beruf wenigstens halbtags wieder
nachgehen zu können. Die damit verbundene Stabilisierung
ihres Selbstbewußtseins erleichterte ihr ganz wesentlich die
weitere Gewichtsabnahme. Die Einsicht und das Verständnis
ihres Partners – in solchen Fällen leider eher die Ausnahme als
die Regel – ermöglichten ihr auch seelisch eine völlige
Gesundung.

Vor einigen Wochen rief sie mich an und teilte mir glücklich
mit, sie habe ihr Traumgewicht von fünfzig Kilo gehalten und
es bestehe berechtigte Hoffnung, daß auch ihre Ehe wieder
vollkommen in Ordnung kommen werde.

Fettleibigkeit als neurotisches Symptom der Fettsucht

Die Geschichte der Susanne M. ist sehr typisch für Übergewichtige, deren es ja heutzutage so viele gibt, daß man diese
Erkrankung – und Fettleibigkeit als neurotisches Symptom der
Fettsucht ist eine Erkrankung – schon fast als Zivilisations-
krankheit oder, verniedlicht, als Zivilisationserscheinung bezeichnen kann. Sie stellt ein großes Problem im Gesundheits-
wesen aller Industrienationen dar.

Sehen wir doch zunächst einmal, was bei der Fettsucht
eigentlich in unserem Körper vorgeht.

Um zu leben, das heißt, um die reibungslose Funktion aller
Lebensvorgänge sicherzustellen, verbraucht der Mensch laufend Energie, vorwiegend in Form von Wärme, die nach
Kalorien, neuerdings immer mehr auch nach Joules, gemessen
wird. Die Energie führen wir unserem Körper durch die
Nahrung zu, die wir aufnehmen. Mittels komplizierter chemi-
scher Vorgänge im Organismus wird diese Nahrung umgesetzt
in Energie, in Wärme; die unbrauchbaren Schlacken werden

Der Stoffwechsel

wieder ausgeschieden. Diesen Vorgang nennt man Stoffwechsel. Der Stoffwechsel wird vor allem von zwei Körperdrüsen
gesteuert, von der Hypophyse (Hirnanhangdrüse) und der
Schilddrüse.

Die Hypophyse, die an der Schädelbasis liegt, bildet eine
Anzahl von Hormonen, die die Tätigkeit der übrigen innerse-

kretorischen Drüsen regulieren und sehr stark beeinflussen. Die Hypophyse nimmt eine absolut beherrschende Stellung im System der Drüsen ein und bildet u. a. auch ein Hormon, das den Kohlenhydrat- und Eiweißstoffwechsel steuert, sowie ein anderes Hormon, das die Tätigkeit der Schilddrüse reguliert, die seinerseits wieder auf die Hypophyse zurückwirkt.

Die Schilddrüse, die an der Vorderseite des Halses, dicht unter dem Kehlkopf sitzt, regt neben dem Wachstum mit ihrem Hormon Thyroxin ebenfalls den Stoffwechsel an.

Die für die Lebensvorgänge benötigte Energie bezieht der Organismus aus den organischen Stoffen Zucker, Eiweiß und Fett.

Natürlich ist die benötigte Energiemenge individuell verschieden. Kinder verbrauchen wesentlich mehr Energie, also auch mehr Kalorien, als beispielsweise ein alter Mensch, da der im Wachstum begriffene Körper ja noch aufbaut, ebenso verbraucht ein körperlich schwer Arbeitender mehr Energie als ein geistig Arbeitender. Auch das Temperament spielt dabei eine Rolle; lebhafte, unruhige Typen, die immer in Bewegung sind, verbrauchen mehr Energie als träge, ruhige.

Überschüssige Kalorien führen zu Fettdepots

Die Verarbeitung der durch die Nahrung zugeführten organischen Stoffe zu Energie nennt man »Verbrennung«, was natürlich nicht gleichbedeutend ist mit einem Feuer. Es handelt sich um einen sehr komplizierten chemischen Vorgang. Hat der Mensch mehr Kalorien zu sich genommen, als der Körper braucht, wird eine Reserve angelegt, und zwar im wesentlichen in Form von Fett. Es wird aber nicht nur das direkt aufgenommene Fett gespeichert. Das Wort »Stoffwechsel« besagt schon, daß Stoffe sich verändern können, so werden u. a. auch Zucker sowie alle anderen Kohlenhydrate, die zum Beispiel in Mehl, Kartoffeln und Teigwaren reichlich enthalten sind, in Fett umgesetzt und als Fettdepots abgelagert.

Die Verbrennung von Kohlenhydraten zu Fett geschieht mit Hilfe des Hormons Insulin, das von den Inseln der Bauchspeicheldrüse freigesetzt wird. Die Ausschüttung erfolgt immer dann, wenn infolge Nahrungsaufnahme der Blutzuckerspiegel ansteigt, allerdings etwas verzögert, so daß sich noch Insulin im Blut befindet, wenn die aufgenommenen Kohlenhydrate bereits verarbeitet sind. Dieses Restinsulin verbrennt nun Teile des immer im Blut vorhandenen Zuckers, der als Reserve für stark energiebedürftige Zellen in Muskeln oder Gehirn vorhanden ist. Sinkt dadurch der Blutzuckerspiegel, fühlen wir uns schlapp, müde und unkonzentriert, oder wir haben schon wieder Hunger. So erklärt sich ganz einfach, daß Naschen immer mehr Appetit auf Süßes nach sich zieht. Interessant ist hierbei die Tatsache, daß der Körper das aus Kohlenhydraten gewonnene Fett lieber zu speichern scheint als das direkt aufgenommene.

Ursachen der Fettleibigkeit – und Ausreden

Übermäßiges Essen und damit die Zufuhr von Kalorien, die nicht verbraucht werden können und als Reserven angelegt werden, führt also zu einer Gewichtszunahme, der Mensch wird dick. Fettleibigkeit ist nur zum geringsten Teil eine erbliche Anlage oder durch Störungen der Stoffwechseldrüsen verursacht. So sind Leute mit Schilddrüsenüberfunktion meist lebhaft, nervös und mager, während solche mit Unterfunktion in der Regel schwerfällig, träge und dick sind. Auch infolge einer Erkrankung der Hypophyse kann es selbstverständlich zu Störungen im Stoffwechsel kommen. Doch das alles ist – und das kann nicht genug betont werden – nur in den allerseltensten Fällen die Ursache der Fettleibigkeit. Ursache ist meist die Fettsucht – eine Neurose.

Menschen, die im Brustton der Überzeugung sagen: »Bei mir sind das die Drüsen«, betrügen sich selbst, und auch die oft gebrauchte Ausrede, man sei eben ein »zu guter Futterverwerter«, zieht hier nicht; das ist eine reine Temperaments- bzw. Bewegungsfrage. Wenn zwei Menschen die gleiche Kalorienmenge zu sich nehmen, aber unterschiedlich dick sind, so ist ganz sicher der Schlanke beweglicher und kann daher eher ungestraft sündigen als der Dicke, der träger ist und daher weniger Kalorien verbraucht.

Dickwerden ist fast immer selbst verschuldet und durchaus kein bedauernswertes Schicksal, das nicht zu ändern wäre.

Es gibt viele Faktoren, die übermäßige Gewichtszunahme fördern. Zu einem großen Teil ist daran die heutige Zeit selbst schuld. Wir arbeiten längst nicht mehr so viel körperlich wie unsere Vorfahren, essen aber wesentlich schlackenärmere und konzentriertere Nahrung. Wir lassen uns von stets noch ausgefalleneren Delikatessen verführen, die ja überall in der verlockendsten Weise angeboten werden. Auf diese Art jedoch entsteht gewissermaßen eine luxuriöse Überernährung. Das Gleichgewicht von Kalorienaufnahme und -verbrauch, das durch Hunger- und Sättigungsgefühl geregelt wird, besteht kaum noch, denn die meisten Menschen essen nicht mehr nur, wenn sie Hunger haben, sondern einfach aus Gewohnheit, wenn die Uhr die Essenszeit anzeigt oder wenn sie Lust auf etwas haben (und Appetit haben viele leider fast immer). Viele Schlemmer hören auch nicht zu essen auf, wenn sie satt sind; appetitanregende Speisen lassen uns leicht das Sättigungsgefühl übergehen. Doch kommen wir nun zum Hauptgrund für die Fettleibigkeit: Aufnahme und Verbrauch sind ebenso wie der Fettstoffwechsel, ebenso wie Hunger- und Sättigungsgefühl, vegetativ gesteuert. Damit sind diese Abläufe also seelischen Belastungen unterworfen. Sie können empfindlich gestört werden durch neurotische Fehlhaltungen, durch Kummer, Sorgen und Angst vor Verantwortung. Da selbst die Hypophyse als zentrale Steuerungsdrüse vom Unterbewußtsein beeinflußt wird und auf solche psychischen Vorgänge anspricht, ohne organisch geschädigt sein zu müssen, ist es erklärlich, daß die der Fettleibigkeit zugrunde liegende Fettsucht so gut wie nie nur rein organische, sondern fast immer psychische Ursachen hat.

Luxuriöse Überernährung

Fast immer liegen psychische Ursachen zugrunde

Wer sich einsam fühlt, Kummer hat oder in irgendeiner Weise unbefriedigt ist, wer sozusagen Hunger nach Liebe und Bestätigung hat, flüchtet sich in die Ersatzbefriedigung: er ißt mehr, als er braucht. Die Gedankenverbindung Essen = Befriedigung wurde unserem Unterbewußtsein von Geburt an eingeprägt. Schon der Säugling verbindet mit dem Gefühl der Sättigung an der Mutterbrust gleichzeitig das der Liebe und Geborgenheit. Diese frühkindliche Prägung wird in der Folge von den Eltern mehr oder weniger gefestigt: ist das Kind brav, bekommt es zur Belohnung Süßigkeiten, schreit es, wird es mit einem Bonbon beruhigt, und ist es lästig, bekommt es – als Ersatz für echte Zuwendung oder ehrliche Beschäftigung mit seinen Problemen – wiederum Eis, Schokolade oder derlei Schleckereien mehr.

Die verhängnisvolle Programmierung des Unterbewußtseins, daß nämlich Essen und Trinken Trost in allen Lebenslagen ist, bleibt für immer erhalten und haftet den meisten Erwachsenen nicht weniger als den Kindern an. Das ist nicht erst heute so. Wilhelm Busch gab dem Menschlich-Allzumenschlichen ebenso beredten Ausdruck mit dem Wort: »Wer Sorgen hat, hat auch Likör!« wie auch der scharfzüngige Spötter Kurt Tucholsky, der die Sucht nach Ersatzbefriedigung am eigenen Leib registrierte: »Immer, wenn ich Kummer habe, fresse ich Schukkelade.«

Folgen des Übergewichtes   Das hört sich ganz vergnüglich an, die Folgen solcher Tröstungen, im Übermaß genossen, sind weniger amüsant. Bei großer Fettansammlung werden schließlich Organe geschädigt, zuerst Herz und Kreislauf, die den Anforderungen des aufgeblähten Fettgewebes nicht mehr gewachsen sind; die Blutgefäße verkalken. Starkes Schwitzen und Stuhlverstopfung gehören ebenso zu den Folgen der Fettsucht wie Venenentzündungen und Thrombosen, Muskelschwäche (da das Körpergewicht ja viel zu hoch ist) und Impotenz. Da auch die Atmung ungenügend ist, werden Luftröhrenkatarrhe gefördert, und die gefährlichsten Folgen sind schließlich Bluthochdruck, Diabetes (Zuckerkrankheit), Herzinfarkt und Gehirnschlag. Die Lebenserwartung Fettleibiger ist um zehn Jahre geringer als bei Normalgewichtigen und die Sterberate um fünfzig Prozent höher.

Abmagerungskuren sind meist vergeblich   Keine schönen Aussichten für Übergewichtige. Das meinen viele und versuchen deshalb immer wieder, mit Hilfe von Abmagerungskuren und Diätvorschriften bis hin zur Nulldiät ihren Fettpolstern zu Leibe zu rücken, doch das ist meist vergebliche Mühe. Das berühmte Rezept F. d. H. (Friß die

Hälfte) erfordert ein höheres Maß an Energie, als es die meisten Fettleibigen aufbringen, und Diätrezepte wie die Eier-, Reis- oder Bananendiät sind, was die Zusammensetzung der Nahrung betrifft, die ja ausgewogen sein muß, jedenfalls zu einseitig und auch als Gewaltkuren abzulehnen. Außerdem helfen selbst die meistgepriesenen und berühmtesten Diätregimes zumeist nicht über jenes Hungergefühl hinweg, das naturgemäß durch einseitige oder allzu knappe Nahrung nicht gestillt wird. So wird ein Großteil der Abmagerungswilligen wieder rückfällig.

Hier bietet sich die Hypnosetherapie als ideale Hilfe an, denn man kann den Patienten gleich zu Beginn der Behandlung mit Hilfe von Suggestionen, die auch posthypnotischen Charakter haben können (also auch nach dem Erwachen aus der Hypnose noch wirken), von seinen übermäßigen Hungergefühlen und Eßzwängen befreien. Dadurch stellt sich sehr schnell ein sicht- und fühlbarer Erfolg ein, der den Patienten für die weitere Behandlung positiv motiviert, in deren Verlauf man dann die tieferen Ursachen für den Griff zur Ersatzbefriedigung auffinden und beseitigen kann. Man muß Ängste und Spannungen abbauen, das Selbstvertrauen des Patienten stärken und ihn lehren, sich an die Realitäten anzupassen.

Warum Hypnosetherapie hilft

Sehr wichtig ist, wie der Fall der Susanne M. zeigt, daß der Partner durch Einsicht und Verständnis Hilfestellung leistet bei der Bewältigung der seelischen Probleme, die den Kranken belasten.

Von allen Möglichkeiten, jemanden von der Fettsucht oder auch von ein paar überflüssigen Pfunden zu befreien, ist die Hypnosetherapie die am wenigsten anstrengende und zugleich auch die erfolgreichste Methode.

Wenn einem die Luft wegbleibt

Es war ein nebliger Novembertag, an dem Robert St. zum erstenmal zu mir kam. Das Wetter war ganz bestimmt auch ein Grund dafür, daß er sich in einem so jammervollen Zustand befand. Er war müde und erschöpft, sein Atem ging mühsam und pfeifend, und es kostete ihn offensichtlich große Anstrengung, genügend Luft in die Lungen zu bekommen. Für mich stand sofort fest, daß Herr St. unter Asthma bronchiale litt.

Er litt an
Asthma bronchiale
Natürlich wußte er das, denn er quälte sich schon seit Jahren mit den entsetzlichen Anfällen herum, in denen sich Asthma äußert.

Bevor ich mich mit ihm über die Ursachen und den bisherigen Verlauf seiner Krankheit unterhalten konnte, mußte ich ihm zuerst einmal helfen, seine momentane Atemnot zu überwinden. Erschöpft, wie er war, fiel es nicht schwer, ihn in einen tiefen Ruhezustand zu versetzen, in dem ich seinen erregten Herzschlag und seinen Atem langsam beruhigte. Es war wie eine Erlösung für ihn; er hatte Angst gehabt, wieder einen schweren Anfall zu bekommen.

Berufsbedingt oder
psychisch bedingt?
Herr St. erzählte mir, daß man ursprünglich angenommen habe, sein Asthma sei berufsbedingt; er war häufig chemischen Dämpfen ausgesetzt. Er war mit Asthmamedikamenten behandelt worden, hatte eine Kur gemacht und trug stets einen Tascheninhalator bei sich, um akute Atemnot bekämpfen und möglicherweise einen Anfall abfangen zu können, was, wie er erklärte, allerdings fast nie gelang. Er hatte Allergietests über sich ergehen lassen und immer wieder andere Ärzte aufgesucht, doch in all den Jahren hatten die Beschwerden nicht nachgelassen und die Besserungsperioden nie lange angehalten. Schließlich resignierte er. Er war ängstlich und unsicher geworden, wagte sich nicht mehr in größere Menschenansammlungen, er befürchtete für sich Frühinvalidität und hatte manchmal sogar gehofft, bei einem der qualvollen Anfälle möge sein Herz aussetzen.

Nach einem Umzug hatte er wieder einmal einen anderen Arzt aufgesucht, der anhand der bisherigen Krankengeschichte zu der Überzeugung kam, daß das Asthma des Herrn St. keinesfalls berufsbedingt sei, sondern rein psychische Ursachen habe. Er schickte Herrn St. zu mir.

Natürlich hatte er seit dieser Diagnose schon darüber nachgedacht, was wohl daran schuld sein könne, daß er immer

wieder den Asthmaanfällen ausgesetzt war. Er hatte sich
beobachtet und konnte mir nun sagen, daß ihn die Anfälle zwar
sehr unberechenbar – oft auch nachts – befielen, daß dies aber
doch auffallend häufig der Fall sei, wenn er Ärger mit seiner
Frau oder einem bestimmten Kollegen habe.

Aufgrund des befreienden Effektes, der schon bei der ersten
hypnotischen Ruhigstellung erzielt werden konnte, war Robert St. von der Wirksamkeit der Hypnosetherapie fest
überzeugt. Er glaubte daran, daß ich ihm endlich helfen könne,
und war zu vertrauensvoller Mitarbeit bereit.

Ein erster Teilerfolg

In den folgenden Sitzungen lernte er zunächst einmal ganz
ruhig und gleichmäßig atmen. Er lernte ferner, seine Angst vor
den Anfällen abzubauen, die den Boden für diese Qual erst
recht bereitet, und er lernte auch, den Problemen am Arbeitsplatz keinerlei übertriebene Wichtigkeit mehr beizumessen.
Das ermöglichte es Robert St., dort ruhig und bestimmt seine
Meinung zu vertreten und frei über Unstimmigkeiten zu
diskutieren. Schon bald konnte er feststellen, daß die Anfälle an
seinem Arbeitsplatz immer seltener wurden und schließlich
ganz ausblieben. Er ging wieder gern arbeiten und hatte die
Angst vor vorzeitiger Pensionierung vollkommen vergessen.

Doch das war leider nur ein Teilerfolg; zu Hause wurde er
noch immer von den Anfällen geplagt. Sooft er es auch
versuchte, es gelang ihm einfach nicht, seine bei der Arbeit neu
gewonnene Haltung innerer Ruhe und Sicherheit auch gegenüber seiner Frau zu bewahren. Zu dem gewohnten Ärger kam
nun noch der, zu Hause nicht über den Dingen zu stehen, und
prompt folgten die Anfälle, wenn nicht sofort, dann in der
Nacht.

Es mußte daher noch eine Komponente im Unterbewußtsein des Patienten verborgen sein, die einer endgültigen
Heilung entgegenwirkte. In einigen vertrauensvollen Gesprächen bestätigte sich schließlich meine Vermutung, daß Herr St.
– wie so viele Asthmatiker – eine überstarke Bindung an seine
Mutter gehabt hatte. Da der Vater früh gestorben war, war die
Mutter seine einzige Bezugsperson gewesen. In ihrer Erzie-

*Er übertrug
die Mutterbindung
auf die Frau*

hung des Kindes hatten seltene Strenge und überängstliche Besorgtheit einander abgewechselt. Nie hätte der Junge gewagt, eine Entscheidung der Mutter anzuzweifeln, dies auch noch als erwachsener Mann. Er lebte bei ihr und blieb ihr »Kind«, bis sie starb.

Als er dann heiratete, war er schon weit über Vierzig. Trotzdem ordnete er sich ohne weitere Überlegung seiner energischen Frau unter, ganz genau so, wie er sich der Mutter untergeordnet hatte. Und genau so, wie er es nie gewagt hatte, der Mutter zu widersprechen, wagte er auch seiner Frau nicht zu widersprechen, ganz gleich, ob es sich um Wichtiges oder nur um Kleinigkeiten handelte. Er nahm zwar oft einen Anlauf, aber dann blieb ihm buchstäblich die Luft weg.

Die Umprogram-
mierung seines
Unterbewußtseins

Nun, da wir endlich die Grundursache des Übels entdeckt hatten, konnte ich gezielt daran gehen, den Patienten in Hypnose aus seiner engen Mutterbindung zu lösen, die er gewissermaßen auf seine Frau übertragen hatte. Sein Unterbewußtsein wurde umprogrammiert, er gewann von Sitzung zu Sitzung immer mehr Selbstvertrauen und Sicherheit. Und diese Sicherheit bewahrte er nun auch zu Hause. Es war für ihn gar nicht nötig, »auf den Tisch zu hauen«. Die Eheleute sind heute in der Lage, einander zu akzeptieren, wie sie sind, und etwaige gegenteilige Meinungen einander anzugleichen oder doch zumindest gelten zu lassen.

Ich habe hier eine Erkrankung aus einer ganzen Gruppe von Krankheiten herausgegriffen, die in den letzten Jahren erheblich zugenommen haben: die Bronchialerkrankungen. Sie liegen heute hinter Herz- und Kreislauferkrankungen an zweiter Stelle.

Die Bronchien sind Verästelungen der Luftröhre in der Lunge. Durch Infektionen oder Erkältung entzündet sich ihre Schleimhaut, und man bekommt einen Bronchialkatarrh. Sie kennen gewiß die Bronchitis aus eigener Erfahrung, eine relativ leichte Erkrankung, die mit Husten, Schleimauswurf und Fieber einhergeht und bei entsprechender Behandlung bald wieder abklingt.

Sehr ernst hingegen ist die Lage, wenn sich bei gleichzeitiger Anschwellung der Schleimhaut die Bronchien krampfartig verengen. Dann nämlich handelt es sich nicht mehr um einen vergleichsweise harmlosen Katarrh, sondern um Asthma bronchiale.

Asthma bronchiale tritt regelmäßig in Anfällen auf. Die Atmung ist behindert, und kennzeichnend sind sehr rasch aufeinanderfolgende, kurze Atemzüge. Häufigkeit und Schwere der Anfälle sind sehr wechselnd, oft kommen sie ganz unerwartet mitten in der Nacht. Die damit verbundene quälende Atemnot verursacht heftige Beklemmungen und Angstzustände. Asthma bronchiale ist nicht in erster Linie eine Störung des Einatmens, sondern vielmehr eine solche des Ausatmens. Die Ausatmung ist stark behindert; sie ist verlängert und von quälendem Lufthunger begleitet. Es ist gewissermaßen eine Unfähigkeit zum »passiven Sichgehenlassen«. Diese sehr wichtige Fähigkeit kann man besonders gut in Hypnose wieder erlernen.

Quälende Beschwerden

Bei einem Asthma bronchiale sind ja, wie schon erklärt, die Kanäle der Bronchien infolge der Krämpfe verengt. Die kräftiger wirkende Einatmung überwindet diese Widerstände der Verengung, die Ausatmung jedoch ist schwächer, sie schafft das nicht. Der Kranke ist also gewissermaßen unfähig, die eingeatmete Luft wieder abzugeben, deshalb die quälende Anstrengung bei der Ausatmung, die keuchend und pfeifend vor sich geht. Der Patient schwitzt stark und ist nicht selten blau verfärbt. Diese Verfärbung entsteht dadurch, daß infolge der schwer behinderten Atmung das Blut nur mangelhaft mit Sauerstoff versorgt wird. In leichteren Fällen sind nur die am weitesten vom Herzen entfernten Körperteile, also Hände und Füße, in schweren Fällen aber auch das Gesicht blau. Der Puls ist beschleunigt, ohne daß der Kranke Fieber hätte; endlich erfolgt Husten mit zähem Auswurf.

Wie entsteht nun eine solch unberechenbare, qualvolle Krankheit? Zunächst einmal kann sie rein körperliche Ursachen haben, sie kann im Anschluß an Grippe oder Lungenentzündung auftreten. Auch Allergien führen öfter zu Asthma

Überwiegend sind es seelische Ursachen

bronchiale. Für Allergien besteht eine gewisse vererbte Bereitschaft. In Familien, in denen häufig Allergien vorkommen wie beispielsweise Heuschnupfen, Nesselfieber, chronische Ekzeme, wird nicht selten auch eine Neigung zu Asthma beobachtet.

Begünstigend sind ferner auch Klima- und Witterungseinflüsse wie Wetterumschläge oder nebliges, feuchtes Klima, wie es zumeist in Flußtälern herrscht.

Am häufigsten allerdings sind für Asthma bronchiale seelische Ursachen verantwortlich, wobei zu bedenken ist, daß ja auch Allergien (die, wie gesagt, auch Asthma auslösen können), in den meisten Fällen psychogener Natur sind.

Nach dem Pawlowschen Gesetz der bedingten Reflexe reagiert zum Beispiel ein Mensch, der eine Allergie gegen Primeln hat, auf eine künstliche Plastik- oder Stoffblume dieses Aussehens ganz genau so wie auf eine lebende Primel; wenn jemand allergisch gegen Erdbeeren ist, werden die Krankheitsmerkmale beim Betrachten eines Bildes mit Erdbeeren oft ebenso auftreten wie nach dem Genuß echter Beeren. Die Seele macht also manchmal sozusagen einen Umweg über eine Allergie, um Asthma bronchiale auszulösen. Sehr oft tut sie das allerdings ganz unmittelbar.

Das »Asthmaband« In der modernen psychosomatischen Medizin wird die Ansicht vertreten, daß Asthma bronchiale den vegetativen Neurosen zuzurechnen ist, und da – wie wir schon erfahren haben – Neurosen oft in der frühen Kindheit angelegt werden, ist die Auffassung zahlreicher Psychoanalytiker nicht von der Hand zu weisen, daß Asthmakranke oft eine überstarke Mutterbindung haben. (Dabei wechselt in der Kindheit oft ängstliche, überbesorgte Behütung mit harter Behandlung ab.) Diese unnatürlich feste Bindung, die in gewisser Weise einer nicht durchtrennten Nabelschnur gleicht (und von den Fachleuten »Asthmaband« genannt wird), besteht besonders häufig zwischen Mutter und Tochter. Auch ist bei Asthmakranken von Kindheit an ein großes Verlangen nach Kontakt und wirklicher Zuneigung zu bemerken.

Wie stark psychische Komponenten bei Asthma im Spiel sind, zeigt eine durchaus glaubwürdige Geschichte: Ein Kranker, der nachts von einem heftigen Anfall geweckt wurde, zerschlug in seiner Atemnot, in seinem Hunger nach Luft ein Fenster. Nach einigen tiefen Atemzügen legte er sich erleichtert wieder zur Ruhe. Am anderen Morgen stellte er fest, daß er nicht das Fenster, sondern eine Spiegelscheibe eingeschlagen hatte. Sein Anfall klang allein aufgrund der Vorstellung, frische Luft zu atmen, ab.

In diesem Fall wirkte die psychische Beeinflussung allerdings umgekehrt, nämlich beruhigend.

Auslösend für Asthma sind meist Schreck, Angst, Kummer und Sorgen, auch Mißtrauen und innere Unsicherheit und, vor allem, angestaute Aggressionen, die die verschiedensten Ursachen haben können. Asthmakranke stellen meist an sich und ihre Umwelt sehr hohe moralische Anforderungen. Sind diese nicht erfüllbar, stauen sich leicht Aggressionen an, die nicht abgebaut werden können. Auch die Kontaktsehnsucht und die überbetonte Mutterbindung führen zu Abhängigkeit, Unsicherheit und zu Aggressionsstaus, die – wie aus der vorgeschilderten Fallgeschichte deutlich wurde – wegen eben dieser Unsicherheit nicht abzureagieren sind.

Auslösende Faktoren

Nicht wenige Fachleute sind der Überzeugung, daß ein Anfall weniger infolge einer Allergie gegen bestimmte Stoffe als vielmehr infolge einer »Allergie« gegen bestimmte Personen oder Lebenssituationen ausgelöst wird. Ein Kranker sieht sich zum Beispiel mit Geschehnissen oder Menschen konfrontiert, denen er oppositionell gegenübersteht. Er ist aber infolge innerer Unsicherheit und Gehemmtheit nicht in der Lage, die entstehenden Aggressionen freizusetzen; ihm ist sozusagen »die Luft abgeschnürt« vor Ärger, der eigentlich ein dreifacher Ärger ist: der über die Situation oder die Leute, der Ärger, sich nicht Luft verschaffen zu können, und der Ärger über das gerade ihn quälende Asthma, das dann ja auch prompt mit einem Anfall einsetzt.

Solche Anfälle stellen auch gar nicht selten eine unbewußte Flucht vor schwierigen oder unangenehmen Aufgaben dar.

Steht der Asthmatiker gespannt in Erwartung besonderer
Vorhaben oder Verrichtungen und kann er daher einen Anfall
beim besten Willen nicht brauchen, so kommt er ganz sicher; er
wird dann von einer Art Erwartungsneurose ausgelöst.

Die körperliche Not Asthmaanfälle wiederholen sich ganz unberechenbar und
erhöht die sind, vor allem wenn sie zum Dauerzustand werden, eine kaum
Verzweiflung erträgliche Belastung. Die körperliche Not ist dann so groß,
daß der Kranke schon bei den geringsten Vorzeichen eines
Anfalls, schon bei dem Gedanken an die Erstickungsgefühle, in
große Angst und Unruhe verfällt. Die Verzweiflung und
Unsicherheit wachsen, je häufiger die Anfälle auftreten, was
wiederum die Bereitschaft für die Bronchialkrämpfe erhöht.

Natürlich bleiben solche Anfälle, wenn sie immer und
immer wieder auftreten, auf die Dauer nicht ohne organische
Folgen. Nach längerer Zeit wird unweigerlich das Herz
geschädigt, und infolge der Überblähung der Lunge kann sehr
leicht ein Lungenemphysem entstehen.

Rein körperlich gesehen werden Bronchialkrämpfe durch
eine erhöhte Reizbarkeit des zum vegetativen Nervensystems
gehörenden Vagus ausgelöst – ein weiterer Beweis für die
Häufigkeit von seelischen Ursachen, denn das vegetative
Nervensystem reagiert ja ungeheuer fein auf psychische
Belastungen. Man kann versuchen, auf physischer Basis eine
Linderung herbeizuführen, indem man den überwiegenden
Vagus mit Atropin dämpft und den Sympathikus mit Adrenalin, einem Hormon der Nebennierenrinde, reizt; man arbeitet
auch mit Inhalation und Solkuren, doch nur zu oft hört man
von Kranken, die von Arzt zu Arzt, ja von Klinik zu Klinik
gelaufen sind, die Unmengen von Medikamenten geschluckt
haben, ohne endgültig geheilt worden zu sein. Es ist zutiefst
Die Hypnosetherapie bedauerlich, daß noch so wenige Kranke und relativ auch noch
bringt Hilfe nur wenige Ärzte wissen, welch große Hilfe hier die Hypnosetherapie bieten kann. Hat man den Patienten erst einmal davon
überzeugt (und das ist sehr wichtig), daß ihm mit Hypnosetherapie geholfen werden kann, wird er in den Hypnosesitzungen
sehr schnell lernen, ruhig zu atmen – das kann in ganz schweren

Fällen manchmal die Rettung sein – und seine Ängste vor den Anfällen zu vergessen, die ja diese oft direkt provozierten.

Während der weiteren Behandlung muß man dann dem Kranken die auf ihn zutreffenden individuellen Zusammenhänge von seelischen Ursachen und körperlichen Wirkungen sowie seine Fehlhaltungen deutlich klarmachen. Man muß seine Persönlichkeit und seine Beziehungen zur Umwelt (sowohl zu den Dingen als auch zu den Menschen) neu orientieren, seinem Unterbewußtsein Toleranz und Anpassungsfähigkeit einprogrammieren und ihm soviel Selbstvertrauen und innere Sicherheit geben, daß er in der Lage ist, in kritischen Situationen ruhig, aber bestimmt seine Meinung zu vertreten, und sei's auch einmal einem Vorgesetzten gegenüber. Er darf ruhig lernen, ausnahmsweise auch einmal »auf den Tisch zu hauen«, statt immer nur »die Luft anzuhalten«.

Um den Schlaf gebracht

Eines der elementarsten Lebensbedürfnisse neben Essen und Trinken ist der Schlaf. Wir alle wissen, daß dabei die am Tage verbrauchten Energien wieder aufgeholt werden. Aber der Schlaf hat nicht nur eine regenerierende physiologische Funktion, sondern auch eine psychische: er dient ebenso der seelischen Entspannung. Auch die psychischen Kräfte, von denen wir tagsüber soviel verausgaben, werden während der Nacht neu gesammelt. Die allgemeine innere Ruhigstellung erfolgt also körperlich und seelisch.

Schon seit langem hat die Wissenschaft versucht herauszubekommen, wodurch der Schlaf eigentlich ausgelöst wird. Trotz intensiver Forschungen ist das bis heute nicht eindeutig geklärt. Pawlow war anhand seiner Tierexperimente zu der Überzeugung gekommen, Schlaf werde durch Hemmungen von bestimmten Zentren im Gehirn infolge bedingter Reflexe ausgelöst; andere Forscher glaubten, irgendwelche Ermüdungsstoffe im Gehirnstoffwechsel gefunden zu haben, aber weder diese beiden Thesen noch eine ganze Menge anderer konnten wirklich schlüssig beweisen, wodurch der Schlaf entsteht.

*Im Schlaf laufen
die körperlichen
Funktionen auf
Sparflamme*
Fest steht nur, daß im Zwischenhirn ein Areal für die Wach-Schlaf-Steuerung existiert, von wo aus das vegetative Nervensystem den Wach-Schlaf-Rhythmus steuert. Im Schlaf findet ja eine Verschiebung des vegetativen Gleichgewichts zugunsten des Parasympathikus (Vagus) statt, das heißt, der tagsüber dominierende Tonus des Sympathikus wird abends niedriger, jener des Vagus jedoch erhöht sich, das ist eine wichtige Voraussetzung für den Schlafeintritt. Während der allgemeinen seelischen und körperlichen Ruhigstellung sinkt der Blutdruck ebenso ab wie die Körpertemperatur, die Pulsfrequenz geht leicht zurück, der Atem wird ruhiger, ebenso verlangsamen sich alle Stoffwechselvorgänge. Auch der Tonus der peripheren Muskulatur wird herabgesetzt, und die von der Peripherie ständig ans Gehirn laufenden elektrischen Impulse werden abgeschwächt.

Der ganze Körper hat einen geringen Verbrauch an Sauerstoff, kurz: der Organismus läuft sozusagen nur noch auf

*Gehirn und Seele
arbeiten weiter*
Sparflamme. Nur das Gehirn wird stärker durchblutet als im Wachzustand, es hat einen erhöhten Sauerstoffverbrauch, und in bestimmten Schlafphasen findet eine Synthese höchst komplizierter Eiweißmoleküle statt, die als Träger des Langzeitgedächtnisses betrachtet werden.

Der schöne poetische Vergleich, daß der Schlaf »des Todes Bruder« sei, stimmt also nur bedingt, nämlich was die Ausschaltung des Bewußtseins betrifft; die körperlichen Funktionen sind lediglich herabgesetzt, und das Gehirn arbeitet sogar in erhöhtem Maße.

*Der heilsame Effekt
der Träume*
Auch die Seele arbeitet im Schlaf weiter. Mit Hilfe der Träume – mit denen man sich, wie Ausgrabungsfunde beweisen, schon vor viertausend Jahren sowohl in Ägypten als auch in Griechenland befaßte – werden die Ereignisse des Tages und die Probleme, die im Unterbewußtsein schlummern, verarbeitet. Es werden zwar auch momentane Sinnesreize aufgenommen (so kann es bei starken Kältereizen zu Träumen von Eis

oder Schnee kommen), sie können bisweilen auch Hinweise auf die nähere Zukunft geben, aber das sind ganz seltene Fälle. In der Hauptsache sind Träume seelische Produktionen, sind Kompensation und Verarbeitung von Konfliktstoffen. Allerdings geht das nicht geradlinig vor sich. Das Unterbewußtsein drückt sich in Bildern und Symbolen aus, die oft die Wirklichkeit bis zur Unkenntlichkeit verzerren; deshalb ist Traumdeutung außerordentlich schwierig, und selbst allgemein gültige Traumsymbole sind nicht individuell verbindlich.

Träumen ist enorm wichtig. Man hat festgestellt, daß ein Mensch, der überhaupt nicht träumen kann, nicht lebensfähig ist. Träume haben also einen heilsamen Effekt für die Seele, allerdings können sie – wenn es sich um aufregende oder Alpträume handelt – auch schlafstörend sein.

Der Schlaf, der von Sympathikus und Vagus gesteuert wird, ist zweifellos unbedingt nötig für den körperlichen und seelischen Ausgleich. Nun gibt es jedoch viele Menschen, immer angespannte, unruhige Typen, bei denen der tagsüber vorherrschende Sympathikustonus im Dauerzustand erhöht ist. In solchen Fällen kommt es häufig vor, daß der Tonus abends nicht schnell genug oder nicht vollständig zurückgeschaltet werden kann. Der Tonus des Vagus ist dann immer relativ zu gering gegenüber dem erhöhten Gegentonus und kann sich nicht durchsetzen. Er reicht nicht aus, um den Schlaf einzuleiten; auch die Übergangsphase ist gestört. Wirkt dieser erhöhte Tonus des Sympathikus nun weit in die Vagusphase hinein, sind weiterhin auch alle anderen körperlichen Funktionen, die an den Wach-Schlaf-Rhythmus gebunden sind, gestört. Auch psychische Irritationen sind die Folgen, denn das durch Erregungen und Affekte der Wachzeit, also des Tages, aufgebrachte Gemütsleben kann nicht ruhiggestellt werden.

Die Schlafsteuerung durch Sympathikus und Vagus

Diese Situation kann zu einer Erstarrung des ganzen Systems führen, so daß der Sympathikus seinen erhöhten Tonus überhaupt nicht mehr reduzieren kann, er wird zum Dauerzustand, der auch durch den Vagus nicht mehr auszugleichen ist. Damit ist die Gesamtumschaltung gestört, was automatisch

Schlafstörungen sind durch erhöhten Tonus des Sympathikus gekennzeichnet

schwer behebbare Schlafstörungen nach sich zieht. Man muß sich in diesem Zustand gar nicht unbedingt krank fühlen, es brauchen weder seelische Störungen noch im besonderen Neurosen vorzuliegen. Man schläft einfach nur schlecht. Auf die Dauer allerdings folgen unweigerlich organische Veränderungen, besonders am Kreislaufsystem, zum Beispiel in Form von Blutdruckerhöhung, denn das vegetative Nervensystem hat seine so wichtige Elastizität verloren.

Ehe es jedoch soweit kommt, wird zunächst die Schlafstörung immer unangenehmer empfunden. Unruhe, Unsicherheit und Angst vor Unbestimmbarem kommen auf, vielleicht Angst vor einem Nachlassen der Konzentration, der Leistung, der Energie oder auch vor der Schlafstörung selbst. Der so Verunsicherte verfällt einer dauernden Selbstbeobachtung. Und nun schwächt die Schlafstörung tatsächlich die Leistungsfähigkeit, denn jedes Nachlassen auf diesem Gebiet wird ja ängstlich beobachtet und löst neue Unsicherheit aus. Bei entsprechender Anlage kann es aufgrund solcher ewiger Ängstlichkeit zu einer echten Neurose kommen.

Starke Reize führen zu gesteigerter Eigenerregung

Das Zwischenhirn ist nicht nur der Sitz des Wach-Schlaf-Zentrums, sondern auch die große Stellwerkzentrale für die Weichen, über die alle peripheren Impulse laufen. So geht jeder periphere Sinnesreiz selbstverständlich auch über das dort angesiedelte Wachzentrum, das auch bestimmte Beziehungen zur Bewußtseinslage und Aufmerksamkeit hat. Normalerweise hat dieser Vorgang die Aufgabe, unsere Aufmerksamkeit auf die ankommenden Signale zu lenken.

Sind diese Reize nun stark oder krankhaft erhöht (vegetative Reize haben die gleiche Wirkungskraft wie Sinnesreize), kommen also starker Lärm, sehr helles Licht, heftige Muskelanspannung oder auch seelische Spannungen an diese Zentrale, kann das gesamte System in einen Erregungszustand fallen. Diese gesteigerte Eigenerregung des Systems gibt erhöhte Impulse an die einzelnen Areale, der allgemeine Tonus wird erhöht. Dies kann ebenfalls zu einer Tonuserhöhung des Sympathikus führen. Bei übersteigerter Erregung des ganzen Systems genügen schwächste Reize, um den Puls zu steigern und eine Überempfindlichkeit gegenüber akustischen und optischen Reizen hervorzurufen. Menschen mit solch ständig veränderter Tonuslage der Zentren sind immer überwach, auch in der Nachtzeit.

Sie sehen, wie wichtig eine ausgeglichene Tonuslage ist, sie allein kann guten Schlaf garantieren. Die Vagusvorherrschaft ist nicht nur für den Schlafeintritt wichtig, sie bremst wahrscheinlich auch die dann ankommenden Weckreize. Die Vagusphase ist ruhig, energiesparend und allgemein verlangsamend. *Tag- und Nacht-Rhythmus*

Dieser Tag- und Nacht-Rhythmus ist fest in uns programmiert. Zwischen den beiden Phasen kommt es morgens und abends zu einer Übergangsphase, die Umschaltung geht nicht abrupt vor sich. Erfolgt das Aufwachen zu plötzlich, also ohne ausgleichenden Übergang, ist es oft mit unangenehmen Empfindungen verbunden. Ist die Tonuslage des vegetativen Nervensystems normal, erfolgt dieser Übergang ohne alle Schwierigkeiten.

Am besten schlafen erfahrungsgemäß Vagotoniker, bei denen der Vagus das Übergewicht hat. Ihr Schlaf ist nicht so leicht durch Aktionen des Sympathikus zu irritieren.

Man liest manchmal von Menschen, die fast oder überhaupt ohne Schlaf auskommen. Da gab es beispielsweise zwei Italiener, von denen medizinisch untermauerten Presseberichten zufolge der eine vierzig, der andere sechzig Jahre ohne Schlaf ausgekommen sein soll; doch das sind jedenfalls mehr oder weniger Monstrositäten. Normalerweise braucht jeder Mensch ein gewisses Quantum Schlaf.

Allerdings ist der Schlafbedarf nicht bei allen Menschen gleich. Kinder brauchen wesentlich mehr als alte Menschen. Mit zunehmendem Alter nimmt der Schlafbedarf immer mehr ab. Schlafbedarf ist allerdings nicht zu verwechseln mit Schlafbedürfnis. Das Schlafbedürfnis ist ein subjektives Gefühl und kennzeichnet in den meisten Fällen nicht den wirklichen Bedarf. Manch einer braucht vielleicht nur sechs bis sieben *Schlafbedarf und Schlafgewohnheiten*

Stunden Schlaf, um zu regenerieren, ist aber todunglücklich
und fühlt sich krank, wenn er nicht acht bis neun Stunden
schlafen kann.

Auch die Schlafgewohnheiten sind individuell verschieden.
Es gibt den Morgenmenschen, der gern früh schlafen geht und
auch früh mit den Hühnern wach ist, und es gibt den
Abendmenschen, der erst gegen Abend richtig wach wird und
am frühen Morgen verdrossen und unansprechbar ist. Bis-
marck beispielsweise stand nie vor neun bis zehn Uhr morgens
auf.

Ganz subjektiv ist auch die Meinung, die man so oft zu hören
bekommt: »Ich habe heute Nacht kein Auge zugetan!« Das ist
in Wirklichkeit so gut wie nie der Fall. Meist hat der
Betreffende periodisch doch immer wieder ein wenig geschlafen, oder er hat einen unruhigen, flachen Schlaf als so
unerholsam empfunden, daß er meinte, gar nicht geschlafen zu
haben. Viel schlimmer als einmal nicht zu schlafen ist die
Angst, zu wenig Schlaf zu bekommen.

Tiefschlaf und   Aber auch normalerweise ist Schlaf nicht gleich Schlaf, das
REM-Phasen   heißt, wir durchleben während des Schlafs verschiedene
Phasen. Da ist einmal der sogenannte Tiefschlaf, der der
körperlichen Regenerierung dient, und zum anderen der mit
ihm abwechselnde REM-Schlaf. Die Abkürzung REM kommt
aus dem Englischen – »*R*apid-*E*ye-*M*ovement« – und bedeutet
»schnelle Augenbewegung«. Die REM-Phasen sind ein Leicht-
schlaf. Die Augen führen unter den geschlossenen Lidern
schnelle Bewegungen aus, die Atmung wird etwas beschleunigt, und der Blutdruck steigt. Die REM-Phasen nehmen
gegen Morgen zu. Während der REM-Phasen werden mit
Hilfe der Träume seelische Konflikte und Erlebnisse verarbeitet, deshalb sind sie mindestens ebenso wichtig wie die
Tiefschlafphasen.

Es gibt heutzutage wohl kaum einen Menschen, der nicht
schon einmal unter Schlafstörungen gelitten hätte. Die Ursachen und Gründe dafür sind Legion.

Störungen können zunächst einmal durch äußere Einflüsse verursacht sein, von Lärm oder hellen Lichtreizen (vor allem in Großstädten). Interessanterweise versagt bei Lärm der normale Anpassungsmechanismus des Körpers an Reize. Lärm führt zu einer Überempfindlichkeit gegenüber Geräuschen!

Schlafstörungen infolge äußerer Einflüsse

Erholsamen Schlaf behindert zweifellos Schichtarbeit oder übertriebenes Nachtleben. Man hat festgestellt, daß neben dem gestörten natürlichen Tag-Nacht-Rhythmus, den man auf die Dauer nicht ohne Schäden willkürlich verändern kann, die Schlafdauer zu niedrig ist. Bei Tag schläft man nicht so lange wie in der Nacht.

Rein organische Ursachen für Schlafstörungen sind ganz selten. Sie können im Gefolge von erhöhtem Blutdruck oder Arterienverkalkung auftreten; aber bei Schlafstörungen, die durch körperliche Erkrankungen entstehen, muß man auch schon wieder von einer seelischen Ursache sprechen, denn diese ist dann nicht die organische Krankheit, sondern die Sorgen, die man sich über die Krankheit macht.

Rein organische Ursachen sind selten

Auch schwere Neurosen und Depressionen führen regelmäßig zu gestörtem Schlaf. Bei depressiven Schlafstörungen spricht man von einem zerhackten Schlaf, das heißt, der Kranke wacht sehr oft auf und kann nur schwer wieder einschlafen.

Die weitaus meisten Schlafstörungen haben ihre Ursachen in seelischen Spannungen und Konfliktsituationen, deren es ja ungezählte gibt. Meist sind es Angst und Sorgen aller Art, Befürchtungen und Probleme, über die man noch im Bett nachdenkt, auch Schuldgefühle und affektbetonte Gedanken und Vorstellungen, die einem vor dem Schlafen beschäftigen. Eine der häufigsten Ursachen ist das Nicht-Abschaltenkönnen von den Problemen des Tages. Handelt es sich dabei um ein bestimmtes Ereignis, das einem keine Ruhe läßt, spricht man von einer Situationsneurose. Das ist natürlich keine schwere Neurose, aber der Schlaf kann auch von scheinbar ganz nebensächlichen Dingen schon empfindlich gestört werden.

Meistens sind Schlafstörungen seelisch bedingt

Paradoxerweise ist auch der feste Wille zu schlafen dem
Einschlafen hinderlich. Hier beweist sich wieder die Richtigkeit des Couéschen Gesetzes von der gegenteiligen Wirkung
der Willensanstrengung. Je krampfhafter jemand schlafen will,
desto weniger wird er es können. Ebenso hinderlich ist die
negative Suggestion, die sich leider viele unbewußt geben:»Ich
kann ja doch wieder nicht schlafen.« Das Unterbewußtsein
verwirklicht sie prompt – wer so denkt, kann den Schlaf nicht
finden.

Schlafmittel verhin-   Selbstverständlich liegt es, wenn man ein paar Nächte
dern die nächtliche   schlecht geschlafen hat und am Morgen unausgeruht und müde
Erholung   war, nahe, zu einem Schlafmittel zu greifen. Diese zunächst
auch recht wirksame Hilfe ist allerdings nur für kurze Zeit zu
befürworten. Auf die Dauer sind Schlafmittel keine Heilmittel,
im Gegenteil, sie schaden dem Körper in sehr hohem Ausmaß
und können zu Abhängigkeit und Sucht führen, denn im Laufe
der Zeit muß infolge Gewöhnung die Dosis immer mehr
erhöht werden. Schlaftabletten müssen meist eine bestimmte
Zeit (ein bis zwei Stunden) vor dem Schlafengehen eingenom-
men werden. Nimmt man sie beim Zubettgehen, tritt ihre
Wirkung sehr viel später ein, so daß man morgens noch
unausgeschlafen ist. Da man aber meist nicht weiß, ob man in
zwei Stunden schlafen kann, nimmt man sie aus Angst vor
Schlaflosigkeit lieber vorsorglich ein; das fördert die Abhängigkeit ganz erheblich. Auch hält bei barbitursäurehaltigen
Mitteln die Hemmung bestimmter Nervenzellen meistens sehr
lange an, was Dösigkeit am nächsten Morgen mit sich bringt.

Schlafmittel führen immer zu einer Veränderung des natürlichen Wach-Schlaf-Rhythmus, vor allem die so wichtigen
REM-Phasen werden verkürzt. Die nächtliche Erholung wird
auf die Dauer nicht gefördert, sondern verhindert. Körperliche
Folgen sind schließlich unausweichlich, sie äußern sich oft in
der Veränderung des Blutbildes, weil der Körper die Gifte
nicht mehr abbauen kann. In schlimmen Fällen kann Schlaf-
mittelmißbrauch bis zu neurologischen Krankheiten, epilepti-
schen Lähmungen und sogar Geisteskrankheiten führen.

Schlafstörungen infolge seelischer Ursachen sind ein besonders dankbares Feld für Hypnosetherapie. Man wird den Patienten zunächst allgemein ruhigstellen und überhöhte Affekte und Erregungen dämpfen. Dann müssen seine ganz individuellen Probleme, Sorgen und Konflikte gezielt angesprochen und aus der Welt geschafft werden. Dies geschieht durch Stabilisierung des Selbstbewußtseins, der inneren Ruhe und Sicherheit. Natürlich kann ein Therapeut einem Kranken weder eine neue Existenz noch neue familiäre Verhältnisse verschaffen, aber er kann ihm helfen, seine Probleme in einem anderen Licht zu sehen, sie wenn möglich zu bereinigen oder sich ihnen gegenüber positiv einzustellen. Mit Realitäten, die sich nicht aus der Welt schaffen lassen, muß jeder Mensch zu leben lernen, und gerade dabei ist die Hypnosetherapie eine unschätzbare Hilfe.

Probleme und Konflikte müssen behoben werden

Da eine Schlafstörung auch ein Ausdruck der gestörten Vagus-Sympathikus-Funktion ist, das vegetative Nervensystem also eine große Rolle beim Schlafvorgang spielt, können Sie sich nach allem, was ich Ihnen über die Funktion des vegetativen Nervensystems und sein enges Zusammenwirken mit allen psychischen und physischen Vorgängen erklärt habe, sicher gut vorstellen, daß sich Schlaflosigkeit durch eine Regulierung der verschobenen Tonuslage in Hypnose sofort günstig beeinflussen läßt. Auch die Überwachheit, die oft eine Folge großer Müdigkeit (vielleicht nach schwerer körperlicher Arbeit oder geistiger Überanstrengung) sein kann, ist in Hypnose leicht zu beseitigen, denn sie entsteht durch Fehlsteuerungen in bestimmten Gefäßen des Gewebes und des peripheren und zentralen Nervensystems. Dadurch wird der komplizierte Stoffaustausch gestört, und es werden unprogrammgemäß Weckreize ausgelöst. Diese Fehlsteuerung kann in Hypnose wieder umgeschaltet und reguliert werden.

Die Funktion des vegetativen Nervensystems wird reguliert

Die Häufigkeit von Schlafstörungen – nach Erhebungen des Bundesgesundheitsministeriums nehmen zwölf Prozent aller Bürger der BRD regelmäßig Schlafmittel – bringt es mit sich, daß in meine Praxis sehr viele Menschen kommen, die unter dieser Krankheit leiden. Die jeweiligen Ursachen sind individuell ganz verschieden. Die Beispiele, die ich Ihnen nenne, stehen für unzählige andersgeartete.

Liebeskummer

Christine K. hatte Liebeskummer. Sie hatte einem festen Freund den Laufpaß gegeben, als sie ihrer vermeintlichen »großen Liebe« in Gestalt ihres Abteilungsleiters begegnete. Freundliches Entgegenkommen seitens des gut aussehenden Mannes hatten der Zwanzigjährigen die Überzeugung eingegeben, sie werde ebenfalls geliebt, er könne es nur im Betrieb nicht so zeigen. Als sie nach einem halben Jahr romantischer Träume ziemlich abrupt in die Wirklichkeit zurückgestoßen wurde, als sie einsah, was sie ihrem früheren Freund angetan hatte, war es zu spät, er wies sie ab. So kamen zu dem Schock des Zurückgewiesenwerdens Schuldgefühle und Selbstvorwürfe, sich und dem ersten Freund das Glück verbaut zu haben. Heute hat sie dank Hypnosetherapie ihre innere Ruhe und Eingang in ein neues Leben gefunden.

Beruflicher Ärger

Walter A. ist Meister in einem großen Industriebetrieb und Vorsitzender des Betriebsrates. Er konnte sich beim besten Willen nicht erklären, warum er nicht schlafen konnte, kam er sich doch immer sehr ausgeglichen und ruhig vor. In Wahrheit gelang es ihm nie, von seinen Tagesproblemen abzuschalten. Auch im Bett noch grübelte er über die letzte Betriebsratssitzung, über den Ärger mit der Geschäftsleitung und die morgen auf ihn zukommenden Probleme nach. Kein Wunder, daß sein Schlafmittelkonsum schon beachtliche Höhen erreicht hatte. In Hypnose lernte er, all diese Probleme, so ernst sie auch sein mochten, nach Feierabend nicht mehr wichtig zu nehmen, sie einfach beiseite zu schieben und ihnen damit den Stellenwert in seinem Leben und auf dem Boden seiner Gesundheit zuzuteilen, der ihnen zukommt.

Familiäre Sorgen

Maria Z., eine warmherzige Frau Anfang Vierzig, hatte Probleme mit der Familie. Der Sohn fand trotz recht guten Schulabschlusses keine Lehrstelle, die ältere Tochter hatte sich – ihrer Meinung nach viel zu früh – aus der Familie gelöst und lebte ihr eigenes Leben mit einem Mann, der der Mutter gar nicht recht war, und ihr eigener Mann, mit dem sie einst so glücklich war, verbrachte wegen der unseligen Stimmung zu Hause die Abende lieber beim Kegeln oder im Wirtshaus, was Frau Z. zu der Befürchtung Anlaß gab, er werde noch zum Säufer, der das ganze Geld durchbringe. So lag sie Abend für Abend bis in die Nacht hinein wach, wartete auf Mann und Sohn und wurde mit ihren Sorgen nicht fertig. Mit Hilfe der Hypnosebehandlung konnte ihr geholfen werden.

Daß auch »reiche Leute« schlaflose Nächte haben, beweist Klaus N. Im Management eines großen Konzerns tätig, waren finanzielle Probleme für ihn ein unbekannter Begriff. Nach außen hin schien sein Leben in einer herrlich gelegenen Villa geradezu beneidenswert zu sein. Nur wenige wußten um die Sorgen, die er sich um seine junge Frau, Mutter von zwei kleinen Kindern, machte – sie litt an unerklärlichen Lähmungen. Die Befürchtung, es könnte sich um eine unheilbare multiple Sklerose handeln, und die Sorgen um die Kinder, die er nicht den ganzen Tag (und oft länger, da er viel reisen mußte) fremden, wenn auch noch so fürsorglichen Händen überlassen wollte, brachten ihn in eine Konfliktsituation, der er nicht gewachsen war. Die ständig wachsende Unruhe und das Gefühl der Hilflosigkeit hatten bereits Auswirkungen auf seine Leistungsfähigkeit. Unter gleichzeitiger Beeinflussung der allgemeinen Tonuslage konnte in Hypnose langsam sein Schlafmittelbedarf herabgesetzt werden. Er lernte, sich mit den Realitäten abzufinden, ohne die Hoffnung auf Besserung aufzugeben. Seitdem er wieder ohne Pillen schlafen kann, hat sich auch sein durch die Tabletten verschlechtertes Blutbild wieder normalisiert.

Sorgen um die kranke Frau

Notstand der Seele

Eine weitere Krankheit, die in unserer Gesellschaft sehr stark zunimmt und zunächst rein psychischen Ursprungs ist – erst später zeitigt sie auch körperliche Krankheitssymptome – sind Depressionen. Wir werden noch darauf zu sprechen kommen, womit die Zunahme dieser Krankheit zu erklären ist. Zuerst einmal sollte man sagen, daß Depressionen trotz ihrer weiten

Depressionen

Verbreitung nicht den Krankheiten speziell unserer Zeit zugerechnet werden können. Es gab sie schon vor Jahrtausenden, nur nannte man sie damals (und noch bis vor gar nicht so langer Zeit kannte man sie unter diesem Namen) »Melancholie«. Bereits im klassischen Griechenland befaßte man sich mit dem Wesen der Melancholie und versuchte, deren Ursachen zu ergründen. Die Gelehrten kamen damals zu der Überzeugung, an der Melancholie seien die Körpersäfte schuld. Sie glaubten, weitgehend sei die Galle für den Gemütszustand des Menschen verantwortlich. An der sogenannten »Säftelehre« hielt die abendländische Medizin ziemlich lange fest, nämlich bis zum neunzehnten Jahrhundert. In jener Zeit förderten die noch jungen Wissenszweige der Psychologie und Psychiatrie neue, umwälzende Erkenntnisse zutage, und erst diese lehrten uns, Ursachen und Wesen der Depressionen besser zu verstehen.

Der Einfluß von Umwelt und Erziehung
Trotzdem ist, was Depressionen betrifft, bis heute noch vieles ungeklärt, trotzdem stehen hinter dieser Krankheit noch viele Fragezeichen. So konnte sie trotz der immer wieder mit modernsten Methoden vorgenommenen Untersuchungen von Blut, Galle, Hirnflüssigkeit usw. nicht chemisch nachgewiesen werden. Ebenso konnte nicht der endgültige Beweis erbracht werden, ob sie vererblich ist oder nicht. Man vermutet zwar, daß eine gewisse Bereitschaft, eine depressive Anlage, vererbt wird, weil zu beobachten ist, daß es Familien gibt, in denen immer wieder Depressionen oder sogar gehäuft Selbstmorde vorkommen. Andererseits ist aber mit Sicherheit anzunehmen, daß ein Kind, das ja nicht nur erblich, sondern zum großen Teil auch durch Umwelt und Erziehung geprägt wird, durch die Atmosphäre einer Umwelt, in der sich im nächsten Umkreis ein nahestehender Mensch das Leben nimmt oder jemand – wie man früher sagte – schwermütig ist, nachteilig beeinflußt wird. Solche Eltern oder Großeltern, die, selbst weitgehend negativ eingestellt, keine Lebensfreude haben, alles schwarz sehen und voll Lebensangst sind, können ganz selbstverständlich einem Kind nicht die Freude am Leben mitgeben und ihm positiv vorleben, wie es das braucht, um sein Leben zu meistern und seinen Problemen und Sorgen unbefangen und furchtlos gegenüberzutreten.

Das ist eine Ursache, aus der heraus sich Depressionen entwickeln können. Es gibt aber noch eine Reihe anderer Gründe für deren Entstehung. Es kann zum Beispiel eine regelrechte »Flucht in die Krankheit« zugrunde liegen, ein Ausweichen vor den Anforderungen des Lebens oder ein Erzwingenwollen von Zuwendung, denn um einen Kranken muß man sich selbstverständlich mehr kümmern als um einen Gesunden. Man muß ihn umsorgen, ihm Beachtung und Liebe schenken. Auch im Gefolge von schweren körperlichen Krankheiten können Depressionen auftreten, etwa wenn jemand glaubt, ohne Hoffnung auf Heilung zu sein.

Andere Faktoren

Sehr oft haben Therapeuten die Erfahrung gemacht, daß depressive Menschen in der Kindheit eine Phase tiefster Einsamkeit durchgemacht haben, von der sie selbst meist gar nichts wissen. Auch bei Einsamkeit im Erwachsenenalter, vor allem wenn sie erzwungen ist, kommt es sehr oft zu Depressionen. Andere Gründe sind frühkindliche Schockerlebnisse oder übersetzte Erwartungen und Anforderungen, sei es hinsichtlich der Schule oder sei es im Beruf, der Tod eines geliebten Menschen, schwere Enttäuschungen und fehlende Liebe – praktisch alle seelischen Konfliktsituationen, die nicht verarbeitet werden können.

Es gibt jedoch auch ganz undramatische, scheinbar unwichtige Zustände, aus denen Depressionen erwachsen. Unzufriedenheit im Beruf – erzwungener Beruf oder vermeintliche Unterbewertung – oder im Zusammenleben in der Familie, Unzufriedenheit auch mit sich selbst, Erlebnisse irgendwelcher Art, die gerade dieser Mensch nicht verarbeiten kann (die aber vielleicht einem ganz anderen gar keine Schwierigkeiten bereiten würden), durch Erziehung auferlegte Zwänge und Hemmungen, die man nicht aus eigener Kraft ablegen kann, all das kann Depressionen auslösen. Und immer Angst – Angst in irgendeiner Form ist immer im Spiel.

Immer ist auch Angst im Spiel

Im Anfangsstadium hält kein Mensch Depressivität für die schwere Krankheit, die sie in Wirklichkeit ist. Der Betroffene glaubt einfach »Stimmungen« oder »Launen« zu haben, aber

Harmlos am Anfang, Selbstmordgefahr am Ende

nach und nach wird er immer empfindlicher, fühlt er sich immer häufiger durch alle möglichen Kleinigkeiten gestört und kommt schließlich unweigerlich an den Punkt, da er seinen »Stimmungen«, seinen »Launen«, seinen Überempfindlichkeiten hilflos ausgeliefert ist. Der Depressive ist nicht mehr in der Lage, gegen sie anzugehen.

Die immer stärker werdenden Verstimmungen verdichten sich zu einer tiefen Traurigkeit (Depression heißt ja »traurige Verstimmung«, was aber nur einen geringen Ausschnitt der Krankheit trifft). Zu den heftiger werdenden Angstzuständen kommen Schuldgefühle, die meist erdrückend, aber so gut wie immer ganz und gar unbegründet sind. Ebenso grundlos sind die ständigen Befürchtungen, eine schwere Krankheit wie Krebs oder einen Hirntumor zu haben. Hinzu kommen nun Minderwertigkeitsgefühle und die Verarmung des Gefühlslebens bis hin zum Verlust der Potenz und der Libido; die Freude am Leben geht völlig verloren. Der Kranke nimmt keinerlei Anteil mehr an den Geschehnissen um sich herum. Sein Interesse ist so ziemlich auf dem Nullpunkt. Denken und Wollen sind ebenso gehemmt wie die Gedächtnisfähigkeit; der Depressive vergißt alles sofort, auch ganz einfache Tatbestände. Es fällt ihm unendlich schwer, auch nur die einfachsten Entschlüsse zu fassen, und flammt doch einmal sein Tätigkeitsdrang auf, verlischt er sehr schnell wieder.

Immer mehr fällt der Kranke in Verzweiflung und Mutlosigkeit. Er kann sich an nichts mehr freuen, wird kontakt- und menschenscheu, alles sieht er negativ, nichts mehr positiv. Eine tiefe Aussichts- und Hoffnungslosigkeit bemächtigt sich seiner. Das Leben erscheint ihm absolut sinnlos, und nur allzuoft möchte er nichts als sterben. Die Selbstmordgefahr ist darum bei Depressiven besonders groß.

Zerhackter Schlaf als körperliches Symptom
Neben diesen rein seelischen Mißempfindungen treten frühzeitig auch körperliche Symptome, vor allem schwere Schlafstörungen auf. Man spricht dabei von »zerhacktem Schlaf«, da ein Depressiver nachts sehr oft aufwacht und dann nur schwer wieder einschlafen kann. Meist wacht er auch in aller Herrgottsfrühe mit wildem Herzklopfen auf, dann

überfallen ihn seine Ängste, seine Sorgen und Verstimmungen mit solcher Gewalt, daß gar nicht daran zu denken ist, noch einmal Schlaf zu finden. So zermartert er sich voll Verzweiflung und Sorgen bis zum Morgen, an dem er zerschlagen und hoffnungslos das Bett verläßt. Diese Morgenstunden sind der absolute Tiefpunkt aller Depressiven. Im Laufe des Tages bessert sich gewöhnlich ihre Stimmung, und es ist durchaus möglich, daß ein Kranker, dem am Morgen jeder Lebensmut fehlte, am Abend recht guter Dinge ist.

Wenn sich die körperlichen Symptome dann ausweiten, spricht man von »vegetativer Depression«. Es kommt zu Mattigkeit, Abgeschlagenheit und oft zu einem Druck im Kopf. Die Kranken können sich nicht mehr von ihren Beschwerden lösen; immer kreisen die Gedanken um die Herzstörungen, um den Magen oder die Atmung. Individuell unterschiedlich wird über Druck- und Engegefühle, Schwindel, Schweißausbrüche, Augenschmerzen und Verstopfung geklagt. Depressive beobachten ängstlich alle derartigen Äußerungen und leben in ständiger Angst, schwere körperliche Krankheiten zu haben. *Vegetative Depression*

Die Betroffenen erleben Depressionen fast ausnahmslos als qualvolles Dunkel, aus dem sie nicht ausbrechen können. Trotz der Erkenntnis vieler Zusammenhänge, trotz des Wissens um falsche Verhaltensweisen sind sie nicht in der Lage, sich selbst in den Griff zu bekommen. Sie sind unfähig, aus eingefahrenen Abläufen und Gewohnheiten auszubrechen. Ein religiöser Mensch kann Depressionen als Verdammtsein verstehen, weltlicher eingestellte Naturen erleben sie als Zerstörung der zwischenmenschlichen Beziehungen, als wirtschaftlichen und beruflichen Niedergang; manche empfinden sie auch als Selbstbestrafung.

So vielschichtig diese Krankheit – die übrigens nichts mit Geisteskrankheit zu tun hat – in ihren Ursachen und Symptomen ist, so schwierig ist oft die Behandlung. Ich erlebe immer wieder, daß Patienten zu mir kommen, die im Zuge klinischer Behandlungen bereits mehrere Arten von Schocktherapien *Die Heilbehandlung ist schwierig* über sich ergehen lassen mußten, ohne auch nur Linderung gefunden zu haben, die jahrelang Psychopharmaka aller Art geschluckt und infolgedessen bereits Schäden an Leber und Nieren haben oder die seit Jahren vergeblich verhaltenstherapeutisch behandelt wurden. Auch eine Psychoanalyse ist leider oft ohne Erfolg, außer daß der Kranke selbst sich ununterbrochen zwanghaft zu analysieren beginnt. Doch was nützt es schon einem Selbstmordkandidaten, wenn er weiß, warum er sterben will? Er wird dadurch kein bißchen lebensfroher oder lebenstüchtiger!

Typische Beispiele   So ging es auch Angelika R., die mit Vierzig, nach drei Jahren Psychoanalyse total verzweifelt von ihrem Mann zu mir gebracht wurde. Sie wollte nur noch sterben und hatte es auch schon versucht. Infolge einer überstarken Mutterbindung hatte sie nicht nur ihre Ehe gefährdet und ihren Mann in schwere seelische Konflikte gebracht; sie saß auch – wie man so sagt – »zwischen zwei Stühlen«, nämlich zwischen Mann und Mutter, denn jede Aufmerksamkeit, jede Zuwendung gegenüber dem einen verursachte schlimmste Schuldgefühle gegenüber dem anderen. So war sie nach und nach tief depressiv geworden.

Bei Martha W., einundfünfzig Jahre alt, kamen die Depressionen, als die Kinder aus dem Haus geheiratet hatten und nicht mehr ständig um die Mutter waren. Mit der Flucht in die Depressionen sollten sie unbewußt gezwungen werden, sich ständig um die Leidende zu kümmern.

Karl D., der Mitte der Fünfzigerjahre stand, schließlich wurde depressiv, als er nach langjähriger vermeintlicher Zurücksetzung im Beruf auch noch entlassen wurde und infolge seines Alters nicht mehr mit einem neuen Arbeitsplatz rechnen konnte.

Alle diese Patienten müssen nicht nur innere Ruhe finden; sie müssen vor allem lernen, mit den Realitäten zu leben, müssen – wie im Fall Martha W. und Karl D. – einen neuen Lebensinhalt finden. Auch die so hilfreiche Hypnosetherapie dauert in solchen Fällen oft längere Zeit. Einem so tief

Verzweifelten, ja oft Lebensunwilligen kann man nicht von heute auf morgen wieder Lebensfreude und heiter gelassene Gemütsart schenken.

Ein verantwortungsvoller Hypnosetherapeut wird in einem solchen Fall nicht unnötig in der Vergangenheit wühlen, er wird nicht stark belastende affektive oder schockierende Erlebnisse hervorholen, wenn es nicht wirklich erforderlich ist, das heißt, wenn nicht eine schwere Neurose vorliegt. Zunächst wird er bei einem depressiven Patienten den Schlaf in Ordnung bringen, was ja wesentlich zur körperlichen Erholung und auch zum Abbau der Ängste beiträgt, der dann in Hypnose vervollständigt wird. Dann wird er ganz behutsam dem Kranken helfen, sein Selbstvertrauen wiederzufinden, ihn lehren, sich gewissermaßen freizuschwimmen und nicht mehr von anderen abhängig zu sein. Eine große Hilfe kann zusätzlich zu den hypnotischen Suggestionen eine kreative oder künstlerische Betätigung sein, die immer das Selbstvertrauen in erfreulicher Weise stärkt.

Die Vorgangsweise des Hypnosetherapeuten

So wird der Kranke langsam und mit viel eigener vertrauensvoller Mitarbeit in den Hypnosesitzungen wieder Freude am Leben finden, sich seines eigenen Wertes wieder bewußt werden und ein normales Verhältnis zu seiner Umwelt gewinnen, das ja so eminent wichtig ist. Das ist nicht nur in den drei angeführten Fällen gelungen, sondern ist, mit ganz wenigen Ausnahmen, so gut wie immer möglich.

Ich habe schon mehrfach angedeutet, daß bei Depressionen Angst eine hervorstechende Rolle spielt. Da das aber nicht nur speziell bei Depressionen der Fall ist, sondern auch bei allen anderen psychischen und sogar beim weitaus größten Teil aller körperlichen Erkrankungen – sei es nun auslösend oder sei es bloß als Folgeerscheinung –, möchte ich hier auf das Thema Angst etwas näher eingehen.

Angst als Urinstinkt

Das Wort ist von »Enge« – in der Brust oder in der Kehle – abgeleitet, sagt man doch auch: »Es schnürt mir vor Angst die Kehle zu.« Angst ist an sich nichts Unnormales, Angst ist vielmehr ein Urgefühl der Menschheit. Sie ist ein Instinkt, ein selbsttätiges Warnsystem, ein Selbstschutz für unser Leben. Ohne Angst wären wir leichtsinnig und unvorsichtig, was oft Lebensgefahr bedeuten kann. Für Tiere ist die instinktive Angst oft die einzige Möglichkeit zu überleben. »Instinktiv« will sagen, daß diese Angst im Unterbewußtsein verankert ist, bei den Menschen ebenso wie bei den Tieren.

Krankhafte Angst   Pathologisch, also krankhaft, wird Angst erst, wenn sie ausufert, wenn sie nicht mehr mit der Vernunft zu kontrollieren ist. Auf das Angsterlebnis reagiert jede lebende Zelle mit Fehlhaltungen (wobei eine Wechselwirkung besteht und in vielen Fällen die Priorität nicht ganz zu klären ist). Bei Ängsten zeigt sich der Zusammenhang zwischen Seele und Körper besonders deutlich. Pathologische Angst ist ja ein von der Norm abweichender affektiver Vorgang, und ein jeder Vorgang dieser Art hat physiologische Folgen, wie erhöhten Blutdruck und Puls, beschleunigte Atmung oder Stoffwechselstörungen. Diese Veränderungen steigern ihrerseits wiederum die Angst. Aus dem entstandenen Teufelskreis kommt der Betroffene oft nicht aus eigener Kraft heraus.

Körperliche Angst-   Körperliche Reaktionen auf Angstgefühle hat jeder von uns
symptome   schon erlebt. Man schwitzt, bekommt Herzklopfen oder Durchfall. Das sind die augenfälligsten, die häufigsten Folgen. Aber auch Kopfschmerzen, Schwindel, Haarsträuben, Migräne, Asthma, Verstopfung, Blässe, Blasen- oder Menstruationsstörungen, Allergien, Ekzeme und ungezählte andere Krankheitserscheinungen sind Folgen von Angst. Selbst die oft zitierte Geschichte, der zufolge ein Mensch durch Angst über Nacht weiße Haare bekommen kann, ist erwiesen. Gerichtsmediziner konnten sogar bei einem Delinquenten eine vollständige Degenerierung der Hodenzellen aus Angst vor der Hinrichtung feststellen. Diese ungeheure Macht bekommt die Angst aufgrund einer Fehlleistung des den Leib-Seele-Organismus steuernden Unterbewußtseins.

Angst ist chemisch   Angst ist übrigens, im Gegensatz zu Depressionen, che-
feststellbar   misch festzustellen. In Blut und Urin läßt sich ein Hormon nachweisen, das von den Nebennieren ausgeschieden wird: das Adrenalin. In höheren Dosen abgegeben führt es u. a. zur

Verengung der Blutgefäße sowie zur Erhöhung des Blutdrucks und des Herzschlags. Bei Gefahrensituationen wird vermehrt Adrenalin ausgeschüttet, und das aktiviert in Sekundenschnelle den Organismus zu erhöhter Leistungsfähigkeit. Es steigert Muskel- und Gehirndurchblutung (was zu Blässe führt, da das Blut aus der Peripherie abgezogen wird), Atem und Herzschlag werden schneller. Die daraus resultierenden Folgeerscheinungen wie Herzklopfen, Zittern in Händen und Beinen, feuchte Hände, trockener Mund und Heiserkeit infolge ausgetrockneter Kehle empfindet man als recht unangenehm. Je mehr wir uns ängstigen, also glauben, Gefahren ausgesetzt zu sein, desto mehr Adrenalin schütten die Nebennieren aus, ein Vorgang, der in keiner Weise dem Willen unterworfen ist. So gibt die Menge Adrenalin, die im Blut und Urin gemessen wird, Aufschluß über die Intensität der Angst.

Die Zahl der möglichen Ängste und ihrer Ursachen ist Legion. Sie alle aufzuführen, ist schlechthin unmöglich. Ich kann Ihnen zwangsläufig nur Beispiele nennen. Angst kann schon durch überängstliche Erziehung in der Kindheit programmiert werden, sie kann durch körperliche Krankheiten verursacht sein (die wiederum Angst auch auslösen können) wie beispielsweise durch Asthma, Angina pectoris oder Schilddrüsenüberfunktion oder auch durch mehr oder weniger schwere rein physische Krankheiten. Angst kann infolge eines einzigen belastenden Erlebnisses entstehen und so fixiert werden, daß sie ein Leben lang bestehen bleibt, oder sie kann anfallartig auftreten. Es gibt die Angst vor dem Versagen – im Beruf, in der Schule, bei der Prüfung oder wo auch immer –, es gibt die Angst vor Menschen oder Tieren. Es gibt Platzangst, bei der der Mensch Angst hat, einen freien Platz zu überqueren – oft eine so heftige Angst, daß es zu körperlichen Zusammenbrüchen kommt. Das Gegenteil davon ist die Klaustrophobie (Raumangst), die einem Menschen panische Angst in engen oder einfach geschlossenen Räumen, Verkehrsmitteln oder in Menschenansammlungen verursacht. (Das Wort »panisch« ist übrigens bereits von den alten Griechen geprägt worden. Es ist von dem Naturgott Pan hergeleitet, bei dessen plötzlichem

Ängste
bzw. Phobien

Erscheinen die Herden in »panischer« Angst flohen.) Es gibt schließlich sogar die Angst vor der Angst, die bis zum Selbstmord führen kann.

Angstneurosen nehmen zu

Schwere pathologische Ängste, Angstneurosen, nehmen immer mehr zu. Die Ursachen sind zuallermeist Überforderung im Beruf, harter Konkurrenzkampf, dichter Verkehr mit immer mehr Unfällen, Angst vor Giften (zum Beispiel in Nahrungsmitteln), innere Leere und Vereinsamung infolge des Erkaltens der zwischenmenschlichen Beziehungen und die als Ersatz dafür gedachte hektische Vergnügungssucht. Die Menschen sind weitgehend unfähig geworden, echt zu entspannen; der Sinn dafür geht immer mehr verloren. Die aufgrund starker Berufsbelastung ohnehin gering bemessene Zeit für Entspannung wird völlig falsch genützt mit unsinnig langen Autofahrten oder oberflächlicher Unterhaltung wie Zeitschriftenlesen oder Fernsehen. Unmengen von Zigaretten, Alkohol und Wachhaltemitteln werden konsumiert – sie helfen nicht, sie entspannen nicht, sie fördern nur Schlaflosigkeit sowie Angstvorstellungen, Unsicherheit und ängstliche Verstimmungen.

Es ist übrigens zu unterscheiden zwischen begründeter und unbegründeter Angst. Begründet ist eine Angst, wenn beispielsweise ein Mensch nach einem schweren Unfall Furcht hat, sich wieder ans Steuer zu setzen oder wenn ein Prüfungskandidat, der schon einmal durchgefallen ist, Angst vor der Wiederholung der Prüfung hat. Meist allerdings sind es völlig unbegründete Ängste, die zu Angstneurosen führen.

Schuldgefühle

Das bei Depressionen eine so wichtige Rolle spielende Schuldgefühl hat seinen Ursprung oft in vollkommen unmotivierter Angst. Das führt teilweise zu grotesken Zwangshandlungen, die fast einen rituellen Charakter annehmen können. Da muß beispielsweise ein ganz alltäglicher Vorgang in ganz bestimmter Weise ablaufen, nach bestimmten Riten, mit bestimmten Requisiten; dann ist die Angst für eine Weile gebannt, anderenfalls wachsen Schuldgefühle und Angst ins Panische.

Angst ist sehr wandlungsfähig. Sie kann sich nicht nur als eine völlig andere Angst zeigen, sie kann sich auch in

Aggressionen, Streitsucht oder Eifersucht äußern. Aber auch Aberglaube, das Tragen von Amuletten, Talismanen und dergleichen mehr haben ihren Ursprung in der Angst (früher in der Angst vor Dämonen).

Man kann sich Angst nicht nur selbst suggerieren, was man unbewußt leider recht oft tut, man kann durch Angstsuggestionen auch zu allerhand Verirrungen aufgehetzt werden. So wurde die Kriegsbereitschaft der Völker oft nicht nur mit dem Gerede vom Kampf fürs Vaterland aufgeputscht, sondern auch mit Panikmache, mit dem Bild von dem bösen, überfallbereiten Nachbarn, der im Fall des Sieges alles zerstören, ausplündern und die Besiegten ermorden werde. Wieviel Leid hätte verhindert werden können, wenn die Menschen nicht solchen unheilvollen Suggestionen geglaubt, sondern sich auf ihre ganz normale Urangst verlassen hätten, die sie davor bewahrt hätte, sich in einem gnadenlosen Krieg körperlicher Versehrung oder dem Tod auszusetzen. *Angstsuggestionen*

Bei Angstzuständen jeder Art ist eine chemische Behandlung durch Medikamente ohne jede Aussicht auf endgültige Heilung. Auch eine Psychoanalyse ist bestimmt kaum je noch sinnvoll, weil sie für einen angstgeplagten Menschen viel zu lange dauert und der Erfolg sehr zweifelhaft ist. Die Kenntnis der Ursachen der Angst ist für den Patienten oft nicht so wichtig, wenn er nur von seinen seelischen Qualen und deren Folgen befreit wird.

Hingegen hat sich in solchen Fällen Hypnosetherapie als ganz besonders wirksam erwiesen, da sie direkt das Unterbewußtsein des Menschen ansprechen kann, aus dem ja alle Ängste herauswachsen. Schon die totale körperlich-seelische Ruhigstellung, eine der Grundwirkungen der Hypnose, ist für den angstgeplagten Patienten eine Erlösung. *Die Befreiung durch Hypnosetherapie*

Der Therapeut wird den Kranken in den Sitzungen immer wieder in diesen wohltuenden Entspannungszustand versetzen. Er wird ihm innere Ruhe suggerieren und Sicherheit und Freiheit von seinen Angstgefühlen. Er wird sein Selbstbewußtsein stärken und so die Angst von ihrem pathologischen Übermaß wieder auf ihr normales und gesundes Maß zurückführen.

Eros in Nöten

Mit Eberhard L. war es trotz seiner sechsunddreißig Jahre, sehr schwierig, in ein flüssiges Gespräch zu kommen. Wenn das bei Männern der Fall ist, kann man fast hundertprozentig sicher sein, daß sie sexuelle Probleme haben. Sie möchten sie zwar gern loswerden, sprechen aber nicht so gern darüber, weil sie solche Schwierigkeiten als unmännlich, als Schande betrachten, genauso wie das Sprechen darüber. Nun, ich erfuhr schließlich doch, daß Herr L. nach einem Selbstmordversuch zu mir kam, und der Grund dafür war tatsächlich ein Sexualproblem: er war *Impotenz*   impotent, also nicht in der Lage, den Geschlechtsverkehr auszuführen. Er lebte noch immer bei seiner Mutter, die ihn sehr streng und religiös erzogen hatte.

Als in der Pubertät sein Interesse für Mädchen erwachte, wurde er so scharf bewacht, daß sich beim besten Willen keine Gelegenheit zu ersten Annäherungsversuchen ergab. In seinem ganz natürlichen Drang, der ja in dieser Reifezeit sehr heftig wird, blieb ihm zunächst nichts anderes als Selbstbefriedigung übrig, die ihm aber eigentlich widerstrebte. Auch zu homosexuellen Kontakten mochte er sich nicht bereitfinden.

Mit über dreißig Jahren lernte er endlich die Frau kennen, die er heiraten wollte. Da er sie sehr liebte, wollte er selbstverständlich nicht nur Händchen mit ihr halten, sondern wünschte sich auch die körperliche Vereinigung. Doch er mußte voller Entsetzen feststellen, daß er geschlechtlicher Regungen überhaupt nicht mehr fähig war, von einer praktischen Ausführung des Geschlechtsaktes gar nicht zu reden. Als daraufhin die Verlobung auseinanderging, schien ihm das Leben so sinnlos, daß er, wie gesagt, versuchte, es wegzuwerfen.

Ein geradezu klassischer Fall von Impotenz (Mannesschwä-che), einer Sexualstörung, die viel weiter verbreitet ist, als man gemeinhin annehmen möchte. (Wie schon gesagt: Männer sprechen über diese Schwäche nicht gerne.) Organische Ursachen hat diese Störung kaum, es sind so gut wie immer seelische Fehlhaltungen, die sie auslösen, und zwar nicht nur Impotenz, sondern tatsächlich fast alle Störungen im Geschlechtsbereich.

Sexualstörungen sind meist psychisch bedingt

Die überaus starke Abhängigkeit des Sexuallebens von psychischen Faktoren ist nicht nur mit den engen Beziehungen zu erklären, die zwischen seelischen und sexuellen Vorgängen bestehen, sondern aufgrund der Tatsache, daß direkte Nerven-verbindungen des Geschlechtsbereichs mit der Gehirnrinde vorhanden sind. Außerdem wissen wir ja bereits, daß praktisch alle körperlichen Vorgänge seelisch zu beeinflussen sind.

Ehe ich auf weitere sexuelle Störungen und ihre Ursachen eingehe, erscheint es angebracht, erst einmal – hier stark vereinfacht – die Vorgänge in unserem Körper zu beleuchten.

Die Vorgänge im Körper des Mannes

Wie jede Zelle unseres Körpers werden auch die Geschlechtsorgane und der Geschlechtstrieb durch Hormone gesteuert. Die zentrale Steuerungsdrüse ist wiederum die Hypophyse (Hirnanhangdrüse). Unter ihrem Einfluß erzeugen die männlichen und weiblichen Keimdrüsen ihre jeweiligen Hormone.

Beim Mann sind es die Hoden, die die beiden männlichen Geschlechtshormone bilden. Sie beeinflussen nicht nur das Wachstum der primären und sekundären Geschlechtsmerkma-le, sondern auch – im Zusammenwirken mit anderen Drüsen-wirkstoffen – den gesamten Organismus. Es sind allerdings nicht nur männliche Hormone, die, ebenso wie die Samenzel-len, in den Hoden erzeugt werden, sondern in gar nicht so geringer Menge auch weibliche.

Bei der Frau werden die Keimdrüsenhormone in den Eierstöcken gebildet. Dort wachsen die Eibläschen, Follikel genannt, und in ihnen das sogenannte Follikelhormon, das für

Die Vorgänge im Körper der Frau

das Wachstum der weiblichen Geschlechtsorgane ebenso verantwortlich ist wie für die Vorbereitung einer Schwangerschaft und die Steuerung des monatlichen Zyklus. Nicht zuletzt hat es auch Auswirkungen auf die Psyche der Frau. In regelmäßigen Abständen reift ein Eibläschen heran und platzt schließlich (wir kennen das als »Eisprung«). Dabei entsteht aus seinen Zellen ein neues Hormon, das Gelbkörperhormon, das die vom Follikelhormon aufgebaute Gebärmutterschleimhaut für die Schwangerschaft vorbereitet und diese schützt. Es verhindert auch die Reifung eines neuen Eibläschens. Erfolgt keine Befruchtung, geht der Gelbkörper nach ungefähr vierzehn Tagen zugrunde, und ein neues Eibläschen wächst heran.

Der Keimdrüsenhormonspiegel im Blut wird von bestimmten Nervenzellen des Sexualzentrums kontrolliert. Je nach Bedarf geben sie stärkere oder schwächere Impulse an die Hypophyse und regeln damit die Produktion der Geschlechtshormone.

Frigidität   Diese Hormone steuern nun also unser gesamtes Geschlechtsleben und damit auch den Geschlechtstrieb. Wie alle Organe sind auch die Geschlechtsorgane und der Geschlechtstrieb Störungen unterworfen. Die häufigsten sind Frigidität und – wie dies bei Herrn L. zutraf – Impotenz. Frigidität (Geschlechtskälte) ist sozusagen das weibliche Gegenstück der Impotenz. In ihrer schlimmsten Auswirkung geht sie bis zur vollständigen Unfähigkeit, beim Geschlechtsakt Lust zu empfinden. In diesem Fall hat die Frau überhaupt keine Libido; die Ursachen liegen in einer hochgradigen Unterentwicklung der Geschlechtsorgane oder einer sehr schweren Nervenerkrankung. Doch das ist sehr selten. Normalerweise ist Frigidität psychisch bedingt und leicht heilbar.

Wann Frigidität eigentlich beginnt, darüber ist man recht geteilter Meinung. Im allgemeinen kann man sagen, daß sie vorliegt, wenn eine Frau, auch wenn alle Möglichkeiten vorhanden sind, alle normalen Techniken angewendet werden, nie den Höhepunkt der körperlichen Vereinigung erreicht, nie einen Orgasmus bekommt. Dabei müssen solche Frauen beileibe nicht gefühlskalt sein. Ihre Gefühle sind oft völlig normal und in Ordnung.

Mancher wird sich hier vielleicht fragen, wozu der Orgasmus bei einer Frau überhaupt nötig ist. Beim Mann wird er für den Ausstoß der Samenfäden, also für die Zeugung benötigt – aber bei der Frau? Auch für die Frau ist der Orgasmus – neben dem psychischen Moment – aus rein biologischen Gründen notwendig, nämlich um die starke Erregung, in der sich der Körper ja befindet, wieder abzubauen. Er hat denselben entspannenden Effekt wie ein Gewitter in der Natur. Wird diese physisch-psychische Spannung zu lange angestaut, erfolgt in irgendeiner Weise eine Entladung, die nicht selten großen Schaden anrichtet.

Frigidität und Impotenz sind als relativ anzusehen, wenn sie nur bestimmten Partnern gegenüber bestehen. Es kommt nämlich gar nicht so selten vor, daß ein Mann nur seiner Ehefrau gegenüber impotent ist, bei anderen Frauen jedoch einen vollkommen normalen Geschlechtsverkehr ausüben kann. Umgekehrt kann eine Frau bei ihrem Ehemann stets ohne Orgasmus bleiben, während ihr vielleicht bei einem anderen Mann eine totale Befriedigung zuteil wird. Das hat seine Ursache nicht zuletzt darin, daß sich zwischen langjährigen Partnern häufig im Laufe der Zeit Hemmungen entwikkeln. Die Partner glauben, sich so gut zu kennen, daß sie nicht wagen, besondere Wünsche zu äußern, die vielleicht etwas über das eingefahrene Geleise hinausgehen. Ein jeder befürchtet, der andere könnte schockiert sein, möchte es nicht hören, nicht tun. Von welcher Seite das auch immer ausgeht – die Hemmungen sind damit vorhanden. *Hemmungen*

Es ist ja auch so, daß man in der Jugend, wenn man sich normalerweise zusammenfindet, andere Vorstellungen von Sexualität hat als später als reifer Mensch. Ein junger Mann möchte zunächst einmal ein Mädchen verführen und mit ihm »Sex« machen, sich also gewissermaßen selbst bestätigen. Bei jungen Mädchen sind die Gefühle häufig sehr ähnlich. Erst im Laufe der körperlichen und seelischen Reifung kommt die Lust *Sex und Erotik*

am ausgedehnten Liebesspiel, an raffinierter Erotik, kommen
auch tiefere Gefühle der Verbundenheit hinzu. Auch hieraus
erwachsen oft Zwiespältigkeiten. Die Frau wird erst zu einer
Zeit richtig reif, in der der Mann bereits seinen Höhepunkt im
Verlangen nach Sexualität überschritten hat (zumal er meist
älter ist als die Frau), er möchte seine Bequemlichkeit. Es ist
ihm dann gar nicht selten unangenehm, wenn die Frau
plötzlich mitbestimmen möchte, Wünsche äußert. Andererseits wird es auf die Dauer jeden Mann verdrießen, wenn eine
Frau alles nur über sich ergehen läßt, wenn niemals ein Echo
von ihr kommt.

Geben und Nehmen   Auch auf diesem Gebiet ist ja die Liebe ein Wechselspiel von
Geben und Nehmen. Wie ein Leben zerstört werden kann,
wenn dieses Wechselspiel nicht mehr funktioniert, zeigt Ihnen
der Fall von Carla W. Sie kam ursprünglich zu mir, um ihre
Alkoholsucht loszuwerden. Auf der Suche nach den Ursachen
dafür stieß ich auf folgende Vorgeschichte:

Frau W. war als Kind streng katholisch erzogen worden.
Sexualität war daher, soweit sie nicht der Fortpflanzung diente,
etwas Schlechtes, Abzulehnendes. In der Ehe kam sie ihrem
Mann in keiner Weise entgegen, im Gegenteil, sie erwartete
noch Dankbarkeit dafür, daß er überhaupt »durfte«, noch dazu
regelmäßig ohne Zeugungsabsichten; sie zeigte keinerlei Gefühle. Der Mann, um seine Frau nicht zu verlieren, gab sich
schließlich damit zufrieden, zumal zwei Kinder gekommen
waren. Das Geschlechtsleben der beiden dämmerte so vor sich
hin. Nach vielen Jahren jedoch merkte Frau W. plötzlich, daß
in all der Zeit ihre Erziehung in vollkommenem Gegensatz zu
den biologischen Gegebenheiten und Notwendigkeiten ge-
standen hatte. Sie glaubte, allerhand versäumt zu haben, und
wollte das nachholen. Nun jedoch stellte sich heraus, daß ihr
Mann, auch wenn er gewollt hätte, nicht mehr fähig war, ihren
Wünschen nachzukommen. Libido und Sexualität sind zwar in
uns allen vorhanden, doch sie verkümmern, wenn sie vernach-
lässigt werden, genauso wie eine Pflanze, die nicht gegossen
wird. Sexualität muß man pflegen. Dieser Schock war es, der
Frau W. zum Alkohol greifen ließ. Mit ihm tröstete sie sich,

wenn sie erregt und überwach im Bett lag und nun ihre Gefühle – so wie früher die ihres Mannes – ohne Echo blieben.

Sie sehen, welch großen Einfluß die Erziehung auf unser Sexualverhalten hat. Bei den meisten Menschen ist das Verhältnis zum Geschlechtsleben durch verkrampfte Erziehung oder falsche Aufklärung mehr oder weniger gestört; daran hat auch unsere Zeit, in der die Kinder so viel freier aufwachsen, nicht allzuviel geändert. Auch heute noch werden Jungen nur zu oft dazu erzogen, ein »harter Mann« zu sein, sich nicht gehenzulassen und Gefühle nicht zu zeigen (von weinen gar nicht zu reden). In dieser Art Erziehung liegt eine große Gefahr, denn ein Kind, das sich bei jeder Gefühlsregung »zusammennehmen« muß, kann sehr leicht als Erwachsener gefühlskalt werden. Es ist ja gar nicht gewöhnt, Gefühle innerlich zu verarbeiten, geschweige denn solche zu zeigen; es kann sie nur verdrängen oder sie gar nicht erst entwickeln.

Der Einfluß der Erziehung

Die Aufklärung der Mädchen erschöpft sich häufig in der mütterlichen Empfehlung, zu tun, was der Mann will, auch wenn es »unangenehm« ist oder »weh tut«; so wird schon beizeiten eine Angst gegen jede sexuelle Betätigung erzeugt. Hinzu kommt, daß in vielen Fällen, vor allem bei der mittleren und älteren Generation, wenn überhaupt im Elternhaus darüber gesprochen wurde, die Sexualität als etwas Schmutziges und Schlechtes hingestellt wurde, über das man tunlichst nicht reden sollte und dessen man sich zutiefst schämen müsse.

Bedauerlicherweise unterstützt die christliche Erziehung übereifriger Eltern und Priester noch heute oft diese Fehleinstellung gegenüber dem Geschlechtlichen. Dabei ist keine Bibelstelle bekannt, in der sich Christus gegen die Sexualität ausgesprochen hätte. Das tut nur der Apostel Paulus. Nur er betrachtete die Ehe als unvermeidliches Übel. (Paulus war übrigens unverheiratet.) Man könnte den religiösen Fanatikern (welcher Lehre oder Konfession auch immer) entgegenhalten: Gott, der uns doch mit Körper und Seele schuf, hat uns auch dies wundervolle, unvergleichliche Lustgefühl beim Geschlechtsakt gegeben, das für die Fortpflanzung ja gar nicht

Eine offenere Einstellung tut not

nötig wäre. Warum also soll es Sünde sein? Selbst die Kirchen bemühen sich heutzutage um eine offenere Einstellung gegenüber dem Problem.

Es erscheint mir vollkommen unangebracht, die Jugend zu abschätziger oder gar ablehnender Haltung gegenüber Vorgängen zu erziehen, die zweifellos völlig natürlich und biologisch notwendig sind. Eine solche Erziehung verbiegt die Einstellung der Jugend zu diesen naturgegebenen Vorgängen und läßt es selbst so manchen wahr und ehrlich Liebenden noch immer sündhaft erscheinen, bei der körperlichen Vereinigung Lust und Vergnügen zu empfinden. Die Hemmungen und Verklemmungen, die damit gezüchtet werden, wirken sich zweifach auf den Körper aus. Ein gesundes Geschlechtsleben ist nämlich nicht nur natürlich, es ist auch wichtig. Es neutralisiert die ganz selbstverständlich in jedem Menschen vorhandenen triebhaften Spannungen auf körperlichem wie auf seelischem Gebiet. Übt ein Mensch aus Angst die Tugend der Enthaltsamkeit, muß er nicht nur körperlich seine Triebe zu verarbeiten suchen (die er ja nicht entladen kann), er muß auch mit den damit verbundenen seelischen Problemen, seinen Wünschen, Träumen und seinem Verlangen fertig werden. Das geht in keinem Fall ohne schwere Konflikte und Fehlhaltungen ab.

Selbstbefriedigung   Auch die Selbstbefriedigung, die Kinder oft ganz unbewußt treiben, ist vollkommen natürlich, sie gehört gleichsam zum Reifungsprozeß und richtet keinen Schaden an, wenn man sie dem Kind gegenüber nicht dramatisiert und mit Schelte und Strafen auszutreiben versucht. Die dadurch wachgerufenen Ängste, Hemmungen und Schuldgefühle nämlich stören das Verhältnis zur Sexualität sehr nachhaltig.

Aber auch das genaue Gegenteil von Hemmung und Verkrampfung kann Ursache für sexuelle Störungen sein. Durch allzuviel oder allzu freie »Aufklärung«, wie sie der Jugendliche in sehr vielen heutigen Zeitungen und Zeitschriften begegnet, ist es in letzter Zeit fast zu einer Art von Leistungszwang auf diesem Gebiet gekommen. Wer meint, ein bestimmtes »Soll« nicht zu erreichen, bekommt Minderwertig-

keitsgefühle, fühlt sich untüchtig und überfordert und wird auf
eine ganz andere Art den Sexualproblemen gegenüber unfrei,
was natürlich wiederum zu seelischen und sexuellen Störungen
führt.

Ein sehr bezeichnender derartiger Fall in meiner Praxis war
der der Claudia S. Angespornt durch mehr oder weniger wahre
Erzählungen ihrer Freundinnen wollte die Achtzehnjährige
endlich auch »etwas erleben«, um mitreden zu können. So
suchte sie (und fand natürlich auch) Bekanntschaften. Leider
hatte sie, wie das unter solchen Umständen naheliegt, das Pech,
immer an Männer zu geraten, denen es weniger um Liebe als
vielmehr um ihre eigene Befriedigung ging. So sehr sich das
Mädchen auch bemühte, jener heißersehnte Orgasmus, um den
sich ihren Freundinnen zufolge doch alles drehte, er stellte sich
bei ihr nicht ein. Zu neu, zu hektisch, zu herzlos waren ihre
Begegnungen. Als sie schließlich den »Richtigen« fand, waren
ihre Gefühle soweit abgestumpft, daß sie auch bei ihm zu
keinem Höhepunkt gelangen konnte. Aus Liebe, um ihn nicht
zu verlieren, täuschte sie schließlich den Orgasmus vor,
scheute sich aber, unter diesen Umständen eine Ehe einzuge-
hen. Das Ende waren Depressionen. Von diesen Depressionen,
ebenso wie von ihrer Frigidität, konnte Claudia S. durch
Hypnosetherapie und viel Geduld befreit werden.

Natürlich können auch kindliche Erlebnisse zu späterem
sexuellem Fehlverhalten führen, wenn beispielsweise ein Kind
die Eltern beim Geschlechtsakt beobachtete und nicht verstand, was da vorging, oder wenn an dem Kind selbst
irgendwelche sexuellen Handlungen vorgenommen wurden.
Auch ein schlechtes Verhältnis zum Vater, das unbewußt auf
den Mann übertragen wird, kann durchaus ein Grund sein.

Solche frühkindlich angelegten Störungen sind gewöhnlich
viel schwerer zu beheben, als sogenannte Spätstörungen, wenn
zum Beispiel der Orgasmus ausbleibt, weil der Partner zu
wenig einfühlsam ist, oder wie sie aus Minderwertigkeitskomplexen erwachsen, wenn man glaubt, nicht geliebt zu werden
oder für die Hingabe nur Spott zu ernten (was häufig eine Folge

Ein Fall sexuellen Fehlverhaltens

*Im Kindesalter an-
gelegte Störungen*

von Enttäuschung ist), oder wenn man meint, häßlich zu sein und nur Fehler zu haben. Es ist einwandfrei festgestellt worden, daß Äußerlichkeiten längst nicht eine so große Rolle im Geschlechtsleben spielen, wie man angesichts des herrschenden Jugend- und Schönheitskultes annehmen sollte. Die Anziehungskraft eines Menschen auf den anderen hat damit nur am Rande zu tun. Manchmal sind gerade »schöne« Frauen frigid und keine idealen Gefährtinnen in der Liebe, ebenso wie übrigens gut aussehende Männer bisweilen nur sehr bedingt potent sind.

Das erste Erlebnis   Für junge Männer ist sehr oft das erste sexuelle Erlebnis ausschlaggebend für ihr weiteres Geschlechtsleben und entscheidend für Potenz oder Impotenz. Unternehmen sie ihren ersten diesbezüglichen Versuch beispielsweise mit einem sehr erfahrenen Mädchen oder einer reifen Frau und versagen sie dabei, ist oft – wie man so sagt – »der Ofen aus«. Sie haben von nun an immer Hemmungen, und es geht nichts mehr. Überhaupt ist es von nicht zu unterschätzender Bedeutung, ob die erste Begegnung schön oder unerfreulich ist. Im letzten Fall wird sie nicht verarbeitet, sondern nur verdrängt und bleibt als Konflikt bestehen.

Auch das Mutterproblem spielt bei Männern eine Rolle. Identifizieren sie das Mädchen zu sehr mit der Mutter, ist ein Verkehr manchmal nur mit Prostituierten möglich.

Impotenz ist, ebenso wie Frigidität, nur in den seltensten Fällen organisch bedingt. Meist liegen neurotische Fehlhaltungen zugrunde. In der Hauptsache basieren solche Störungen auf Hemmungen und Angst, seelischen Problemen, die teils tief im Unterbewußtsein verwurzelt sind, teils aber auch an der Oberfläche sitzen und leicht zu beheben sind. Ekel, Scham, Gleichgültigkeit oder Verachtung, die manche Menschen der Sexualität entgegenbringen, sind nichts als Ausweichgefühle für Angst vor allem Geschlechtlichen.

Vorzeitiger   Eine der Impotenz gegenteilige Sexualstörung beim Mann ist
Samenerguß   der vorzeitige Samenerguß, das heißt, der Mann erreicht stets so schnell seinen Höhepunkt, daß es der Frau niemals gelingt,

befriedigt zu werden, was bei ihr zwangsläufig zu seelischen Belastungen führt. Ich hatte einen Patienten, der deshalb von seiner Frau um Scheidung gebeten worden war.

Die wohl schmerzhafteste sexuelle Störung ist Vaginismus (Vagina = die Scheide), bei der sich die Scheideneingangsmuskulatur unter heftigen Schmerzen so stark verkrampft, daß für die Frau ein Geschlechtsverkehr nicht möglich ist. Vaginismus entsteht immer aufgrund unbewußter oder auch bewußter Angst. Die Ursache dieser Angst kann in einem wenig einfühlsamen, ungeschickten ersten Partner zu suchen sein, der die Defloration sehr schmerzhaft geschehen ließ, oder gar in einer Vergewaltigung. Die Frau wehrt sich dann gewissermaßen gegen das Eindringen des männlichen Gliedes. Vaginismus kann aber auch ganz banale Ursachen haben, wie Angst vor dem Geschlechtsakt an sich oder vor dem Gebären. Er kann aber auch die Folge irgendwelcher üblen Schauergeschichten, gehört von Mutter oder Freundin, oder einer wenig zartfühlenden Aufklärung sein. Die dadurch entstehende angstvolle Erwartungsneurose verursacht dann bei jedem Annäherungsversuch des Mannes den quälenden Scheidenkrampf. Vaginismus ist sehr oft mit Frigidität gekoppelt und kann auch mit ihr zusammen geheilt werden.

Vaginismus

Die Dauer einer hypnotischen Behandlung von Sexualproblemen ist recht unterschiedlich. In leichteren Fällen, beispielsweise bei jüngeren Männern mit noch kurzer Krankheitsdauer oder oft auch bei vorzeitigem Samenerguß, genügen nicht selten nur wenige Sitzungen, um eine Heilung zu erreichen. Auch bei autosuggestiver Impotenz und Regelanomalien der Frau ist oft schnell ein Erfolg zu verzeichnen. In vielen Fällen ist aber auch sehr viel Einfühlungsvermögen und Geduld vonnöten, denn diese Störungen treffen einen so empfindlichen Punkt der menschlichen Seele, daß man äußerst behutsam mit den Patienten umgehen muß.

Heilung durch Hypnosetherapie

Manchmal ist ein Bewußtmachen der Ursachen nötig, manchmal kann es hilfreich sein, die Vorführung eines Films in die Behandlung einzubeziehen. Andere Patienten wieder sprechen auf ein suggeriertes Erfolgserlebnis in hypnotischem Zustand (allerdings nicht bis zum Orgasmus) sehr gut an. Manchmal, besonders bei Störungen infolge schwerer Erziehungsfehler, ist ein Strukturwandel der Persönlichkeit auf diesem Gebiet empfehlenswert, so wie beispielsweise einer gefühlsgestörten Frau eine neue Einstellung zu ihrem Partner und das Bewußtsein suggeriert wird, daß völlige Hingabe ein überaus beglückendes Gefühl ist und daß sexuelle Wunschträume ganz natürlich und in Ordnung sind.

Die Behandlungsmethoden sind individuell ganz verschieden zu handhaben und sorgfältig abzuwägen. Wichtig ist immer, daß die hypnotischen Suggestionen, die den Weg zur sexuellen Erfüllung freimachen, durch den Partner zu Hause unterstützt werden. Der Partner muß alle Fortschritte erfreut zur Kenntnis nehmen und durch entsprechende Reaktionen den »Genesenden« unterstützen.

Ich möchte hier – nachdem dies eingangs schon ausführlich erörtert wurde – nur kurz erwähnen, daß in Hypnose selbstverständlich keinerlei sexuelle Handlungen erzwungen werden können, was im übrigen auch kein verantwortungsvoller Therapeut tun würde.

Homosexualität Schließlich möchte ich noch eine andere Störung streifen, der gottlob heutzutage endlich mehr Verständnis entgegengebracht wird als früher; ich meine die Homosexualität.

An sich ist jeder Mensch zunächst mehr oder weniger bisexuell angelegt. Wie ich schon geschildert habe, werden in den Keimdrüsen nicht nur männliche oder weibliche Hormone, sondern jeweils auch gegengeschlechtige erzeugt. Bis zur Pubertät ist das Geschlecht also noch reichlich schwankend. So ist es gar nicht unnatürlich, wenn ein Mädchen zuerst einmal für ältere Mädchen oder Lehrerinnen schwärmt, bevor es sich in einen jungen Mann verliebt und seine heterosexuelle Rolle im Leben zu spielen beginnt.

Sehen wir hier einmal davon ab, daß Homosexualität auch aus Notsituationen heraus entstehen kann, wenn Männer

nämlich für lange Zeit ohne Frauen zusammenleben müssen;
dies betrachtet man nicht als »echte« Homosexualität. Echte
Homosexuelle sind homosexuell von der Pubertät an.
Meist *Starke*
haben sie eine äußerst starke Bindung an die Mutter, die in der *Mutterbindung*
Regel, neben einem schwächlichen Vater, die Familie be-
herrscht. Die Mutter ihrerseits läßt den Sohn nicht los und ist
eifersüchtig auf jedes weibliche Wesen, das sich ihm nähert.
Freunde hingegen darf er haben, die sind ja keine Konkurrenz.
Natürlich hat der Junge seine Triebe, die er nun bloß bei den
Freunden ausleben kann. Genährt einerseits durch das Gebun-
densein an die Mutter (bei der er oft auch als erwachsener Mann
noch lebt) und andererseits durch den Zwang, den sie auf ihn
ausübt, wächst eine Art Widerwille gegen Frauen in ihm, der
ihn endgültig homosexuell werden läßt. Natürlich kann
angesichts der latenten Anlage auch durch Verführung die Lust
am Homosexuellen in einem jungen Burschen geweckt werden.

Homosexualität ist weder abscheulich noch verächtlich, *Eine Klarstellung*
noch etwas, das bestraft werden muß. Sie ist letztlich genauso
natürlich wie heterosexuelle Liebe, nur entspricht sie nicht
unserer gesellschaftlichen Norm. Im klassischen Griechenland
und in anderen Kulturen des Altertums war sie nichts
Ungewöhnliches. Jeder Schöngeist, jeder, der es sich leisten
konnte, liebte einen Knaben – und daran ist Griechenland
gewiß nicht zugrunde gegangen!

Homosexualität zu bestrafen, ist unmenschlich. Zum einen
hat ein solcher Mensch ja nichts verbrochen (sofern er sich
nicht an Kindern vergangen hat), und zum anderen kann man
eine Triebstörung nicht dadurch heilen, daß man den Betroffenen in demütigendster Weise mit Kriminellen zusammen-
sperrt, die sich noch dazu infolge der langen Isolation selbst oft
genug homosexuell befriedigen müssen.

Homosexualität soll nicht bestraft, sondern allenfalls geheilt *Umerziehung nur*
werden. Im Zuge der Hypnosetherapie wird einem Homo- *bei Mitarbeit*
sexuellen mit starker Mutterbindung in den Sitzungen immer

wieder das Bild der Mutter gezeigt. Langsam läßt der Therapeut es immer weiter zurücktreten; er »nabelt« den homosexuellen Patienten sozusagen nachträglich ab. So wird der Weg frei für Suggestionen, die ihn dann Frauen oft mit anderen Augen sehen lassen. Klar ist, daß bei der Hypnosetherapie gerade in diesen Fällen die Mitarbeit des Patienten von größter Bedeutung ist. Es hätte natürlich keinen Sinn, einen Homosexuellen, der sich »in seiner Haut« glücklich fühlt, gegen seinen Willen zur Heterosexualität »umerziehen« zu wollen.

Kriterien glücklicher
Sexualität

Schließlich liegt mir noch sehr daran klarzustellen, wovon hier die ganze Zeit die Rede ist: es handelt sich natürlich nicht um jenen Sex in dem primitiven Sinn, den man heute mit dem rüden Wort »bumsen« bezeichnet und der sich kaum von der Paarung der Tiere unterscheidet. Für die befriedigende Sexualität, die eine Quelle der Entspannung und der Lebensfreude ist, bedarf es der Liebe und einiger Intelligenz und Phantasie. Solche Erotik kann direkt zu einer Kunst des Herzens und des Körpers verfeinert werden. Ein glückliches Geschlechtsleben ist himmelweit auch von der sogenannten »Pflichterfüllung« entfernt.

Sexualität ist ferner eine Sache weder der Unterwerfung der Frau unter den Willen des Mannes noch der Potenzprotzerei. Don Juan war durchaus nicht der große Held, als der er hingestellt wird, sondern ein ewig Unbefriedigter auf der egozentrischen Suche nach der wahren Erfüllung. Daß er sie nicht fand, war nicht zuletzt seine eigene Schuld. In der Sexualität herrscht wie in der Liebe – die im Idealfall die Grundlage geschlechtlicher Betätigung ist – das Prinzip von Geben und Nehmen. Man kann nicht nur erwarten oder nehmen, man muß auch geben – im täglichen materiellen Leben wie in der Liebe. Die Träume vieler Frauen von irgendeinem Supermann oder vieler Männer von einem Filmstar (die natürlich allesamt auch ihre Nachteile haben) sind unerfüllbar und schaden den Betreffenden und ihren bedauernswerten Partnern, die ewig an diesen Phantasiegebilden gemessen werden.

Ein großer Unsinn ist es auch, eine wackelige Partnerschaft *Eifersucht* durch absichtliches Spiel mit der Eifersucht des Partners wieder kitten zu wollen. Eifersucht, so natürlich sie bis zu einem gewissen und gesunden Grad ist, ist im Grunde nichts anderes als kalter Besitztrieb. Ein reifer Mensch ohne Minderwertigkeitskomplexe hat eine solch infantile Einstellung nicht nötig, er ist seiner selbst sicher genug, um seinem Partner die persönliche Freiheit zu lassen, die jeder Mensch so dringend braucht wie die Luft zum Atmen. Das wird eine Ehe mehr zusammenhalten als krankhafte Eifersucht. Beachten Sie hier bitte das Wort »krankhaft«.

Der krankhaft Eifersüchtige kann gegen dieses sein Gefühl nicht angehen, auch nicht mit Vernunft, und zerstört unsagbar viel damit. Ein Musterbeispiel dafür ist Shakespeares Othello, der aus krankhafter Eifersucht (die übrigens meistens nur eingebildet ist) zuerst die geliebte Frau und dann sich selbst erstach. Niemals wird Eifersucht Liebe zurückbringen. In Fällen krankhafter Eifersucht zeitigt die Hypnosetherapie überraschende Erfolge.

Eine erfüllte Partnerschaft fällt niemandem in den Schoß: *Glücklichsein* man muß sich jeden Tag neu um sie bemühen. Aus einer *fällt niemandem in* Verliebtheit wird nur dann eine glückliche Liebe, aus einem *den Schoß* ersten stürmischen Glück nur dann ein erfülltes Sexualleben, wenn man eine große Verständigungsbereitschaft für den Partner aufbringt, ihn nimmt, wie er ist, und auf ihn eingeht. Die vollkommene Liebe gibt es – ebenso wie den vollkommenen Liebhaber oder die vollkommene Geliebte – nur in Romanen.

In Wirklichkeit muß man beides lernen: Liebe und Sexualität. Beides macht das Leben erst lebenswert und schön, und wenn der Weg zur wirklichen Liebe und zum erfüllten Geschlechtsleben auch manchmal schwer sein mag, so hat doch Goethe recht: »Und doch, welch Glück, geliebt zu werden! Und lieben, Götter, welch ein Glück!«

Eingeschränkte Freiheiten – Hemmungen

Eine im Leben oft unterbewertete Angelegenheit sind Hemmungen. Es gibt wohl kaum einen Menschen, der nicht schon einmal unter Hemmungen gelitten hätte. Hemmungen sind im *Eine Definiton* eigentlichen Sinne keine Krankheit. Das Lexikon definiert sie als »willkürliches Unterdrücken von Antrieben« (dem haftet nichts Krankhaftes an) und »Störung im Verhalten« (da wird die Grenze des Krankhaften sichtbar). Die Psychoanalyse sieht sie als Folge der »hemmenden Wirkung von verdrängten, unbewußten Komplexen, eingeklemmten Affekten, die nicht auf normalem Wege abreagiert werden können«.

Mangelndes Selbst- Sicher ist, daß Hemmungen bis zu einem gewissen Grade *vertrauen* nicht nur normal, sondern auch wichtig sind. Gesunde Hemmungen sorgen nämlich dafür, daß der Mensch sich der jeweiligen Situation anpaßt und sich nicht außerhalb der gesellschaftlichen Spielregeln stellt, ohne die ja letzten Endes ein geregeltes Zusammenleben nicht möglich wäre. Sicher ist weiterhin, daß die Grundlage für Hemmungen meist schon durch falsche Erziehung angelegt wird. Dauernde Unterdrükkung des Kindes, ständige Verbote sind ebenso sichere Wege dahin wie unausgesetzter Tadel und Bemängelung, wie das Fehlen von Lob, Anerkennung und Ansporn. Ein so erzogenes Kind kann nie das für die seelische Gesundheit und das spätere Leben so wichtige Selbstvertrauen entwickeln. So ist die weitere Unterdrückung in der Schule schon vorprogrammiert: das Kind ist schüchtern, kann nicht aus sich herausgehen, da es ja alles nicht durfte, also wird es von den anderen Kindern »an die Wand gedrückt«. Da helfen weder Fleiß noch Können, zumal es dieses aus Schüchternheit gar nicht richtig zur Geltung bringen kann.

Minderwertigkeits- Auch aufgrund schwerer beruflicher oder privater Enttäu-*komplexe* schungen können Hemmungen entstehen. Immer wieder jedoch erwachsen sie aus Minderwertigkeitskomplexen. Jeder Mißerfolg beeinträchtigt automatisch das Selbstwertgefühl. Geschieht dies öfter, vielleicht gerade auch infolge von Schüchternheit, so entstehen Minderwertigkeitskomplexe, die wiederum sehr stark hemmen. Der Betreffende glaubt ja in einem solchen Fall, den anderen gegenüber »minder wert«, also weniger wert zu sein. Eine solche Einstellung ist zwar immer ein rein subjektives Gefühl (auch wenn es aus der Ansicht der betreffenden Person erwächst, sie sei häßlich oder ungeschickt oder nicht schlagfertig genug), aber sie führt unweigerlich zu Hemmungen im Umgang mit den Mitmenschen.

Was zunächst so harmlos anfängt, daß zum Beispiel ein scheues junges Mädchen rot wird (was übrigens sehr hübsch und rührend ist), kann der Beginn von jahrelangen, quälenden Hemmungen sein. Es braucht bloß ein »witziger« oder schadenfroher Zeitgenosse dieses Erröten in spöttischem Ton herauszustellen, schon ist der Keim gelegt. Das Mädchen wird sich dieses Errötens schämen, wird bei jeder Begegnung mit anderen Menschen als den nächsten Angehörigen fürchten, rot zu werden, und natürlich wird es nun wirklich jedesmal erröten. Langsam, aber ziemlich sicher führt das nicht bloß zu weiteren Hemmungen, sondern auch zu einer immer stärkeren Abkapselung, zu Kontaktarmut und, möglicherweise, sogar zu Depressionen. So können aus harmlosen Hemmungen echte Krankheiten entstehen.

Mit harmlosem Erröten kann es anfangen

Es gibt natürlich ungezählte verschiedene Hemmungen. So kann jemand gehemmt sein, einen verehrten Menschen anzusprechen oder jemand anderen um etwas zu bitten, sei es um eine Gehaltserhöhung, sei es nur um eine kleine Gefälligkeit oder Auskunft. Jemand kann Hemmungen haben, einem anderen zu widersprechen, seine Meinung zu vertreten, ja sogar eine eigene Meinung zu haben.

Andere Beispiele

Man kann Hemmungen haben, vor vielen Leuten zu sprechen – wie es einem Patienten von mir ging. Trotz größter Fähigkeiten hatte er unüberwindliche Hemmungen, öffentlich zu sprechen, was jedoch sein Beruf von ihm verlangte; er hatte Minderwertigkeitsgefühle wegen fehlender akademischer Bildung. Stets fürchtete er, den Faden zu verlieren, er konnte sich nie vom Manuskript lösen und frei sprechen. Erst die Behandlung in Hypnose verlieh ihm Selbstbewußtsein und Sicherheit.

Wenn Sie sich diese – natürlich unvollständig bleibende – Aufzählung von Beispielen einmal genauer ansehen, werden Sie merken, daß man stets das Wort »Hemmung« auch durch »Angst« ersetzen könnte. Angst hemmt. Hemmungen sind also immer und in jedem Fall mit Angst verbunden, mit Angst und Unsicherheit, mit dem Gefühl der Minderwertigkeit und innerer Unfreiheit.

Hemmungen können zu seelischen und körperlichen Krankheiten führen

Im Falle der fünfunddreißigjährigen Christa D. hatten die Hemmungen mit der Pubertät eingesetzt. Als Kind völlig frei, sicher und offen (allerdings vielleicht das, was man »gut erzogen« nennt) hatte sie von der Pubertät an immer das Gefühl, auf der Straße spöttisch angesehen, ja ausgelacht zu werden. Unsicherheit und Minderwertigkeitsgefühle wurden zu Hemmungen, die zu immer stärkerer Kontaktarmut, zur Isolation und schließlich sogar zu Depressionen führten.

So bleiben Hemmungen nie ohne Folgen. Manch einer wurde zum Alkoholiker, weil er entdeckt hatte, daß man mit Alkohol für eine Zeitlang seine Hemmungen abbauen kann. Auch Migräne, Schlafstörungen, leichtes Asthma und Sexualstörungen entstehen gar nicht so selten auf dem Boden von Hemmungen. Ein völlig unbegründetes Schamgefühl kann soweit gehen, daß eine Person Hemmungen hat, ihrem Arzt bestimmte Krankheiten einzugestehen oder daß sie unverschuldete Armut verschweigt und so ohne jede Hilfe bleibt.

Ein gehemmter Mensch wird niemals seine geistigen und körperlichen Fähigkeiten voll entfalten können, und er wird nie in der Lage sein, sich sorglos des Lebens zu erfreuen.

Hypnosetherapie hilft gründlich und relativ schnell

Unter Hemmungen, welcher Art auch immer, leidet der Betroffene meist sehr heftig und fühlt sich todunglücklich. Deshalb ist es sehr bedauerlich, daß so wenige Menschen wissen, wie gründlich und meist relativ schnell ihnen in einem solchen Fall mit Hypnosetherapie geholfen werden könnte.

Durch die zunächst vorzunehmende vollkommene Ruhigstellung wirken die Suggestionen, die dem Menschen Selbstwertgefühl und Sicherheit geben, besonders schnell und gut.

Der Therapeut wird dann gezielt die individuellen Situationen ansprechen, die zu den Hemmungen führten oder sie auszulösen pflegen; er wird den Patienten, der nun innerlich frei, locker und sicher geworden ist, lehren, sich selbst zu akzeptieren, wie er mit allen seinen inneren und äußeren Fehlern ist, seinen Standpunkt zu vertreten und seinen Mitmenschen ohne Angst gegenüberzutreten. Sehr hilfreich hat sich oft auch das Erlebnis von Erfolgssituationen in Hypnose erwiesen; der Patient sieht sich dann in der gefürchteten Situation ganz ohne Hemmungen, ganz ohne Angst.

Er bekommt eine völlig neue Einstellung zu sich selbst, gegenüber seiner Umwelt und seinen Mitmenschen, so wird praktisch seine ganze Persönlichkeitshaltung in positivem Sinne neu ausgebildet.

Seelische Hemmungen, von denen bisher die Rede war, *Stottern* führen aber sehr oft auch zu körperlichen Störungen, zu Lern- und Gedächtnishemmungen, Schreibhemmungen und Sprechhemmungen – zu Stottern. Da Stottern sehr verbreitet ist (in der Bundesrepublik Deutschland gibt es etwa 1,2 Millionen Sprech- oder Stimmgestörte), da ferner die Betroffenen sehr unter dieser Behinderung leiden und da Hypnosetherapie in solchen Fällen meist eine äußerst wertvolle Hilfe sein kann, möchte ich dieses Thema etwas ausführlicher erörtern.

Stottern ist nichts Komisches; es handelt sich um eine schwere Störung, an der sowohl die Atmung als auch die Stimmgebung und Artikulation beteiligt sind. Es ist gewissermaßen eine Koordinationsneurose hinsichtlich dieser Funktionen. Die Bezeichnung »stottern« kommt vom niederdeutschen »stöteren« = anstoßen. Die dabei auftretenden Abweichungen vom normalen Sprechverlauf sind vor allem beim mitteilenden Sprechen zu bemerken. Es kommt dabei zu Blockierungen, zu Verlängerungen oder Wiederholungen des Lautes, der Silbe oder des Wortes. Dadurch wird der rhythmische Ablauf der Sprache oft empfindlich gestört.

Wir unterscheiden in der Hauptsache zwei Arten von *Klonisches und toni-* Stottern: das klonische und tonische. Beim klonischen *sches Stottern*

Stottern wird der Anlaut eines Wortes, also zum Beispiel ein
P oder ein T, mehrere Male wiederholt, beim tonischen
Stottern wird ein Laut ungewöhnlich lange bei fest geschlosse-
nen Lippen angehalten.

Stottern wird in den allermeisten Fällen bereits in der
Kindheit erworben, und zwar in der Regel zwischen dem
zweiten und vierten Lebensjahr. (Es kommt nur ganz selten
vor, daß das Stottern erst später, also etwa nach dem siebten
Lebensjahr einsetzt.) In diesem ganz frühen Alter zwischen
zwei und vier Jahren schreitet die geistige Entwicklung des
Kindes viel schneller voran als die sprachliche, das Kind kann
daher noch nicht so schnell sprechen, wie es schon denken
kann und wie es dies in seinem erwachenden Wissen und
Mitteilungsbedürfnis tun möchte. So kommt es zum Stolpern,
zum Stottern.

Oft ist falsche Erzie-   In diesem Zusammenhang spielt nun wieder die Erziehung
hung schuld   eine maßgebende Rolle. Läßt man das Kind jetzt nicht in Ruhe
sprechen und denken, fährt man es an: »Stottere nicht so!« oder
zeigt man Ungeduld, wird sich eine Angst vor dem Sprechen
einstellen, denn das Kind meint nun immer, keine Zeit für die
Artikulierung all der Wörter zu haben. Dadurch wird sowohl
das Stottern, als auch die Angst vor dem Stottern manifestiert.
Wird ein Kind wegen einer solchen geringen Sprechhemmung
dauernd gerügt, bemerkt es sie erst richtig. Vorher, als
Kleinkind, wußte es nicht, daß es stotterte. Nun wird es sich
ständig beobachten und immer mehr bemüht sein, »ordent-
lich« zu sprechen, und eben diese Bemühung führt wieder zu
Stottern.

Andere Wege dahin sind Lieblosigkeit, Härte, Kränkungen
oder das Herausnehmen des Kindes aus einer gewohnten
Umgebung.

Natürlich trifft alles das nicht auf jedes Kind zu; immer
hängt es von der Sensibilität des Kindes ab, ob es auf solche
Umstände mit Stottern reagiert. Wird ein sehr empfindsames
Kind durch falsche Erziehung (Überängstlichkeit, viel Tadel)
oder durch irgendwelche Ereignisse – das kann eine Krankheit

oder ein Trauma, ein Hundebiß oder der erzwungene Wechsel vom Links- zum Rechtshänder sein – verunsichert, kann das sehr leicht zum Stottern führen. Unsicherheit ist immer eine Vorbedingung, ebenso Streß. Man hat festgestellt, daß Kinder um so mehr stottern, je mehr sie unter Streß zu sprechen versuchen.

Einem solchen Streß wird natürlich das Kind ausgesetzt, wenn es aus der gewohnten häuslichen Umgebung in die fremde, oft als feindlich empfundene Welt der Schule kommt. Ist es nun – aufgrund welcher Umstände auch immer – unsicher und scheu, wird seine Sprechstörung in der Schule bestimmt nicht gebessert. Im Gegenteil: die anderen Kinder verspotten es deshalb, es hat wegen seiner Unsicherheit nicht den Mut, sich zu wehren und wird sich auch im Unterricht kaum zu Wort melden aus Angst, mit seinem Stottern das Gelächter der Kameraden herauszufordern. Der Teufelskreis hat sich geschlossen. Immer wird das Kind nun aus Angst vor dem Sprechen, insbesondere vor anderen, schweigen, immer wird es sich selbst beobachten, und so wird es ihm sicher nicht gelingen, das Stottern von sich aus abzulegen. Unter irgendeinem Streß, der wie gesagt eine so große Rolle beim Stottern spielt, steht der Mensch, und zwar auch schon als Kind, ja immer.

Das stotternde Kind empfindet die Schule oft als feindlich

So entwickeln Stotterer eine besondere Empfindsamkeit gegenüber individuell unterschiedlichen, ganz bestimmten Streßsituationen. Es gibt gar nicht so wenige, die nie zum Telefon greifen, weil sie immer nur dann stottern. Ich kenne einen hochbegabten jungen Mann, der das Lehrerstudium aufgab, weil er überzeugt war, niemals vor einer ganzen Klasse frei reden zu können. Es gibt Menschen, die nur bei ganz bestimmten Lauten oder Wörtern stottern und im Laufe der Zeit eine unwahrscheinliche Fähigkeit entwickeln, diese Wörter durch andere zu ersetzen, was allerdings manchmal einen etwas merkwürdigen Sprechstil zur Folge hat.

Besondere Empfindsamkeit gegenüber bestimmten Streßsituationen

Einer meiner Patienten wagte seit Jahren kein Lokal mehr zu betreten. Er hatte panische Angst, etwas zu bestellen, weil er immer dann besonders heftig stotterte und deshalb fürchtete, der Kellner werde nicht die Geduld haben, auf das Ende der Bestellung zu warten. Heute, nach der Hypnosebehandlung, bereitet ihm das keinerlei Schwierigkeiten mehr; er geht sehr gern einmal gut essen.

Wieder andere stottern nur, wenn sie irgendwelchen Respektspersonen, dem Lehrer oder dem Chef, gegenüberstehen, oder sie reagieren mit Stottern auf unvertraute Situationen, denen sie unsicher gegenüberstehen. Auch unerwartete schlechte Nachrichten wirken auslösend, ja es kann sogar schon eine geringfügige Aufregung genügen. Die Stimmbänder reagieren sehr leicht auf solche Umstände, wenn jemand zum Stottern neigt.

Was geschieht nun eigentlich beim Stottern?

Die unbewußt ab-
laufenden Vorgänge

Zur Erzeugung der Laute beim Sprechen ist ein ganz bestimmter Luftdruck nötig. Um diesen Druck in der erforderlichen Höhe zu erlangen, entsteht beim Sprechen auf dem Atemweg eine Art von Verschluß. Nun kommt es vor, daß dieser Verschluß vom Gehirn infolge einer Fehlleistung als Gefahr (des Erstickens) interpretiert wird. Als Gegenreflex werden die Stimmbänder ganz weit geöffnet, was allenfalls ein tonloses Flüstern, aber kein Sprechen ermöglicht. Um nun doch sprechen zu können, werden im Bruchteil einer Sekunde die Stimmbänder wieder ganz fest verschlossen, nun jedoch viel zu fest, was richtiges Sprechen wieder nicht erlaubt. Der krampfartige Verschluß überträgt sich auch als Krampf auf den Kehlkopf, und als Folge stottert der Betroffene. Natürlich laufen alle diese Vorgänge unbewußt ab.

Bewußtheit ver-
stärkt die Störung

In ganz frühem Lebensalter bemerkt ein Kind Stottersymptome nicht, sie werden ihm nicht bewußt. Es kümmert sich nicht darum, hat keine Angstgefühle und quält sich deswegen nicht. Später, wenn das Kind die Symptome wahrnimmt oder darauf hingewiesen wird, bekommt es Angst vorm Sprechen und versucht krampfhaft, bestimmte Laute oder Wörter zu umgehen. Jede sprachliche Situation erlebt es unter Anspannung, was nicht selten zu krampfartigen Bewegungen des Kopfes, des Gesichts oder auch der Glieder führt.

Recht interessant ist die Feststellung, daß ein Stotterer oft ganz normal spricht, wenn er sich unbeobachtet fühlt. Auch beim Singen oder beim tonlosen Sprechen entfällt häufig die Sprechhemmung.

Das Stottern, das man übrigens weit häufiger bei Knaben oder Männern als bei Mädchen oder Frauen findet, ist ein uraltes Leiden. Schon in der altägyptischen Hieroglyphenschrift gab es ein Zeichen dafür. Ganz sicher ist es auch damals ebenso wie heute vorgekommen, daß das Stottern im Erwachsenenalter zur reinen Gewohnheit geworden oder – auch das kommt vor – schlicht und einfach eine Einbildung ist.

Häufiger bei Knaben

Wie dem auch sei, ob echte Störung, Gewohnheit oder Einbildung, der Betroffene leidet seelisch sehr stark unter dieser Behinderung, die sich nur zu oft auch beruflich hemmend auswirkt. Einer meiner Patienten war Medizinstudent; er stotterte entsetzlich. Nun gibt es in der Medizin nur drei Zweige, in denen eine solche Sprechhemmung nicht sonderlich störend ist, nämlich die Anästhesie, die Radiologie und die Pathologie. Mein Patient aber wollte Internist mit eigener Praxis werden. Sie können sich vorstellen, wie sehnsüchtig er die Befreiung von seiner Sprechstörung herbeiwünschte. Er wollte unbedingt diesen Beruf ergreifen, deshalb wollte er unbedingt auch das Stottern loswerden – und gerade dieses entschiedene Wollen verzögerte seine Heilung, die wir schließlich doch erreichten, erheblich.

Erinnern Sie sich bitte an Coués Gesetz von der gegenteiligen Wirkung des Willens (»Kommen Wille und Einbildungskraft miteinander in Konflikt, siegt immer die Einbildungskraft, und der Wille unterliegt«). Es bewahrheitet sich auch beim Stottern. Stotterer versuchen unter Einsetzung aller Willenskraft flüssig zu sprechen, und gerade das verhindert das fehlerlose Sprechen, denn im Unterbewußtsein sagt ihnen ihre Einbildungskraft: »Ich kann ja doch nicht!«

Die gegenteilige Wirkung des Willens

So ist auch der leider die Regel darstellende Appell der Eltern an ihr stotterndes Kind, sich doch um richtiges Sprechen zu bemühen, überaus schädlich; denn erst dadurch wird sich das

Kind seiner Störung bewußt, es beobachtet sie nun und entwickelt immer mehr Angst vor dem Stottern, was sich zu einer echten Erwartungsneurose auswächst und das Stottern noch mehr fördert.

Übertriebene Selbst-
beobachtung
Das trifft nicht nur auf Kinder, sondern überhaupt auf Stotterer zu. Sie beobachten sich viel zu sehr. Oft betrachten sie ihr Stottern als Katastrophe und stottern folglich nur noch mehr. Hinzu kommt die Angst vor der Lächerlichkeit, der Stotterer leider immer wieder ausgesetzt sind. Für sie kann daher jeder kleine Einkauf, jede banale Unterhaltung, ja jede Kommunikation überhaupt buchstäblich zu einem Alptraum werden, dem sie natürlich gern aus dem Weg gehen. Auch von ihnen tritt mancher – wie es bei den Gehemmten zutrifft – die Flucht in den Alkohol an, der ja enthemmt und manchmal für einige Zeit vom Stottern befreit. Aber das hat natürlich auch seine Gefahren und endet bei entsprechender Disposition schlimmstenfalls in Trunksucht.

Sprechangst
Andere, direkte Folgen von Stottern sind Unruhe, Unsicherheit, Aufmerksamkeits- und Konzentrationsstörungen, Erziehungsschwierigkeiten und Aggressionen. Die Sprecherwartungsangst geht oft in schwerste Sprechangst (Logophobie) über.

Wie ich schon sagte, versuchen manche Stotterer ihre Störung zu verbergen, indem sie sehr geschickt Wörter, vor denen sie Angst haben, durch andere ersetzen. Andere haben ganz merkwürdige Riten ausgebildet, mit deren Hilfe sie dann sprechen können. So gibt es Stotterer, die sich vor jedem angstbefrachteten Wort in den Arm kneifen, andere reißen sich ein Haar aus, und es ist auch schon vorgekommen, daß ein Stotterer nur sprechen konnte, wenn er vor seiner Angstschranke einen Bleistift in die Luft warf (es durfte aber nichts anderes als ein Bleistift sein!). Diese Handlungen sind im kritischen Moment eine Art von Ablenkung, die meist funktioniert, aber natürlich etwas merkwürdig auf die Mitmenschen wirkt und somit auch keine sehr gute Lösung des Problems darstellt.

Schon besser ist die Angewohnheit, vor bestimmten Sätzen oder Wörtern einen Laut einzufügen, etwa das bekannte »äh«. Es gibt Leute, die das vor jedem zweiten oder dritten Wort tun. Diese eingefügten Laute wirken gewissermaßen als »Sperren-löser«. Das berühmte Beispiel hierfür ist wohl Winston Churchill, der vor einige seiner Sätze immer ein langgezogenes »Mmm« setzte, das hielt die Stimmbänder in Schwingung. Immer allerdings funktionieren solche Sperrenlöser nicht.

Als beste Methode, die vom Stottern befreit, erweist sich die Hypnosetherapie. Sie vermag in den meisten Fällen zu helfen. Der Patient, der in vollkommene Ruhe versetzt worden ist, bekommt Suggestionen, die ihn entspannen und innerlich lockern, ihm Sicherheit und Gelassenheit geben. Er wird von seiner Angst befreit, die ja immer vorhanden ist, und er erlebt in Hypnose Erfolgssituationen; er sieht sich zum Beispiel in der Schule völlig ruhig und sicher sprechen, oder er hört sich eine Rede halten ohne jedes Stocken und Stottern. Die Fähigkeit, flüssig und ohne Fehler sprechen zu können, wird ihm immer wieder suggeriert. Oft sind es auch Aufträge posthypnotischer Natur. Wenn es sich als notwendig erweist, kann man in Hypnose auch Sprechübungen mit dem Patienten machen, die man möglicherweise sogar auf Band aufnehmen und ihm anschließend vorspielen kann.

In den meisten Fällen vermag Hypnosetherapie zu helfen

Besonders schnelle Erfolge sind zu verzeichnen, wenn das Stottern zur reinen Gewohnheit geworden ist; aber auch tiefer sitzende Störungen sind mit Hypnosetherapie so gut wie immer zu beseitigen.

16. Möglichkeiten der Hypnosetherapie

Sie haben an diesen Beispielen aus meiner Praxis sehen können, wie vielseitig Hypnosetherapie anzuwenden ist, und Sie wissen nun auch, daß der Hypnose nichts Magisches, nichts Geheimnisvolles anhaftet – ebensowenig wie Suggestionen – und daß ihr völlig normale physiologische Abläufe zugrunde liegen. Hypnose und Suggestion spielen im Leben eines jeden Menschen von der Geburt bis zum Tod eine ganz wesentliche Rolle.

Hypnose – die Herstellung des hypnotischen Zustands – ist ein bionomer Umschaltvorgang im Bereich des Zwischenhirns und der Gehirnrinde (Bionomie ist die Wissenschaft von den Lebensgesetzen). Es ist ein Umschaltvorgang genau wie der Schlaf, von dem sich der Hypnosezustand wesentlich nur durch eine anders geartete Bewußtseinslage unterscheidet. Auch ist die Einflußnahme auf Seele und Körper in Hypnose sehr viel leichter als im Schlaf (oder in wachbewußtem Zustand).

Hypnose ist ein binomer Umschaltvorgang

Da infolge der heutigen Art zu leben die Fähigkeit zu solch bionomem Umschalten, das heißt also zum Abschaltenkönnen, zum Entspannen, immer mehr verlorengeht, sind Verfahren wie Hypnose oder auch andere Entspannungsmethoden ungeheuer wichtig. Sie helfen uns umschalten, abschalten, entspannen zu können. Dabei ist die Hypnosetherapie keine Behandlungsmethode, bei der der Hypnotisierte einfach passiv auf die Wirkung wartet. Sie verlangt im Gegenteil aktive Arbeit des Patienten an sich selbst, wobei der Therapeut, der Arzt, Hilfestellung leistet. So erscheint dann auch einleuchtend, daß der hypnoide Zustand auch ohne Hypnotiseur, durch von außen kommende Suggestivreize oder durch Autosuggestion, ausgelöst werden kann.

Aktive Mitarbeit des Patienten

Die aktive Mitarbeit des Patienten unterscheidet, neben anderen Faktoren, die moderne Heilhypnose von den alten Methoden. Mesmers tierischer Magnetismus ist, so groß das historische Verdienst dieses Forschers ist, heute als vollkommen überholt abzulehnen. Die Übertragungsphänomene, die seinerzeit bei den Heilungen eine hauptsächliche Rolle spielten (und die damals als magnetische Wirkungen mißgedeutet worden waren), stellen sich, wenn auch nur in geringerem Maße, bei jeder zwischenmenschlichen Beziehung ein. Und doch hatte der Wiener Arzt Professor von Nußbaum recht, als er um die Jahrhundertwende sagte, das »magnetische Heilverfahren« sei die Medizin der Zukunft, denn genau dieses magnetische Heilverfahren war ja die Grundlage, aus der sich die moderne Heilhypnose entwickelte, eben dieser Umschaltvorgang, über den wir heute eine ganze Menge exakt nachgewiesener Einzelheiten wissen. Dieses Wissen trägt auch erheblich dazu bei, daß sich die Hypnosetherapie mehr und mehr von der Bevormundung durch die Psychoanalyse befreit. Hypnosetherapie ist eine Behandlung eigener Art und anderen ärztlichen Behandlungsmethoden gleichwertig.

Der hypnotische Zustand, den jeder ein wenig anders erlebt, ist ein angenehmes Schweben zwischen Wachen und Schlafen, in dem man sich vollkommen wohl fühlt, aber niemals den Kontakt mit dem Therapeuten verliert, der die heilenden Suggestionen gibt.

Seelisch-körperliche Ruhigstellung

Noch vor den Suggestionen kommt jedoch eine wichtige Grundwirkung der Hypnose zum Tragen: die seelisch-körperliche Ruhigstellung. In dieser Ruhigstellung »läuft« der Körper genauso auf Sparflamme wie im Schlaf. Das vegetative Nervensystem schaltet von der Vorherrschaft des Sympathikus auf jene des Vagus um, und dadurch wird in diese Ruhigstellung der gesamte Organismus, psychisch und physisch, einbezogen. Dieser ungemein wohltuende Zustand wirkt an sich schon günstig auf Organe, die in ihrer Funktion gestört sind; besser und effektiver ist es jedoch immer, wenn während dieser Ruhigstellung auch noch Suggestionen gegeben werden. So kann man die Organe einmal direkt, zum anderen aber auch über die Psyche und das vegetative Nervensystem ansprechen.

Das vegetative Nervensystem funktioniert ja als Ganzheit, was eine Umstimmung von jedem Punkt des gesamten Nervensystems aus ermöglicht, und zwar sowohl im negativen wie auch im positiven Sinne. Durch die Wiederherstellung des Gleichgewichtes von Sympathikus und Parasympathikus lassen sich alle Organe beeinflussen, die durch Fehlschaltungen des Systems in ihrer Funktion gestört sind.

Solche Fehlschaltungen und Störungen haben ihre Ursache, ebenso wie psychische Fehlhaltungen, meist in unserem Unterbewußtsein, in dem verdrängte oder vergessene Affekte, Konflikte und traumatische Erlebnisse weiterwirken. Das Unterbewußtsein stellt seinem Potential nach eine ungeheure Macht dar: es steuert, unserer willentlichen Kontrolle weitgehend entzogen, unser ganzes Leben – den Körper ebenso wie die Seele. Die oft scheinbar unerklärliche Wirkungskraft der Hypnose ist also damit zu erklären, daß die hypnotischen Suggestionen direkt das Unterbewußtsein ansprechen, nachdem durch den Eintritt des hypnoiden Zustands das Bewußtsein mehr oder weniger eingeengt bzw. bis zu einem gewissen Grad ausgeschaltet wurde.

Direkte Ansprache des Unterbewußtseins

So wie jeder durch Worte hervorgerufene Impuls seine Wirkung entfaltet, wirken bekanntlich auch Vorstellungen und Gedanken, die wir hegen, als Suggestionen; das hatten schon Hypolyte Bernheim und Emile Coué erkannt. Professor Bernheim hatte festgestellt: »Die Wirkung geht immer über die Einbildungskraft«, und von Coué stammt das Gesetz: »Jeder Gedanke ist bestrebt, sich zu verwirklichen.« Mit negativen Gedanken kann man sich tatsächlich krankmachen, sogar organisch krank. Logischerweise sind Gedanken und Vorstellungen, also Suggestionen, zumal wenn diese klar in Worten gefaßt sind, auch gegenteilig, also heilend einsetzbar. So kann der Gedanke zum Heilmittel werden, und ein einziges Wort, ein einziger Satz kann oft wirksamer sein als so manches Medikament. Das soll natürlich nicht heißen, daß Hypnosetherapie medikamentöse oder überhaupt andere medizinische Behandlungsmethoden ersetzen kann oder gar verdrängen will. Das heißt ganz einfach, daß die moderne Medizin an der Heilhypnose nicht vorbeikommen wird, weil diese über die direkte Beeinflussung des Unterbewußtseins mehr erreicht als die Schulmedizin mit ihren koventionellen Methoden.

Die Wirksamkeit solcher hypnotischen Suggestionen wird noch gesteigert durch deren ständige Wiederholung. Sie alle kennen das Sprichwort:»Steter Tropfen höhlt den Stein« und auch in diesem Zusammenhang sei noch einmal an Coué erinnert, der seine Patienten immer wieder den Satz wiederholen ließ:»Es geht mir von Tag zu Tag und in jeder Hinsicht immer besser und besser.«

Seit Jahrtausenden weiß man um die starken Einflüsse der Seele auf den Körper. Wenn auch die Medizin stets meinte, sie brauche sich nur mit dem Körper zu befassen, gab es doch immer wieder Ärzte, die von der Wichtigkeit seelisch-geistiger Vorgänge überzeugt waren. So veranlaßte der Staatsrat und Leibarzt des preußischen Königspaares Christoph Wilhelm Hufeland um die Wende des achtzehnten zum neunzehnten Jahrhundert den großen Philosophen Immanuel Kant ein kleines Büchlein zu schreiben, betitelt *Von der Macht des Gemüts,* in dem er auf den Einfluß des Geistes auf nervöse und organische Erkrankungen hinweist.

Die seelisch-körperlichen Wechselwirkungen Da also in unserem Organismus seelische und körperliche Vorgänge sehr eng bionom gekoppelt sind (jeder von der Norm abweichende affektive Vorgang hat stets physiologische Folgen), gibt es kaum eine Störung, kaum eine Krankheit, die nicht durch Hypnose geheilt oder doch zumindest für lange Zeit gebessert werden könnte. Auf die wenigen Ausnahmen komme ich später noch zu sprechen.

Die Einheit von Körper und Seele wird besonders bei Angst deutlich. Jedes Angstgefühl löst automatisch körperliche Reaktionen aus, von Herzklopfen über Schwitzen bis zu Durchfall. Diese enge Verbindung von Psyche und Physis besteht auf allen Gebieten. Jeder innere Spannungszustand führt auf die Dauer zu funktionellen Störungen, denn psychische Fehlhaltungen sind immer mit vegativen Fehlschaltungen verbunden, und jede organische Störung führt ihrerseits zu seelischen Reaktionen. So kommt es immer wieder zu verhängnisvollen Wechselwirkungen, die durch eine Hypnosetherapie unterbrochen werden können.

Auch diesbezüglich besteht ein himmelweiter Unterschied zu den alten Hypnose- und Suggestionsmethoden. Aufgrund zahlreicher neuer wissenschaftlicher Erkenntnisse hat sich das Anwendungsgebiet der Hypnose wesentlich erweitert. Den Ansatz dazu gab wohl I. P. Pawlow, der erkannte, daß es kaum ein Organ, kaum einen Lebensprozeß gibt, die nicht durch entsprechende Reize zu verändern bzw. zu konditionieren sind. Nun sind natürlich Worte ebenso wirksam wie Sinnesreize oder andauernde Fehlschaltungen des Nervensystems. Deshalb reicht der Wirkungskreis der Hypnose von rein *Der Wirkungskreis* seelischen Erkrankungen über psychosomatische bis zu rein *der Hypnose* organischen Krankheiten, bei denen sie oft heilend, zumindest aber als äußerst wertvolle Ergänzungstherapie neben den herkömmlichen Behandlungsmethoden einzusetzen ist, weil, wie schon gesagt, jede schwere körperliche Erkrankung unweigerlich auch schwere seelische Belastungen mit sich bringt, die weder durch Operation noch durch Medikamente zu heilen sind. So ist beispielsweise jemand nach einem Unfall, der vielleicht einen Arm oder ein Bein kostete oder vielleicht noch fatalere Invalidität zur Folge hatte, nicht selten am Rande der Verzweiflung und nicht mehr in der Lage, sich den Gegebenheiten anzupassen, und verfällt Depressionen. In solchen Fällen ist Hypnose meist das einzige Mittel, den Kranken wieder aufzurichten, ihm wieder Selbstsicherheit und Lebensmut zu geben, jene positive Einstellung, die ihm hilft, weitgehend ohne fremde Hilfe bzw. Pflege auszukommen und von neuem mit sich und dem Leben fertig zu werden.

Abgesehen davon, daß Hypnose bei der Anästhesie eine sehr wertvolle Hilfestellung leistet, ist sie auch noch auf andere Weise für Krankenhauspatienten nützlich. Es kommt gar nicht so selten vor, daß ein Patient das Umsorgtwerden im Krankenhaus regelrecht »genießt« und dadurch unbewußt seine Genesung hinauszögert. Mit Hilfe von positiven Suggestionen wird er viel rascher gesunden und sein Leben wieder selbst in die Hand nehmen.

Die Anhäufung von schädlichen Impulsen, die in der heutigen Zeit ständig auf den Menschen einwirken in Form von alltäglicher Hetzjagd, Reizüberflutung, Streß, Einsamkeit, Umweltverschmutzung, Lärm und vielem anderem mehr, verursacht besonders viele organische Störungen und Veränderungen. Umgekehrt wirkt jedoch eine Anhäufung von positiven Impulsen beruhigend und heilend auf die Seele wie auch auf den Organismus.

Erfolge bei Kranken und Gesunden   Nach diesen Erläuterungen sei noch einmal kurz auf die vielen Möglichkeiten der Hypnosetherapie verwiesen, wobei ich nur einige Beispiele anführe. Seelische Störungen und Konflikte, Hemmungen, Angst und Depressionen lassen sich ebenso heilen wie Schlaf- und Sprechstörungen; Bluthochdruck und Asthma ebenso wie Magen- und Darmstörungen, vegetative Dystonie und Herzneurosen; Fettsucht ebenso wie Magersucht; Sexualstörungen, Allergien, Ekzeme und hartnäckige Obstipation (Verstopfung) ebenso wie undefinierbare Kopfschmerzen, Migräne und vieles andere mehr. Sogar verschiedene Arten von Lähmungen (sofern sie neurotisch bedingt sind) sind in Hypnose heilbar oder doch zumindest stark zu bessern. Besonders gute Heilungschancen bestehen bei Organneurosen, für die ja stets die Psyche verantwortlich ist. Mit Hilfe der Hypnoanalyse ist es in derartigen Fällen auch möglich, an die Ursachen der Organstörung zu kommen.

Man kann mittels Hypnose eine Geburt erleichtern und schmerzlos machen, man kann einen Raucher, Trinker oder Tablettensüchtigen aus seiner Abhängigkeit befreien, schmerzlose Zahnbehandlungen (einschließlich Extraktionen) vornehmen, die Muskelkraft steigern und das Erlernen von Fremdsprachen erleichtern. Man kann künstlerische Fähigkeiten wecken, Selbstbewußtsein, Sicherheit und innere Ruhe geben, Konzentrations- und Denkvermögen sowie die Gedächtniskapazität steigern. Nur eines kann man nicht: vollkommen neue Kenntnisse vermitteln. Immer kann man nur Verborgenes, Latentes (also Vorhandenes), im Unterbewußtsein Schlummerndes wecken.

So wenig die meisten Krankheiten auf Einbildung beruhen, so wenig beruhen auch die Heilungen in der Hypnose auf Einbildung, sie sind medizinisch einwandfrei nachgewiesen durch Laboratoriumstests, Elektrokardiogramme (EKG), Röntgenaufnahmen usw. Allerdings sollte man nicht vergessen, welch große Rolle die »Einbildung« in den Abläufen unseres Organismus spielt. Wenn man »Einbildung« der »Vorstellungskraft« gleichsetzt, ist sie in der Lage, direkt auf unser Unterbewußtsein einzuwirken, das ja mit Bildern und Vorstellungen arbeitet. Den »eingebildeten Kranken« gibt es also sehr wohl, aber in einem neuen Sinn: Er hat sich so lange angstvoll mit einer Krankheit beschäftigt, bis er sie tatsächlich bekam. Logischerweise muß man auf dieselbe Art Krankheiten auch heilen können.

Die Rolle der Einbildung

Sehr interessant ist ein auf solche »Einbildung« aufgebautes Experiment, das der ungarische Hypnosetherapeut Dr. Franz Völgyesi unternahm. Er stellte in der Malaria-Abteilung eines Militärkrankenhauses während der Nacht unbemerkt die Uhr um eine halbe Stunde zurück. Prompt verschoben sich die regelmäßig um die gleiche Zeit auftretenden Malariafieberanfälle!

Ich erwähnte diesbezüglich schon den französischen Staatsmann Talleyrand, der gesagt hatte, er kenne viele eingebildete Kranke, warum solle es nicht auch eingebildete Gesunde geben! Der schlagendste Beweis dafür, daß es sie gibt, ist die unbestrittene Wirksamkeit von Placebo-Präparaten. Diese Scheinmedikamente, die man zum Testen von neuen Arzneimitteln benutzt, enthalten überhaupt keinen Wirkstoff, und doch haben ungezählte Experimente immer wieder bewiesen, daß sie unter bestimmten Umständen ganz genau die gleiche Wirkung zu zeigen vermochten wie das echte Medikament. Voraussetzung für die Wirksamkeit sind im wesentlichen die Unwissenheit des Patienten, daß er ein Placebo bekommt und nicht die richtige Pille, und sein fester Glaube an die Wirksamkeit des Medikaments. Ihm hilft also – wenn Sie so wollen – die Einbildung, er bekomme ein hochwirksames Medikament.

Glauben und Vertrauen

Man ist sogar noch weiter gegangen und hat dabei festgestellt, daß auch die Person, die das Medikament verabreicht, von Wichtigkeit für die Wirkung ist. Ein Arzt, besonders wenn der Patient großes Vertrauen zu ihm hat, wirkt hier besonders heilungsfördernd (wobei sogar auch noch dessen Glaube an die Arznei wichtig ist).

Sie sehen, welch nicht zu unterschätzende Rolle die »Einbildung« auch in der Schulmedizin spielt. Der Glaube an die Arznei, die Behandlungsmethode, die Therapie, den Arzt versetzt den Kranken in den aufnahmefähigsten Zustand, in dem Arznei oder Therapie erst optimal wirken kann. Der Arzt hat auf diesem Gebiet, also in puncto Glauben, einen ziemlichen Vorsprung vor einem Hypnosetherapeuten, den so mancher Patient mit nicht wenigen Vorurteilen und erst in letzter Instanz aufsucht, wenn alle anderen Mittel versagten. Um so höher sind die unzähligen und oft unglaublichen Erfolge zu werten, die mit Hypnosetherapie erzielt wurden und laufend erzielt werden.

Aufdeckung der verborgenen Ursachen

Mit Hypnose kann man ja nicht nur heilen, sondern auch tief im Unterbewußtsein verborgene Konflikte aufdecken, längst verdrängte Ursachen für seelische Fehlhaltungen aufspüren, die inzwischen neurotisch geworden sind und nicht nur in der Seele, sondern auch im Körper schwere Schäden anrichten. Dabei ist es natürlich keineswegs der Fall, daß nun ständig in uralten seelischen Problemen herumgewühlt wird. Auch hier kann, wie überall, ein Zuviel schädlich sein. Nicht jede emotionale Spannung wie Angst, Ärger, Schuldgefühle und dergleichen mehr ist unbedingt neurotisch, dies vor allem dann nicht, wenn sie nur seit relativ kurzer Zeit besteht. Sie wird es, wenn sie falsch verarbeitet wird und dann muß und kann man sie mit Hilfe der Hypnoanalyse ans Licht bringen und beseitigen. Auch wenn im Verlaufe der Therapie eine Verschiebung der Krankheitssymptome stattfindet, ist eine Hypnoanalyse häufig ratsam. Bei nicht neurotisch bedingten Störungen jedoch oder wenn die seelischen Probleme für die Krankheit nicht von erstrangiger Bedeutung sind, wird man jedes unnötige Herumwühlen in der Vergangenheit des Patienten und seinen Problemen vermeiden.

17. Die Grenzen der Hypnosetherapie

Wann immer der Fachmann Hypnosetherapie auch anwendet, stets dient sie der inneren Kräftesammlung. Sie fördert Konzentration, Erlebnis- und Leistungsfähigkeit auf körperlichem wie auch auf seelisch-geistigem Gebiet. Der Patient lernt, freier mit seinen Gefühlen umzugehen und seiner selbst sicher zu werden. Bei einer solchen positiven Neuorientierung der Persönlichkeit und bei der ihr zufallenden neuen, unverklemmten Einstellung zur Umwelt verlieren Probleme und Schwierigkeiten ihre Schrecken; die neue Einstellung ist: Ich werde meine Probleme ruhig und sicher meistern.

So ist denn die Hypnosetherapie im wahrsten Sinne des Wortes eine Ganzheitstherapie, das heißt, sie ist wie wohl keine andere Behandlungsmethode geeignet, den ganzen Organismus, das ganze Wesen des Kranken umzustimmen. Deshalb bringt sie manchmal überraschend schnelle Heilungserfolge mit sich. Schon allein durch das Umschlagen einer negativen, pessimistischen Grundstimmung in eine positive, optimistische Haltung werden Energiereserven und regenerative Möglichkeiten des Organismus mobilisiert. Das kann für den Heilungsprozeß ausschlaggebend sein.

Hypnosetherapie ist Ganzheitstherapie

Angesichts des heutigen Tablettenkonsums und der damit verbundenen Belastung von Leber und Niere kommt außerdem noch hinzu, daß Hypnose ohne jede Nebenwirkung ist.

Allerdings – und das möchte ich in aller Deutlichkeit sagen – ist Hypnosetherapie weder ein Wunder- noch ein Allheilmit-

Kontraindikationen

tel. Auch ihr sind Grenzen gesetzt, auch sie hat ganz individuelle Indikationen. So wird beispielsweise kein ernsthafter Hypnosetherapeut auf die Idee kommen, einem Patienten mit starker Verkalkung der Hirngefäße oder mit Paralyse (die man fälschlich als Gehirnerweichung bezeichnet, in Wirklichkeit ist sie eine Folgeerkrankung von Syphilis, die bestimmte Teile des Gehirns zerstört) oder den Angehörigen von Schwachsinnigen oder Debilen (das ist der leichteste Grad von angeborenem Schwachsinn) Hoffnung auf Heilung zu machen. Diese schweren Erkrankungen sprechen auf Hypnose nicht an. Auch Menschen mit Primitivreaktionen oder der Neigung zu Kurzschlußhandlungen sollte man nicht hypnotisieren.

Bei Patienten mit Hypotonie, das heißt Blutunterdruck, wird jeder Therapeut nur mit äußerster Vorsicht vorgehen; denn in der hypnotischen Ruhigstellung besteht die Gefahr, daß der Blutdruck noch weiter absinkt. Er wird deshalb laufend den Blutdruck überwachen und ein bestimmtes Limit unbedingt einhalten.

Auch alle nichtpsychogenen Organschäden (die also nicht seelisch bedingt sind) sprechen nicht direkt auf Hypnose an. So läßt sich zum Beispiel niemals Blindheit heilen, sofern sie nicht hysterisch ist. Man kann auch versagende Nieren oder durch Intoxikation (Vergiftung) entstandene Organschäden nicht wieder regenerieren. Nach einem Herzinfarkt kann man den Herzmuskel nicht wieder erneuern, sondern lediglich die Durchblutung des gesamten Organismus wesentlich verbessern, und selbstverständlich kann man auch kein bei einem Unfall verlorenes Bein wieder nachwachsen lassen oder einen fortgeschrittenen Knochenkrebs heilen.

Mobilisierung der   Über Krebs im allgemeinen, der ja an sich eine rein
Abwehrkräfte   organische Krankheit darstellt, kommt man allerdings immer mehr zu differenzierten Ansichten. Es steht einwandfrei fest, daß Krebs – oder zumindest die eine oder andere Form von Krebs – durch psychische Fehlhaltungen ausgelöst werden kann. Es ist durchaus möglich, daß ein Mensch vor lauter

panischer Angst, er könnte an Krebs erkranken, tatsächlich einen bekommt. Wenn aber dies möglich ist, muß auch das Gegenteil möglich sein, also die Verminderung eines Karzinoms durch absolut positive seelische Beeinflussung. Zumindest können damit die herkömmlichen klassischen Behandlungsmethoden sehr wesentlich unterstützt werden, denn durch entsprechende Suggestionen werden alle latent vorhandenen Abwehrkräfte des Körpers mobilisiert.

Diese Methode hat sich auch bei Infektionen häufig als wirksam erwiesen. Entsprechende Suggestionen, die zu einer entsprechend positiven seelischen Einstellung führen, stärken die körperlichen Abwehrkräfte in so hohem Maße, daß die Heilung oft deutlich beschleunigt wird.

Bei Krankheiten hingegen, die psychogener Natur sind, wie zum Beispiel ein Teil des Diabetes mellitus (Zuckerkrankheit) oder des Bronchialasthmas, bei den meisten Magen- und Zwölffingerdarmgeschwüren, bei vegetativer Dystonie oder herzneurotischen Beschwerden ist eine Behandlung mit Hypnose fast immer erfolgreich. Auch Unfruchtbarkeit kann man häufig beseitigen, da sie gar nicht so selten seelisch bedingt ist.

Bisweilen hat man allerdings auch bei seelisch bedingten Krankheiten keinen Erfolg; das ist auch insbesondere der Fall, wenn eine unbewußte Flucht in eben diese Krankheit vorliegt. In diesem Fall will der Patient gar nicht gesund sein, also werden Suggestionen vom Unterbewußtsein nicht angenommen und nicht realisiert.

Sehr wichtig ist die Einstellung des Patienten

Natürlich kann man die Heilungschancen niemals hundertprozentig voraussagen, denn dabei spielen auch die Suggestibilität und die Einstellung des Patienten gegenüber der Hypnose eine nicht ganz unwichtige Rolle. Psychopassive Menschen, die sehr suggestibel und auch leicht hypnotisierbar sind, werden leichter und schneller Erfolge verzeichnen können als psychoaktive, die alles – sich selbst eingeschlossen – viel zu sehr beobachten, die unter starker Anspannung stehen und voller Zweifel sind. Bei ihnen läßt sich nicht nur die Umstimmung viel schwerer und langsamer bewirken, bei ihnen besteht auch immer die Gefahr von Rückfällen, denn sie werden aufgrund ihrer Zweifel immer und immer wieder den positiven Inhalt der Suggestionen und deren Wirksamkeit in Frage stellen. Das ist etwa das Schädlichste, was ein Patient tun kann. Stellen sie sich bitte ein Samenkorn vor, das in den Boden gelegt wird, um dort Wurzeln zu schlagen und zu treiben. Kaum jedoch beginnt es zu wachsen, kommt einer und reißt das Pflänzchen aus, um es dann neuerdings einzupflanzen – ein sinnloses Unternehmen ohne jedes Ergebnis. Genauso tut es der Zweifler mit den positiven Suggestionen, die in ihm Wurzeln schlagen sollen – er zerstört sie durch seine Zweifel wieder, kaum daß sie zu wachsen beginnen. Er darf sich dann allerdings nicht wundern, wenn alle Bemühungen nichts fruchten.

Ich kann nur immer wieder betonen, die Bereitschaft zur Hypnose, die Bereitschaft, alles auf sich zukommen zu lassen, sich zu nichts zu zwingen und alles wie absichtslos geschehen zu lassen, sind die besten Voraussetzungen für die Wirksamkeit der in Hypnose ins Unterbewußtsein sinkenden Suggestionen.

Wie groß sind die Risiken? Immer wieder taucht die alte Frage nach der Gefährlichkeit der Hypnosetherapie auf. Natürlich hat jede Therapie ihre Risiken. Gift, das in kleinen Dosen heilend wirkt, kann tödlich sein, wenn die Dosis nur ein bißchen zu hoch ist. Das trifft sogar auch auf die (bis zu einem gewissen Grade ganz zu Recht) euphorisch bejubelten Antibiotika zu; sie sind beileibe nicht so harmlos, wie gemeinhin angenommen wird.

Die meisten – ich möchte sagen alle –, die soviel über die Gefahren der Hypnose reden und vor ihr warnen, sind ohne weiteres bereit, sich eine Äther- oder Chloroformnarkose geben zu lassen, was ungleich viel gefährlicher ist. Oder wer würde wohl von einer lebensrettenden Operation absehen, nur weil Geräte (Messer, Skalpelle) nötig sind, die auch töten können? Jedermann weiß, daß bei Operationen Todesfälle vorkommen, jedermann weiß, daß Arzneimittel Gifte enthalten, und doch bedient man sich solcher Heilmethoden ohne Zögern. Warum also hat man Furcht vor der Hypnose?

Von Gefahren kann man im Zusammenhang mit Hypnose überhaupt nicht sprechen. Darüber sind sich alle maßgebenden Fachleute einig. Sie haben niemals derartige Erfahrungen gemacht. Es kann zwar bei allzu abrupter Unterdrückung von Symptomen manchmal zu psychotischen (seelisch krankhaften) Reaktionen kommen, aber das ist nicht eine Folge der Hypnose, sondern tritt bei allen psychotherapeutischen Methoden auf. Als Beispiel könnte man vielleicht einen zu radikalen Entzug von Nikotin, Alkohol oder Rauschmitteln anführen, der leicht zu solchen Reaktionen führen kann.

Die Fachleute sind sich einig

Eine weitere Gefahr besteht vielleicht auch darin, daß der Kranke, besonders am Anfang der Therapie, einer Art Euphorie verfällt, die man dann bremsen muß, denn wenn er sich selbst bremst, kommt unweigerlich ein Rückfall in Verzweiflung und Hoffnungslosigkeit. Ein guter Therapeut wird eine solche Situation ebenso erkennen und in Ordnung bringen wie er auch stets die Suggestionen, die den hypnotischen Zustand bewirkten, wieder zurücknimmt und niemals widersprüchliche Suggestionen gibt. Widersprüchliche Suggestionen sind aus zwei Gründen zu vermeiden: entweder diese heben sich gegenseitig auf, oder das Unterbewußtsein wird verunsichert, weiß nicht, welchem Befehl es folgen soll.

Es kann wohl auch einmal vorkommen, daß eine zufällig anwesende Person mit in Hypnose fällt und die Befehle ausführt; bei einer Hypnosetherapie zum Zwecke der Heilung eines Kranken wird es so gut wie nie vorkommen, daß außer dem Patienten und dem Therapeuten eine dritte Person anwesend ist.

Gesundheitliche Schäden, welcher Art auch immer, sind absolut ausgeschlossen. Bereits vor fast sechzig Jahren wurde durch eine Umfrage bei Fachleuten festgestellt, daß Gesundheitsschäden ausschließlich als Folge von Schauhypnosen auftraten, die noch dazu von Laien und mit unzulänglichen Hypnosetechniken durchgeführt worden waren. Irgendwelche Dauer- oder Spätschäden konnten niemals festgestellt werden.

Nicht jeder Hypnotiseur ist ein guter Therapeut

Die vorerwähnten »Gefahren« sind vollständig gegenstands-
los, wenn die Behandlung von einem wirklich erfahrenen
Therapeuten durchgeführt wird. Das ist allerdings immer und
in jedem Fall eine wichtige Voraussetzung für den Erfolg.
Leider kann nicht verschwiegen werden, daß es auch unter den
Hypnotiseuren und sogar jenen, die sich Therapeuten nennen,
Blindgänger und Scharlatane gibt. Man sollte also nicht blind
einem jeden, der sich so nennt, vertrauen. Je größer übrigens
die Versprechungen sind, desto größere Vorsicht ist geboten.
Es lohnt sich in jedem Fall, sich nur einem angesehenen,
erfahrenen Therapeuten anzuvertrauen, auch wenn dieser
vielleicht nicht gerade nebenan wohnt.

Auch die immer wieder auftretende Frage, ob man aus einer
Hypnose möglicherweise nicht wieder erwacht, kann einwandfrei mit nein beantwortet werden. Selbst wenn der
unwahrscheinliche Fall eintreten sollte, daß ein Therapeut
unerwartet abwesend ist, etwa infolge einer plötzlichen Krank-
heitsattacke, kann nichts geschehen. Die Hypnose geht dann
nach und nach in natürlichen Schlaf über, aus dem der Patient
normal wieder erwacht.

Schauermärchen   Bleibt das immer wieder auftauchende Schauermärchen von
der Anstiftung des Hypnotisierten zu Verbrechen, von der
Machtergreifung des Hypnotiseurs über den Patienten und
was dergleichen Unsinn mehr ist. Im Interesse der Wichtigkeit
und Notwendigkeit der Heilhypnose und in Ihrem eigenen
Interesse bitte ich Sie: Glauben Sie kein Wort von solchen
Phantasieberichten, die von geldgierigen Nichtfachleuten
– Sensationsschriftstellern und Horrorfilmmachern – in die
Welt gesetzt werden! Ein Patient gerät niemals in die Macht des
Hypnotiseurs, muß sich ihm niemals unterwerfen. Ganz
abgesehen davon, daß kein verantwortungsvoller Therapeut
jemals so etwas würde erreichen wollen, es ginge auch gar
nicht. Der Hypnotiseur besitzt stets nur soviel Macht, wie sie
der Hypnotisierte ihm bewußt und unbewußt einräumt, mehr
hat er auch nicht bei Tiefenhypnose des Patienten, in die
ohnehin nur etwa zehn bis siebzehn Prozent aller Menschen
kommen können. Der Patient würde sich also gegen eine

solche Zumutung genauso wehren wie überhaupt gegen alle Suggestionen, die seiner Persönlichkeit, seiner Überzeugung und seiner ethischen Einstellung zuwiderlaufen. Der Kern der Persönlichkeit ist nicht zu verändern.

Das beinhaltet zugleich schon die Antwort auf die Frage, ob man in Hypnose zum Verbrechen, ja zu Mord angestiftet werden kann. Auch wenn dieses Thema immer wieder genüßlich aufgewärmt wird – im Gegensatz zu früher, wo so etwas »böse Magier« taten, ist heutzutage der Geheimdienst dafür zuständig –, ist die Antwort, die durch ungezählte Experimente erhärtet wurde, ein einwandfreies Nein. Eine Lüge wird dadurch, daß man sie immer wieder wiederholt, nicht zur Wahrheit! Kein Mensch kann in Hypnose zu etwas gezwungen werden, was er nicht will, was seiner Persönlichkeit entgegensteht. Einen Mord in Hypnose könnte nur begehen, wer auch wachbewußt eines Mordes fähig wäre. Hat ein Mensch allerdings erwogen, an einer bestimmten Person einen Mord zu verüben und wäre die Ausübung der Tat nur durch Erziehung behindert, dann kann dieser latente Wunsch in Hypnose zum Durchbruch kommen – ein solcher Mensch bedürfte dann um so mehr der sorgfältigen psychotherapeutischen Behandlung durch einen verantwortungsbewußten Fachmann.

Die Klarstellung

So wird denn auch – einmal mehr – die dringliche Forderung verständlich: Hypnose gehört nicht in die Hände von Laien oder Schaustellern! Sie ist kein billiges Vergnügen, kein Gesellschaftsspiel und kein Feld für unfachmännische Experimente.

Wer je mit Hypnosetherapie, ihren Möglichkeiten und Erfolgen befaßt war, wird mir zustimmen müssen, wenn ich sage, daß diese Heilmethode nichts Mystisches, nichts Teuflisches, nichts Okkultes und nichts Gefährliches an sich hat; sie ist vielmehr im wahrsten Sinne des Wortes eine gute Gabe Gottes, die wir nutzen sollten. So wie man die Atomenergie zum Guten oder Bösen verwenden kann, so wie man mit ein und derselben Medizin heilen oder töten kann, so kann man

Alles läßt sich verantwortungslos einsetzen

auch die Hypnose für gegensätzliche Zwecke verwenden. Man kann sie zur Unterhaltung herabwürdigen oder durch laienhafte, verantwortungslose Handhabung zum Schaden der Menschen gebrauchen; das sollte verboten werden. Oder man kann sie auf dem Gebiet einsetzen, für das sie prädestiniert ist: zur Heilung und Linderung von Krankheiten und Schmerzen körperlicher und seelischer Art; und das sollte man tun!

Jedes Ressentiment gegen dieses Heilverfahren, das in seiner psychisch-physischen Gesamtwirkung durch nichts zu ersetzen ist, ist unbegründet und unsinnig. Die Diskriminierung geht allein auf das Konto der ungezählten Sensationsberichterstatter sowie der Scharlatane, Dilettanten und Schwindler, die es leider überall wo Menschen am Werk sind, gibt, und basiert auf der Unwissenheit über die Möglichkeiten und Wirkungsweisen der Heilhypnose. Dennoch wird der weitere Fortschritt der Hypnosetherapie nicht aufzuhalten sein.

Dauer der Hypnose-
therapie
Selbstverständlich kann man niemals bindende Angaben über die Dauer einer Therapie machen. Das ist individuell ganz verschieden. Es richtet sich nach der Krankheit ebenso wie nach der Persönlichkeit des Patienten, nach seiner Einstellung gegenüber der Hypnose ebenso wie nach seiner Suggestibilität und seiner Hypnophilie. Nicht jeder Mensch ist »hypnophil«, aber jeder ist suggestibel, unterliegt er doch seit seiner Geburt Tag für Tag den unterschiedlichsten Suggestionen. Die Aufgabe jeglicher Skepsis ist zwar wünschenswert, jedoch keine zwingende Notwendigkeit für eine Heilung. Die positive Einstellung gegenüber der Hypnose beschleunigt und vertieft nur die Wirkung der Suggestionen. Auch die Tiefe der Hypnose ist nicht maßgebend. Echte Tiefenhypnose ist in den meisten Fällen gar nicht von Vorteil. Die besten Wirkungen erzielt man meist in leichter oder mittlerer Hypnose.

Auf keinen Fall jedoch ist eine Heilung durch Hypnosebehandlung mit einer einzigen Sitzung zu erzielen. Diese irrige Ansicht ist leider noch sehr weit verbreitet. Es bedarf immer einer längeren Zeit, um all die Umstimmungen zu erreichen, die für die Heilung nötig sind. Niemals aber dauert eine

Hypnosetherapie so lange wie eine Psychoanalyse, die sich manchmal über Jahre erstrecken kann, was einerseits sehr teuer und andererseits aus Zeitgründen oft gar nicht zu ermöglichen ist. Zudem habe ich nur zu oft in meiner Praxis erlebt, daß auch nach monate- oder jahrelanger psychoanalytischer Behandlung kein Erfolg zu erreichen war, während eine anschließende Hypnosetherapie Heilung in einem Bruchteil der Zeit brachte.

Sie sehen, daß alle Vorurteile gegenüber der Hypnose und alle Ängste vor der Hypnosetherapie völlig unbegründet und sogar töricht sind. Solche Einstellungen hindern oder verzögern allenfalls die Heilung, die sonst auch bei »gemäßigten« Skeptikern oft durchaus noch zu erzielen wäre.

Doch vergessen Sie nie: Ein Hypnosetherapeut ist kein Wunderheiler, der nur die Hand auflegt, ohne klare Vorstellungen von Krankheit und Medizin zu haben. Gelungene »Wunderheilungen« gehen immer nur auf das Konto eines fast hysterischen Glaubens – der Patient heilt sich kraft dieses Glaubens selbst; das kommt vor, ist aber nicht die Regel, es wäre zu schön. So dürfen wir in diesem Zusammenhang »Wunderheilungen« außer Betracht lassen.

*Ein Hypnose-
therapeut ist kein
Wunderheiler*

Ein guter Hypnosetherapeut verfügt zwar nicht über magische Kräfte, aber er weiß Bescheid über das Zusammenspiel von Körper und Seele, über die psychischen Mechanismen und die körperlichen Abläufe sowie die Arbeit und Funktionen von Organen, Gefäßen, Nerven und Drüsen. Er behandelt nicht die Zellen, sondern den ganzen Menschen. Er will weder Ihre Persönlichkeit zunichte machen, noch Sie unter seine Macht zwingen. Sie sitzen nicht vor ihm wie das sprichwörtliche Kaninchen vor der Schlange. Sie werden auch nicht als unverständig, dumm oder unmündig behandelt, sondern notwendigerweise als gleichberechtigter Partner, mit dem man zusammenarbeitet, um ein ganz bestimmtes Ziel zu erreichen: die Gesundung des Patienten.

*Therapeut und
Patient sind Partner*

Während eines einführenden Gesprächs werden zunächst die Leiden, die Beschwerden und Kümmernisse der Kranken abgeklärt. Oft folgen diesem ersten Gespräch weitere Erörterungen, die auf immer vertrauensvollerer Basis verlaufen und deshalb sowohl für die Arbeit des Therapeuten als auch für die Genesung des Patienten von nicht zu unterschätzender Bedeutung sind. Der Kranke wird lernen, seinen Körper und seine Seele völlig zu entspannen, und er wird diesen Zustand als unbeschreiblich wohltuend empfinden. Weit über neunzig Prozent aller Patienten berichten bereits nach der ersten Sitzung, daß sie sich ruhiger, unbeschwerter und wesentlich besser fühlen.

Entspannung meist schon nach der ersten Sitzung

Ist dies nicht der Fall und vor allem auch in der Folge nicht, so besteht der Verdacht auf eine organische Gehirnerkrankung oder eine schwere Durchblutungsstörung der Gehirngefäße. Dann ist eine nochmalige genaue medizinische Untersuchung unbedingt erforderlich; aber selbst in einem solchen Fall wäre Hypnose zur Entdeckung des Leidens von Nutzen gewesen. Außerdem sind das auch ganz seltene Ausnahmefälle.

Die Suggestionen zu Beginn einer hypnotischen Sitzung sind zunächst immer die gleichen: sie zielen auf Ruhe, Wärme, Schwere und Entspannung ab. Erst dann wird der Therapeut gezielt gegen das jeweilige Leiden vorgehen. Er wird die dafür so ungeheuer wichtigen Suggestionen stets individuell verschieden geben, nämlich nicht nur der Krankheit, sondern auch der Persönlichkeit des Kranken angepaßt, von der er sich ja bereits ein Bild gemacht hat. Er wird beim Patienten die Überzeugung herstellen, daß diese Suggestionen verwirklicht werden; und um diese Verwirklichung auch tatsächlich herbeizuführen, wird er die Suggestionen möglichst bildhaft und plastisch ausdrücken, da sie so vom Unterbewußtsein besser verstanden und angenommen werden. Sie werden sich niemals widersprechen, damit sich ihre Wirkungen nicht gegenseitig aufheben, und sie werden auch niemals der Persönlichkeit des Kranken zuwiderlaufen. Am Ende der Sitzungen werden alle die Suggestionen, die nur der Einleitung der Hypnose dienten, sorgfältig wieder aufgehoben.

Gezielte Suggestionen je nach Leiden

Und wenn sich dann beim Patienten nicht Wille und Glaube feindlich gegenüberstehen, wenn er bereit ist, alles was

Erfolg in der Mehrheit aller Fälle

geschieht, willig in sich aufzunehmen und nichts erzwingen zu wollen, und den Erfolg nicht voller Zweifel ausschließt, wenn er volles Vertrauen zum Therapeuten hat, der ihm helfen will, dann wird ihm in der überwältigenden Mehrheit aller Fälle auch wirklich geholfen werden.

Der berühmte Urwaldarzt Albert Schweitzer hat einmal gesagt: »Viele Menschen wissen, daß sie unglücklich sind, aber noch mehr wissen, daß sie glücklich sein könnten.«

Ich möchte dem hinzufügen: Wüßten alle Menschen nur all das, was durch gezielte Suggestionen und in Hypnose – Fremd- und Selbsthynose – möglich ist, dann wäre die Menschheit glücklicher!

Literaturverzeichnis

BRAUCHLE, Alfred: Hypnose und Autosuggestion. Reclam-Verlag, Stuttgart, 1949.

CHERTOK, Léon: Hypnose - Theorie, Praxis und Technik. Ariston Verlag, Genf, 1970.

DUNNE, Desmond: Die Hypnose. Hans E. Günther Verlag, Stuttgart, 1960.

Hypnose und Psychosomatische Medizin. Schriftenreihe zur Theorie und Praxis der medizinischen Psychologie, Band 21. Hippokrates-Verlag, Stuttgart, 1972.

LECRON, Leslie M.: Fremdhypnose, Selbsthypnose - Praktische Anleitungen für das tägliche Leben. Ariston Verlag, Genf, 1975.

– : Selbsthypnose - Ihre Technik und Anwendung im täglichen Leben. Ebenda, 10. Auflage 1979.

LEIBIG, Alfred: Heilung durch Entspannung. Dr. H. Heilmaier & Co. Buchverlag, München, 1961.

MEINHOLD, Werner: Das große Handbuch der Hypnose. Ariston Verlag, Genf, 1980.

MURPHY, Joseph: Die Macht Ihres Unterbewußtseins. Ariston Verlag, Genf, 30. Auflage 1986.

– : Die Gesetze des Denkens und Glaubens. Ebenda, 11. Auflage 1986.

– : Die unendliche Quelle Ihrer Kraft. Ebenda, 12. Auflage 1986.

– : Doktor Joseph Murphys Vermächtnis. Ebenda 1985.

SIEBECK, Richard: Medizin in Bewegung. Georg Thieme-Verlag, Hannover, 1949.

SCHARL, Hubert: Moderne Hypnosetechniken für Mediziner. T. Marczell-Verlag, Puchheim, 1974.

SCHMITZ, Karl: Heilung durch Hypnose. Lehnen-Verlag, München, 1957

TEPPERWEIN, Kurt: Die hohe Schule der Hypnose - Fremdhypnose, Selbsthypnose. Ariston Verlag, Genf, 1977.

– : Geistheilung durch sich selbst. Ebenda, 1975.

– : Kraftquelle Mentaltraining. Ebenda 1986.

TIETZE, Henry G.: Hypnose, ihre Möglichkeiten und Grenzen. Fackelträger-Verlag, Hannover, 1978.

– : Imagination und Symboldeutung. Ebenda 1983.

UCCUSIC, Paul: Naturheiler – Probleme und Erfolge am Rande der Schulmedizin. Ariston Verlag, Genf, 1978.

VÖLGYESI, Franz A.: Hypnosetherapie und psychosomatische Probleme. Hippokrates-Verlag, Stuttgart, 1950.

WALLNÖFER, Heinrich: Seele ohne Angst. Hoffmann und Campe Verlag, Hamburg, 1968.